Anonymous

**Die Volkschulgesetzgebung des Großherzogthums Sachsen**

Anonymous

**Die Volkschulgesetzgebung des Großherzogthums Sachsen**

ISBN/EAN: 9783743456136

Hergestellt in Europa, USA, Kanada, Australien, Japan

Cover: Foto ©ninafisch / pixelio.de

Manufactured and distributed by brebook publishing software (www.brebook.com)

Anonymous

**Die Volkschulgesetzgebung des Großherzogthums Sachsen**

# Die

# Volksschulgesetzgebung

des

## Großherzogthums Sachsen.

––––––––

Erstes Heft.

Weimar,

Hermann Böhlau.

1875.

# Vorbemerkung.

Die vorliegende Schrift soll eine vollständige Sammlung aller auf das Volksschulwesen des Großherzogthums Sachsen Bezug habenden Gesetze und Verordnungen den Schulbehörden, Lehrern und allen bei dem heimathlichen Volksschulwesen Betheiligten in handlicher Form und in korrektem Druck bieten. Dem ersten Hefte wird spätestens im Laufe dieses Sommers ein zweites folgen, welches u. A. die Ministerial-Verordnungen über die innere Einrichtung der Volksschulen, sowie über das Schulbauwesen, ferner eine Zusammenstellung der noch geltenden Bestimmungen des s. g. Eisenacher Pfarrdirektoriums und das Statut für den Lehrerwittwenfiskus nebst dessen Nachträgen enthalten soll. Ein dem zweiten Hefte beizugebendes alphabetisches Sachregister über den Inhalt der beiden Hefte wird den Gebrauch dieser Ausgabe der gesammten Volksschulgesetzgebung des Großherzogthums wesentlich erleichtern.

Weimar, am 7. Januar 1875.

**Die Verlagshandlung.**

# Inhalt.

# I.

## Gesetz über das Volksschulwesen im Großherzogthum Sachsen.

### Vom 24. Juni 1874.

## Wir Carl Alexander,

### von Gottes Gnaden,

**Großherzog von Sachsen-Weimar-Eisenach, Landgraf in Thüringen, Markgraf zu Meißen, gefürsteter Graf zu Henneberg, Herr zu Blankenhain, Neustadt und Tautenburg.**

### 2c. 2c.

Nachdem Wir für nöthig erkannt, das Volksschulwesen des Großherzogthums auf der bisherigen Grundlage in umfassender Weise neu zu ordnen und den Bedürfnissen der Gegenwart entsprechend fortzubilden, verordnen Wir hierdurch mit Zustimmung des getreuen Landtags was folgt:

## A.

# Die Elementarschule.

## I. Die Schule.

### § 1.

Die Volksschule hat die Aufgabe, der Jugend durch Unterricht und Erziehung die Grundlagen sittlich-religiöser Bildung und die für das bürgerliche Leben nöthigen allgemeinen Kenntnisse und Fertigkeiten zu gewähren.

### § 2.

Unbedingt nothwendige Gegenstände des Unterrichts in der Volksschule sind:

Religions- und Sittenlehre,

Deutsche Sprache mit Lesen und Schreiben,

Rechnen mit Zahlen und Raumgrößen,

Natur- und Erdkunde,

Geschichte,

Gesang,

Turnen und Zeichnen für Knaben.

Daneben nach Bedürfniß und Füglichkeit:

Obstbaumzucht für Knaben,

weibliche Handarbeit, Turnübungen und Zeichnen für Mädchen.

### § 3.

Der Unterricht soll das Fassungsvermögen der Kinder nicht übersteigen, die Schulzucht den väterlichen Charakter nicht verläugnen.

Ueber die jeweilige Einrichtung der Schulen, sowohl was den Unterrichtsplan (den allgemeinen wie den besonderen örtlichen) als was die Erziehungs- und Lehrmittel und die Schulzucht anbelangt, trifft die oberste Staatsbehörde für das Schulwesen Bestimmung.

Bei Anordnung und Ueberwachung des Religionsunterrichts steht der kirchlichen Behörde das Recht der Mitwirkung zu, unter der entscheidenden Oberaufsicht des Staats.

### § 4.

Jede Schule muß ein für Schulzwecke bestimmtes Gebäude haben, welches nach Lage, Einrichtung und Ausstattung den Bedürfnissen des Unterrichts und den Anforderungen der Gesundheitspflege entspricht. Die in dieser Beziehung zu erfüllenden Bedingungen schreibt die oberste Schulbehörde vor und macht sie im Wege der Verordnung bekannt.

### § 5.

Jedes Kind hat acht Jahre lang ununterbrochen die Volksschule zu besuchen.

Der Eintritt der Kinder erfolgt zu Ostern und zwar für diejenigen, welche das sechste Lebensjahr bis dahin vollendet haben, oder bis Ende April vollenden werden.

Der Regel nach hat jedes Kind die Volksschule im Schulbezirke seines Aufenthaltsortes zu besuchen, jedoch bleibt auch der Besuch der Schule eines Nachbarortes, insoweit dessen Schulvorstand es genehmigt, nachgelassen.

Gänzliche oder theilweise Befreiung von der Pflicht des acht-

jährigen Schulbesuchs kann nur insoweit eintreten, als entweder
körperliche oder geistige Unfähigkeit zur Theilnahme am Unterricht
vorhanden ist oder anderweiter ausreichender Unterricht ertheilt
wird. Und ebenso bleibt die Gestattung der Verschiebung oder
Unterbrechung des oben bestimmten Zeitraumes dann vorbehalten,
wenn dringliche Ursachen vorliegen und die Abweichung ohne Beeinträchtigung des wesentlichen Schulzwecks geschehen kann.

Andererseits bleibt aber auch die Verlängerung der Zeit der
Schulpflichtigkeit bis zu einem Jahre über das regelmäßige Maß
hinaus im einzelnen Falle da vorbehalten, wo die Erfüllung des
wesentlichen Schulzwecks dies erfordert.

### § 6.

Die Ferien der Volksschule sollen im ganzen Schuljahre zusammen die Dauer von zehn Wochen haben. Die näheren Bestimmungen über die Schulferien trifft die oberste Schulbehörde.

### § 7.

Die Eltern, Vormünder oder sonstigen Erzieher der im Großherzogthum schulpflichtigen Kinder sind verpflichtet, dieselben zum
regelmäßigen Besuch der Schule anzuhalten.

Die Voraussetzungen, unter welchen Schulversäumnisse ent-
schuldbar sind, bestimmt die oberste Schulbehörde.

### § 8.

Ist ein Kind aus disziplinaren, polizeilichen oder strafrechtlichen Gründen oder wegen geistiger Schwäche oder körperlicher
Gebrechen vom Besuche der Volksschule auf längere Zeit oder
überhaupt ausgeschlossen, so ist für anderweiten Unterricht im geeigneten Fall und in geeigneter Weise Sorge zu tragen.

### § 9.

An Orten, wo besondere Konfessionsschulen neben der allgemeinen Ortsschule bestehen, haben die schulpflichtigen Kinder nach
der Wahl und Bestimmung ihrer Eltern oder Erzieher entweder
die Schule ihrer Konfession oder die allgemeine Ortsschule zu besuchen.

Zur Theilnahme am Religionsunterrichte der Schule, die sie
besuchen, sind die Kinder dann nicht verpflichtet, wenn in ihrer
Konfession kein Religionsunterricht an der Schule ertheilt wird.
(cf. § 47.)

Die neben der allgemeinen Ortsschule bestehenden besonderen Konfessionsschulen haben den Charakter von Privat-Unterrichts-Anstalten.

## § 10.

Privatunterricht, welcher den Unterricht der Volksschule vertreten soll, kann nur von Lehrern oder Lehrerinnen ertheilt werden, welche die geordneten Prüfungen bestanden haben oder sonst von der Oberschulbehörde für qualifizirt erachtet werden.

Privatunterrichts-Anstalten und Fabrikschulen mit solcher Berechtigung bedürfen überhaupt der Genehmigung der obersten Schulbehörde und stehen unter der Aufsicht derselben. Die Genehmigung darf nur unter ausdrücklicher Anführung der Gründe versagt werden.

## § 11.

Wenn die Eltern eines schulpflichtigen Kindes oder deren Stellvertreter ihre Verpflichtung in Bezug auf die Unterrichtung ihres Kindes in einer der in diesem Gesetze namhaft gemachten Richtungen versäumen, so sind dieselben, namentlich im Wiederholungsfalle, auf Antrag der Schulbehörde mit Geldstrafe bis zu 150 Reichsmark oder mit Haftstrafe zu belegen.

Die beigezogenen Geldstrafen fallen der betreffenden Schulgemeinde zur Verwendung für Schulzwecke zu.

Im äußersten Falle kann auf Antrag der Schulbehörde die Erziehung den Eltern oder deren Stellvertretern durch das Vormundschaftsgericht ganz entzogen und einer andern Pflege anvertraut werden. (cf. § 16 des Gesetzes über die elterliche Gewalt und das Vormundschaftswesen vom 27. März 1872.)

## § 12.

Die Zahl der von einem Lehrer zu unterrichtenden Kinder darf in der Regel 80 nicht übersteigen. Wird diese Zahl nach dem Durchschnitte der letzten fünf Jahre überstiegen, so ist für die Errichtung einer zweiten Klasse unter einem zweiten Lehrer und für die Herstellung der nöthigen Lokalitäten und Schuleinrichtungen zu sorgen.

Ein zeitweiliger Nachlaß hierin kann von der obersten Schulbehörde nur unter besonderen Umständen, namentlich dann zugestanden werden, wenn die Gemeinde dürftig ist und der Lehrer zugleich durch besondere Anstrengung und Leistungsfähigkeit auch bei getheiltem Unterrichte die große Kinderzahl nach dem Urtheile der obersten Schulbehörde zu befriedigendem Schulziele zu bringen vermag.

Lehrern, welche zeitweilig durch gesteigerte Kraftanstrengung die Beanstandung der Errichtung einer zweiten Schule solchergestalt möglich machen, ist von der betreffenden Schulgemeinde eine von der obersten Schulbehörde zu bestimmende jährliche Extravergütung zu gewähren.

### § 13.

Schulen, an denen wenigstens drei Lehrer in ebenso viel Klassen thätig sind, können als gegliederte Schulen der Leitung des ersten Lehrers unterstellt werden, auf welchen alsdann zugleich die nächste Aufsicht über die ganze Schule übergeht. Ist die Zahl der Schulklassen so groß, daß nach dem Ermessen der obersten Schulbehörde diese Einrichtung nicht mehr genügt, so ist zur Anstellung eines Rektors zu schreiten.

## II. Die Schullehrer.

### § 14.

Die Ausbildung der Volksschullehrer des Großherzogthums erfolgt auf den vom Staate zu diesem Zwecke errichteten und unterhaltenen Schullehrer-Seminarien und deren Vorbereitungsschulen.

Der obersten Schulbehörde bleibt jedoch vorbehalten, auch anderswo hinreichend ausgebildete Volksschullehrer, welche sich über ihre Qualifikation genügend auszuweisen vermögen, im Schuldienst anzustellen.

### § 15.

Die Einrichtung und die Lehrziele dieser Seminare sind von der obersten Schulbehörde so zu bestimmen, daß die darin den künftigen Lehrern ertheilte theoretische und praktische Unterweisung dem Bedürfnisse der Volksschule entspricht.

### § 16.

Der Seminarist, welcher nach vollendetem Schulkursus das Zeugniß der Reife erlangt hat, wird unter die Schulamts-Kandidaten aufgenommen und ist verpflichtet, zunächst in provisorischer Anstellung sich im Volksschuldienste des Großherzogthums verwenden zu lassen.

Die in solcher provisorischer Anstellung zurückgelegte Dienstzeit gilt als Vorbereitungsdienst.

### § 17.

Nach dieser provisorischen Verwendung, die in der Regel zwei Jahre währt, und nach bestandenem zweiten Examen erfolgt die definitive Anstellung durch die oberste Schulbehörde mittelst Ministerial-Dekrets.

Die Anstellung als Rektor setzt in der Regel eine wohl=
bestandene besondere Rektorats=Prüfung voraus.

### § 18.

Jeder Lehrer ist verpflichtet, sich auf eine andere Schulstelle
versetzen zu lassen, sobald dies ohne Einbuße in seinem Dienst=
einkommen geschieht. Vor der Beschlußfassung hierüber ist der
Lehrer und die betroffene Gemeinde zu hören.

### § 19.

Jeder Lehrer ist verpflichtet, wöchentlich bis zu 32 Lehr=
stunden, einschließlich des Turnunterrichts, aber ausschließlich des
gegen besondere Vergütung zu ertheilenden Unterrichts in der
Fortbildungsschule (§ 75), bei sich nöthig machender Vertretung
eines andern Lehrers vorübergehend auch noch mehr Lehrstunden
nach Anordnung der Schulbehörde zu halten, den vorgeschriebenen
Lehrplan nicht ohne ausdrückliche Genehmigung dieser letzteren zu
verändern, überhaupt die ihm von seinen vorgesetzten Behörden
ertheilten Weisungen zu befolgen, namentlich auch in der Hand=
habung der Diszplin und im Gebrauche der Strafmittel.

### § 20.

Jeder Lehrer ist verpflichtet, auf seine stete Fortbildung be=
dacht zu sein und an den amtlichen Lehrer=Konferenzen und Lese=
zirkeln sich zu betheiligen.

### § 21.

Die Ertheilung von Privat=Unterricht, die Führung der
Kirch= und Gemeinde=Rechnungen und die Besorgung der Gemeinde=
schreiberei ist dem Lehrer gestattet, so weit und so lange dies nach
dem Urtheile seiner vorgesetzten Behörde ohne Nachtheil für seinen
Schuldienst geschehen kann.

Zu anderen Nebengeschäften bedarf er der vorgängigen Er=
laubniß seiner vorgesetzten Dienstbehörde.

### § 22.

Während der Krankheit oder sonstigen Behinderung eines
Lehrers oder Rektors, sowie während der Vakanz einer solchen
Stelle sind die übrigen Lehrer desselben Orts oder der Umgegend
nach näherer Bestimmung und Anordnung der Bezirks=Schulbehörde
zur stellvertretenden Aushilfe verpflichtet. Wenn die Zeit dieser
Stellvertretung nicht länger als einen Monat währt, ist sie un=
entgeltlich zu leisten. Erstreckt sie sich aber über diese Frist
hinaus, so ist sie nach den im Verordnungswege zu bestimmenden
Sätzen zu vergüten.

### § 23.

Die Reinigung und Heizung der Schullokalitäten darf dem Lehrer nicht angesonnen werden, dafern er sich nicht bereit erklärt, dieselbe zu übernehmen.

### § 24.

Die dem Lehrer nach jedes Orts Herkommen obliegenden kirchlichen Funktionen ist derselbe auch künftig zu verrichten verbunden. (cf. § 34.) Dagegen ist er zu dem Glocken= und Uhrdienst, dem Gregorius= und Neujahr=Singen, dem Gevatterbrieftragen, Hochzeitsbitten und Chorrock=Tragen nicht verpflichtet.

### § 25.

Diejenigen Gemeinden, welche ohne Staatshilfe für die Besoldungen ihrer Lehrer, einschließlich der Alterszulagen, und die sonstigen Bedürfnisse ihrer Schulen sorgen, haben das Recht der Anstellung ihrer Lehrer unter Vorbehalt des Bestätigungsrechts der obersten Schulbehörde.

Dieses Anstellungsrecht wird durch den Orts = Schulvorstand ausgeübt. Zu der Wahl ist der Gemeinde eine vierwöchige Frist nachgelassen. Läuft diese Frist ohne Erklärung der Wahl von Seiten der Gemeinde ab, so besetzt die oberste Schulbehörde die erledigte, bezüglich neu begründete Schulstelle.

In allen übrigen Gemeinden des Großherzogthums werden die Schulstellen von der obersten Schulbehörde besetzt.

### § 26.

Vor definitiver Anstellung eines Schullehrers wird der Schulvorstand auch der nicht mit Patronatsrecht versehenen Gemeinde mit seinen etwaigen Einwendungen gehört. Ueber den Werth derselben entscheidet die oberste Schulbehörde, unter Angabe der Gründe im Falle der Abweisung des Widerspruchs der Gemeinde. Hat sich der Schulvorstand nicht binnen 4 Wochen vom Tage der an ihn gelangten Aufforderung an vernehmen lassen, so schreitet die oberste Schulbehörde auch ohne Gehör desselben mit der Stellbesetzung vor.

### § 27.

Die Uebertragung von Kirchendiensten an den einzelnen Lehrer Seitens der obersten Schulbehörde kann nur mit Zustimmung des betreffenden Kirchgemeinde=Vorstandes, bezüglich der höheren kirchlichen Behörde geschehen.

Wo mit Rektorstellen noch kirchliche Funktionen verbunden sind, ist dem Landesfürsten vorbehalten, deren Abtrennung anzu=

ordnen, sobald dies im Interesse der kirchlichen oder Schulverwaltung angemessen erscheint. Solange diese Abtrennung nicht erfolgt ist, bleibt die Regulirung ihrer Gehalts - Verhältnisse in das Ermessen der Staatsregierung gestellt.

## § 28.

Bei der mit einem Umzuge verbundenen ersten Anstellung eines Lehrers wie bei der Versetzung desselben in einen anderen Schulort hat die Schulgemeinde, in welcher er angestellt oder an welche er versetzt wird, für die Umzugskosten eine Vergütung von 60 Reichsmark an den definitiv angestellten und von 30 Reichsmark an den provisorisch verwendeten Lehrer zu gewähren, sofern sie nicht den Umzug in natura bewirkt. In Fällen des Umzugs eines definitiv angestellten Lehrers, wo letzteres nicht thunlich ist und die wirklichen Umzugskosten den Betrag von 60 Reichsmark erheblich übersteigen, bleibt der obersten Schulbehörde vorbehalten, dem Lehrer aus der Volksschulkasse einen angemessenen Zuschuß zu bewilligen.

Ein Lehrer, welcher früher als sechs Jahre nach Uebernahme der Stelle dieselbe aus eigenem Antriebe wieder verläßt oder auf sein Ansuchen versetzt wird, hat auf Verlangen der Schulgemeinde die von dieser empfangene Umzugsentschädigung zurückzuerstatten. Wenn die oberste Schulbehörde einen Lehrer vor Ablauf von sechs Jahren aus anderen Gründen als auf Antrag des Lehrers oder der Gemeinde versetzt, bleibt eine billige Entschädigung der Gemeinde für die gehabten Umzugskosten aus der Volksschulkasse nach dem Ermessen der obersten Schulbehörde vorbehalten.

## § 29.

Die Berechnung des mit jeder Schulstelle verbundenen Diensteinkommens erfolgt nach der jedesmal neuesten Veranschlagung der einzelnen Besoldungstheile in der Besoldungstabelle. Etwaige von der Gemeinde dem Lehrer für seine Person über die eigentliche Stelldotation und die gesetzliche Minimal-Besoldung hinaus bewilligte Zuschüsse werden bei Berechnung der Alterszulagen wie der Pension und des Wartegeldes nicht mit in Betracht gezogen.

## § 30.

Die vorhandenen, über die Minimal-Besoldung hinausgehenden Stelldotationen sollen in der Regel sowohl hinsichtlich des Gesammtbetrags als hinsichtlich der einzelnen Besoldungstheile unverändert bleiben; es dürfen jedoch zur billigen Ausgleichung oder Abstufung des Einkommens schon vorhandener oder neu zu be-

gründender Schulstellen in einer und derselben Gemeinde bleibende
Uebertragungen von einer Stelle auf eine andere durch Beschluß
des Schulvorstandes mit Genehmigung der obersten Schulbehörde
stattfinden, soweit nicht wohlerworbene Rechte entgegenstehen.

## § 31.

Ueber die den Lehrern zu gewährenden Minimal=Besoldungen
und Alterszulagen trifft ein besonderes Gesetz Bestimmung.

In Bezug auf die Normirung der Minimal=Besoldungen und
Alterszulagen sind sämmtliche Orte in klassifizirte und nichtklassifi=
zirte, die ersteren wiederum in drei Klassen einzutheilen. Diese
Eintheilung wird von der Staatsregierung auf Grund der zeit=
herigen bewirkt. Es bleibt derselben jedoch vorbehalten, im Ein=
vernehmen mit dem betreffenden Bezirks=Ausschusse nicht klassifi=
zirte Orte unter die klassifizirten und umgekehrt klassifizirte unter
die nicht klassifizirten zu versetzen und Versetzungen aus einer
Klasse in die andere vorzunehmen.

In den nichtklassifizirten Orten ist dem Lehrer eine Dienst=
Wohnung in Natur zu gewähren, welche nicht blos die nöthigen
Wohnungs=, sondern auch die nöthigen Wirthschaftsräume, wie sie
der mit der Stelle verbundenen Oekonomie entsprechen, zu erhalten
hat. Ueber das Einzelne dieser Erfordernisse werden Vorschriften
im Verwaltungswege ertheilt.

In den klassifizirten Orten ist das Einkommen der einzelnen
Stellen, mit welchen in der Regel (§ 30) die bisherigen Besol=
dungstheile verbunden bleiben, durch Ortsstatute, welche der Be=
stätigung der obersten Schulbehörde unterliegen, in angemessener
Abstufung festzustellen.

## § 32.

Die Erträge vakanter Lehrerstellen, soweit sie nicht für die
sogenannte Gnadenzeit und zur Bestreitung des Vikariats zu ver=
wenden sind, wie die vakanten Mehrbeträge in den Fällen, wo
noch nicht definitiv angestellten Lehrern oder wenn Lehrerinnen
nicht das volle Stelleinkommen gewährt wird, fallen dem Wittwen=
Fiskus der Schullehrer insoweit zu, als sie nicht in Zuschüssen
aus Staatsmitteln bestehen.

## § 33.

Der obersten Schulbehörde bleibt vorbehalten, Lehrern an
solchen Orten, deren Lage und Beschaffenheit ihnen besondere
Entbehrungen und Schwierigkeiten bereiten, Lokalzulagen innerhalb
der Grenzen der hierfür etatmäßig zur Verfügung stehenden Mittel
zu bewilligen.

## § 34.

Die Akzidenzien, welche einem Lehrer, der zugleich einen niederen Kirchendienst versieht, für diesen Dienst zufließen, gelten als Nebeneinkommen, welches bei Berechnung der Lehrer=Besoldung, der Alterszulagen und der Pension nicht in Betracht kommt.

## § 35.

Ein definitiv angestellter Lehrer, welcher entweder 40 Jahre lang in definitiver Anstellung gedient hat oder 70 Jahre alt oder wegen einer nicht durch eigene grobe Verschuldung herbeigeführten körperlichen oder geistigen Schwäche zur Verwaltung seines Amtes bleibend unfähig geworden ist, hat ein Recht darauf, mit der gesetzlichen Pension in den Ruhestand versetzt zu werden. Unter denselben Voraussetzungen hat aber auch die oberste Schulbehörde das Recht, ihn ohne sein Ansuchen in Ruhestand mit der gesetzlichen Pension zu versetzen.

Der Ruhegehalt der Lehrer wird nach denselben Grundsätzen bemessen, welche jeweilig für die Pensionen der Großherzoglichen Staatsdiener gesetzlich gelten. Dabei ist jedoch der Besoldung auch die Alterszulage, ungeachtet ihrer Widerruflichkeit, soweit der Lehrer zur Zeit der Pensionirung sich thatsächlich im Genusse derselben befindet, hinzuzurechnen.

An den Pensionen der dermalen schon emeritirten Lehrer wird durch dieses Gesetz nichts geändert.

## § 36.

Das Recht auf Bezug der Pension geht verloren, wenn der pensionirte Lehrer ohne eingeholte Erlaubniß bleibend in andere öffentliche Dienste tritt.

## § 37.

Will ein Lehrer aus dem Volksschuldienste des Großherzogthums freiwillig ausscheiden, so kann er dies ohne vorherige Genehmigung der obersten Schulbehörde nur am Schlusse eines Schulhalbjahres und nur nach vorgängiger, mindestens dreimonatiger Kündigung.

## § 38.

Gegen den Lehrer, welcher sich grober Pflichtwidrigkeiten schuldig macht, oder Ordnungswidrigkeiten wiederholt begeht, tritt, unbeschadet der sonst etwa verwirkten Strafe, das Besserungsverfahren ein, namentlich wenn er:

1) ohne den erforderlichen Urlaub sich von dem ihm angewiesenen Wohnorte entfernt und dabei seine Amtspflicht verabsäumt,

2) es an Fleiß und Pünktlichkeit bei der Vorbereitung zum Unterricht und bei dem Unterricht selbst fehlen läßt,

3) ungehorsam gegen die Anordnungen der Schulbehörden oder achtungswidrig gegen seine Vorgesetzten sich benimmt,

4) unverträglich in dienstlicher Beziehung ist,

5) die amtliche Stellung zu eigennützigen Zwecken mißbraucht,

6) die Schuljugend hart oder unangemessen behandelt,

7) der Trunk= oder Spielsucht fröhnt, leichtsinnig Schulden macht, mit übel berüchtigten Personen oder an unpassenden Orten verkehrt, oder sonst in unwürdiger, seine berufliche Wirksamkeit beeinträchtigender Weise sich benimmt.

Das Besserungsverfahren beginnt mit einem von dem Be= zirksschulamte nach vorgängiger Feststellung der beschwerenden Handlungen zu ertheilenden schriftlichen Vorhalte und Ver= weise und einer Bedrohung mit zeitweiliger Amtsenthebung und Gehaltsentziehung bis zu drei Monaten, falls keine Besserung eintritt.

Dieser Vorhalt verliert seine Wirkung, wenn nach Ertheilung desselben drei Jahre verflossen sind, ohne daß der Lehrer von Neuem Anlaß zur Unzufriedenheit gegeben hat.

Werden dagegen wider denselben innerhalb dieses Zeitraums neue derartige Beschwerden erhoben, so ist nach vorgängiger Fest= stellung des Thatbestandes über die bereits angedrohte zeitweilige Amtsenthebung oder Ertheilung eines Verweises Beschluß zu fassen und zugleich der zweite Vorhalt, ebenfalls schriftlich, zu er= theilen, und zwar dieser mit der Androhung bleibender Dienstent= lassung bei nicht eintretender Besserung. Dieser zweite Vorhalt sowie die zeitweilige Amtsenthebung wird nach Gehör des Lehrers von der obersten Schulbehörde verfügt und eröffnet.

Bleibt auch dieser zweite Vorhalt ohne Wirkung, so kann von der obersten Schulbehörde nach Gehör des Lehrers die blei= bende Dienstentlassung verfügt werden.

## § 39.

Ohne vorausgegangenes Besserungsverfahren kann Dienstentlassung von der obersten Schulbehörde nach Gehör des Lehrers und Feststellung des Thatbestandes verfügt werden, wenn der Lehrer

a) zu Freiheitsstrafe von wenigstens zwei Monaten strafrechtlich verurtheilt wird, oder

b) fleischlich sich vergeht, sonst unzüchtig sich benimmt, oder gar die Schuljugend unzüchtig behandelt, oder sonst eine Hand=

lung begeht, welche eine Fortsetzung seiner amtlichen Wirk=
samkeit unmöglich macht.

### § 40.

Gegen die von der obersten Schulbehörde verfügte Dienstent=
lassung steht dem Lehrer Rekurs an die Entscheidung des Groß=
herzogs im Gesammt=Ministerium binnen zehn Tagen zu. Neben
diesem Rekurse steht dem Lehrer alternativ binnen gleicher aus=
schließlicher, nicht erstreckbarer Frist Provokation auf gerichtliche
Entscheidung zu, welchen Falls der Staatsanwalt unter Mittheilung
der betreffenden Akten beauftragt wird, den entsprechenden Antrag
nach dem Beschlusse der obersten Schulbehörde auf Dienstentlassung
bei dem zuständigen Kreisgerichte zu stellen, dieses aber den Lehrer
über die Anschuldigungspunkte zu vernehmen, alle erforderlichen
Erörterungen anzustellen und nach Maßgabe dieses Gesetzes zu
entscheiden hat, ob dem Antrage stattzugeben sei oder nicht.

Gegen diese Entscheidung steht beiden Theilen Berufung an
das Appellationsgericht zu, welches in zweiter und letzter Instanz
erkennt.

Mit der Dienstentlassung hört der Bezug des Diensteinkom=
mens, sowie der Anspruch auf Pension und die Mitgliedschaft am
Lehrer=Wittwen=Fiskus auf.

### § 41.

Dienstentsetzung tritt unbedingt ein, wenn gegen einen
Lehrer wegen einer strafbaren Handlung auf Zuchthausstrafe oder
auf Verlust der bürgerlichen Ehrenrechte oder auf Unfähigkeit zur
Bekleidung öffentlicher Aemter richterlich erkannt wird.

### § 42.

Ob während der gegen einen Lehrer eingeleiteten gerichtlichen
Untersuchung dessen vorläufige Amts=Suspension zu verfügen sei,
bleibt dem Ermessen der obersten Schulbehörde überlassen.

### § 43.

Abgesehen von den in den vorhergehenden Paragraphen be=
zeichneten Fällen der Unwürdigkeit oder Dienstuntanglichkeit, welche
Dienstentsetzung, Dienstentlassung oder Pensionirung zur Folge
haben, können Lehrer auch zur Disposition gestellt, d. h. ihres
Amtes unter Belassung von $\frac{4}{5}$ ihres bisherigen Diensteinkommens
dann enthoben werden, wenn sie entweder

1) in Folge veränderter Schuleinrichtung entbehrlich oder
2) durch eine, die Wiedergenesung nicht ausschließende, Krank=
   heit länger als ein halbes Jahr an Besorgung ihrer Dienst=

geschäfte fast gänzlich behindert worden und eine baldige
Besserung nicht zu hoffen ist, oder wenn es

3) sonst aus Rücksichten auf den öffentlichen Dienst erforderlich
erscheint.

In Betreff des Verfahrens bei der Stellung eines Lehrers
zur Disposition, in Betreff des Beginns und Aufhörens des
Wartegeldes und in Betreff der sonstigen Rechtsverhältnisse, nament=
lich auch der Wiederverwendung des zur Disposition gestellten
Lehrers gelten dieselben Grundsätze, welche in Betreff der Stellung
eines wirklichen Staatsdieners zur Disposition gesetzliche Geltung
haben.

Das Diensteinkommen des Lehrers wird bei Feststellung des
Wartegeldes ebenso berechnet, wie bei Feststellung der Pension
(cfr. § 35).

§ 44.

Der Unterricht in der Volksschule, namentlich für die drei
ersten Schuljahre, kann auch einer Lehrerin übertragen werden,
über deren hinreichende Vorbildung genügender Ausweis vorliegt.
Das Urtheil über diesen Ausweis, wie die Beschlußfassung über
die Verwendung der Lehrerin selbst, steht der obersten Schulbe=
hörde zu.

Die Bedingungen ihrer Anstellung dagegen werden in jedem
einzelnen Falle durch einen vom Schulvorstand mit der Lehrerin
abzuschließenden und von der obersten Schulbehörde zu genehmigen=
den Vertrag festgestellt.

## III. Die Schulgemeinde.

§ 45.

Jede politische Gemeinde bildet für sich allein oder mit an=
deren politischen Gemeinden zusammen eine Schulgemeinde. Ueber
die Bildung und Trennung zusammengesetzter Schulgemeinden
— Einschulungen und Ausschulungen — beschließt der Landesfürst
mit Zustimmung der darüber zu hörenden betheiligten Gemeinden.
Die von den Gemeinden versagte Zustimmung kann von den be=
treffenden Bezirks-Ausschüssen ergänzt werden.

§ 46.

Ueber die Einziehung bestehender, wie über die Gründung
neuer Schulen und Schulklassen nach dem hervortretenden Bedürf=
nisse und der gesetzlichen Regel (cfr. § 12) entscheidet die oberste
Schulbehörde.

## § 47.

Die Sorge für Erhaltung der Volksschulen liegt, soweit nicht etwa Kirchkassen oder andere Institute oder Personen zufolge eines Privatrechtstitels beitragspflichtig sind, zunächst den Schulgemein= den ob.

Diese Pflicht der Gemeinde zur Herstellung und Unterhaltung einer Volksschule für die in ihrer Mitte wohnenden schulpflichtigen Kinder erstreckt sich jedoch nur auf eine — wenn auch nach der Bestimmung des § 12 mehrklassige — Schule ohne Unterschied der Konfession der einzelnen Kinder.

Gehören Kinder verschiedener Konfessionen der Ortsschule an, so kann von der obersten Schulbehörde nach Vernehmung der be= treffenden kirchlichen Behörden auch ein mehrfacher Religionsunter= richt an derselben Schule angeordnet werden.

## § 48.

Die Leistungspflicht der Schulgemeinden in Bezug auf die Volksschule umfaßt namentlich folgende Leistungen: sie hat zu sorgen

1) für die Errichtung und Unterhaltung der nöthigen Schul= häuser und Lehrerwohnungen nach Vorschrift der obersten Schulbehörde, sowie für die Erhaltung der zu den Schul= stellen gehörigen Grundstücke;

2) für die Deckung der Umzugs= und Einführungskosten der Lehrer nach Maßgabe des § 28;

3) für die Aufbringung der gesetzlichen Minimal=Besoldungen der Lehrer, insoweit nicht bereits höhere Besoldungen von ihnen erbracht werden, ingleichen der Besoldungen der Lehre= rinnen;

4) für die Schuleinrichtungen, sowie für die Reinigung und Heizung der Schulstuben;

5) für die Lehrmittel derjenigen Kinder, deren Eltern oder Er= zieher sie aus Dürftigkeit nicht anzuschaffen vermögen;

6) für die etwaigen Kosten eines gesonderten Unterrichts, falls die Familie des abgesonderten Kindes dieselben nicht aufzu= bringen vermag;

7) für die Aufbringung der Extra=Vergütung für den Lehrer im Falle des § 12;

8) für die Aufbringung der Kosten der Stellvertretung erkrankter oder sonst behinderter Lehrer nach Maßgabe des § 22;

9) für die Pension der in Ruhestand versetzten und für das Wartegeld der zur Disposition gestellten Lehrer in Gestalt

einer aversionellen auf Mark abwärts abgerundeten Leistung von 4 Prozent der bei der Bemessung der Pension in Betracht kommenden Schul-Besoldungen von Seiten der Schulgemeinde an die Volksschulkasse.

## § 49.

Die für die Schulen ihres Bezirks erforderlichen Mittel werden von der einzelnen Gemeinde ebenso aufgebracht, wie andere Gemeindelasten.

In Betreff des Schulgeldes gelten folgende Bestimmungen:

1) die Einführung eines Schulgeldes da, wo gegenwärtig keins erhoben wird, wie die Erhöhung oder Herabsetzung des bestehenden Schulgeldes erfolgt durch ein Ortsstatut, das der Bestätigung der obersten Schulbehörde bedarf;
2) das Schulgeld ist nur von denjenigen Kindern zu entrichten, welche die Schule wirklich besuchen;
3) es muß von der Gemeinde einkassirt werden;
4) die Kinder der an derselben Schule thätigen Lehrer, sowie die Zöglinge der Waisenanstalt sind frei von Schulgeldentrichtung;
5) so lange eine Gemeinde kein angemessenes Schulgeld erhebt, hat sie keinen Anspruch auf Staats-Zuschuß zur Ergänzung der gesetzlichen Minimal-Dotation ihrer Schulstellen.

## § 50.

Bei Bildung einer zusammengesetzten Schulgemeinde trifft über die Vertheilung der Schullasten unter die einzelnen Gemeinden, aus denen sie besteht, die oberste Schulbehörde, mit Ausschluß des Rechtswegs, Entscheidung nach Vernehmung des betreffenden Bezirks-Ausschusses.

Bei dieser obersten Entscheidung, welcher zunächst der Versuch der eigenen Einigung der betreffenden Gemeinden vorauszugehen hat, wird, unter billiger Berücksichtigung des Herkommens, die Seelenzahl und das Einkommen nach der Aufstellung für die Staatssteuer, der Besitz der Schule im Orte und die größere oder geringere Entfernung von demselben in Betracht kommen.

In gleicher Weise kann die Vertheilung der Schullasten bei bereits bestehenden zusammengesetzten Schulgemeinden von der obersten Schulbehörde nach Vernehmung des Bezirks-Ausschusses abgeändert werden.

## § 51.

Bei Trennung einer zusammengesetzten Schulgemeinde erfolgt

die finanzielle Auseinandersetzung der dieselbe bildenden einzelnen Gemeinden, dafern sich diese nicht freiwillig in anderer Weise einigen, gleichfalls, und zwar mit Ausschluß des Rechtswegs, nach Bestimmung der obersten Schulbehörde, nachdem dieselbe den Be= zirks=Ausschuß darüber vernommen hat.

## § 52.

Die einzelne Ortsschule wird in ihren rechtlichen Beziehungen durch den Schulvorstand vertreten.

Der Schulvorstand ist zugleich die unterste Schulbehörde.

## § 53.

Der Schulvorstand besteht

1) in einfachen Schulgemeinden:

a. aus dem Bürgermeister und seinem Stellvertreter,

b. aus dem oder den Geistlichen des Orts, in deren Konfession Unterricht in der Volksschule ertheilt wird; — wo mehr Geistliche je einer solchen Konfession am Orte sind, bestimmt die oberste Schulbehörde denjenigen von ihnen, welcher dem Schulvorstande angehören soll;

c. aus dem Schullehrer, — wo mehrere an einer Schule an= gestellt sind, aus dem ersten derselben —, wo gegliederte Schulen mit wenigstens fünf Lehrern bestehen, aus dem Leiter jeder Schule und einem von dem Lehrer=Kollegium jährlich zu wählenden weiteren Lehrer dieser Schule;

d. aus so viel vom Gemeinderathe, oder — wo ein solcher nicht besteht — von der Gemeindeversammlung aus ihrer resp. Mitte jährlich gewählten Schulverordneten, als andere Mitglieder (a. b. c.) im Schulvorstande sich befinden.

In klassifizirten Orten I. Klasse sind mindestens sechs Schulverordnete aus dem Gemeinderathe jährlich zu wählen.

2) In zusammengesetzten Schulgemeinden treten den vor= stehend unter 1, a. b. c. und d. bezeichneten Mitgliedern aus der Muttergemeinde noch die Bürgermeister der eingeschulten Gemeinden und deren Stellvertreter zu einem zusammengesetz= ten Schulvorstande hinzu. Wo aber eine Gemeinde es ver= langt und die Rücksicht auf Ausgleichung einer auffallenden Ungleichheit des Stimmenverhältnisses gegenüber dem Bei= tragsverhältnisse bei Aufbringung der Schullasten es erfordert, soll eine veränderte Vertretung der Gemeinden im Schul= vorstande mit Zustimmung des Bezirks=Ausschusses von der obersten Schulbehörde angeordnet werden.

## § 54.

Der Schulvorstand ist betraut mit der Aufsicht über die Ortsschule, vorbehältlich der an gegliederten Schulen vom ersten Lehrer oder Rektor zu führenden nächsten Aufsicht, und mit der nächsten Fürsorge für die Interessen derselben in allen Beziehungen, sowohl was die äußeren, als was die inneren Verhältnisse betrifft.

Er bereitet die Vorlagen für die vorgesetzte Schulbehörde vor und führt die Beschlüsse derselben aus.

Er verwaltet und vertritt das Schulvermögen.

## § 55.

Was insbesondere die Verwaltung des Schulvermögens und die Verfügung über dasselbe betrifft, so hat der Schulvorstand dieselben Rechte und Pflichten, welche in anderen Gemeindeange= legenheiten der Gemeindevorstand, bezüglich der Gemeinderath und die Gemeindeversammlung, nach Vorschrift der Gemeindeordnung haben, jedoch in solchen Fällen, welche eine Rückwirkung auf den Gemeindehaushalt haben, nur innerhalb der Grenzen des von dem Schulvorstande jährlich aufzustellenden und von dem Gemeinde= rathe, bezüglich von der Gemeindeversammlung, genehmigten Etats. Nur wo es sich um Errichtung von Ortsstatuten, um die Ver= äußerung von Grundstücken, welche der Schule gehören, oder von diesen gleichstehenden Gerechtigkeiten, um den Neubau oder sonsti= gen Erwerb von Schulhäusern und anderen Grundstücken zum Besten der Schule, um die Aufnahme eines Darlehns oder um Bewilligung einer Besoldungs=Erhöhung für den Lehrer über das gesetzliche Maß hinaus, oder um andere in dem Etat nicht vor= gesehene Ausgaben handelt, ist die Zustimmung der Gemeinde er= forderlich. Zu solchen Verhandlungen des Gemeinderathes sind auch die Geistlichen und Schullehrer, welche im Schulvorstande sitzen, zuzuziehen und nehmen an denselben mit berathender Stimme Theil.

Zur Errichtung von Ortsstatuten, zur Veräußerung von Grundstücken oder ihnen gleichstehenden Gerechtigkeiten, zum Neu= bau oder sonstigen Erwerb von Schulhäusern oder anderen Grund= stücken zum Besten der Schule bedarf es überdies noch der Ge= nehmigung der obersten Schulbehörde.

## § 56.

Die innerhalb der Grenzen der Zuständigkeit von dem Schul= vorstande oder andern Schulbehörden gefaßten Beschlüsse sind, auch insofern sie eine Rückwirkung auf den Gemeindehaushalt haben, für letztern maßgebend und von der Gemeindebehörde aus-zuführen.

### § 57.

Wird vom Schulvorstande oder vom Gemeinderathe, bezüglich der Gemeindeversammlung, die Nothwendigkeit einer von der kom-petenten Schulbehörde angeordneten Ausgabe für Schulzwecke be-stritten oder verweigert, so hat die Schulbehörde das Recht, das durch die Gemeindeordnung für den Fall der Verweigerung noth-wendiger Gemeindeausgaben Seitens der Gemeinde geordnete Ver-fahren beim Bezirks = Ausschusse einzuleiten. Die über die Noth-wendigkeit einer Gemeindeausgabe für Schulzwecke von der obersten Schulbehörde ausgesprochene Entscheidung ist maßgebend.

### § 58.

Den Vorsitz im Schulvorstande führt der Bürgermeister, in Verhinderungsfällen dessen Stellvertreter.

Der Vorsitzende leitet die Verhandlungen des Schulvorstandes, bereitet die Berathungsgegenstände für denselben vor und sorgt für den geordneten Geschäftsgang in demselben, namentlich auch für die ordnungsmäßige Erstattung der Berichte an die vorgesetzte Schulbehörde und für die Erledigung der sonstigen Geschäftsauf-gaben des Schulvorstandes.

An Berathungen und Beschlußfassungen, welche die Person oder das persönliche Interesse des Schullehrers berühren, nimmt dieser letztere keinen Theil.

### § 59.

Der Schulvorstand ist befugt, einzelne Verwaltungsangelegen-heiten einzelnen seiner Mitglieder zur besonderen Besorgung — immer jedoch unter Wahrung der eigenen Aufsichtspflicht — zu übertragen.

Die ihm nach § 54 zugewiesene Aufsicht über die Ortsschule muß der Schulvorstand unter obigem Vorbehalte an eines seiner Mitglieder übertragen. Diese Wahl findet auf drei Jahre statt; scheidet das für diese Aufsicht gewählte Mitglied früher aus, so muß eine Neuwahl erfolgen. Sollte der Schulvorstand die Wahl unterlassen oder sollte das erwählte Mitglied sich nach dem Urtheile des Schulamtes und nach der Ansicht der obersten Schulbehörde als unfähig zur Ausführung der ihm übertragenen Aufsicht er-weisen, so ist die oberste Schulbehörde berechtigt, unter Anführung der Gründe für den einzelnen Fall ein anderes Mitglied des

Schulvorstandes mit der Führung dieser Aufsicht auf so lange zu beauftragen, als die Funktionen des von dem Schulvorstande gewählten, von der obersten Schulbehörde zurückgewiesenen Mitgliedes gedauert haben würden.

Das mit der Aufsicht über die Ortsschule beauftragte Mitglied des Schulvorstandes hat das Recht, dem Schullehrer Urlaub bis zu drei Tagen zu ertheilen.

§ 60.

Die Bestimmungen der Gemeindeordnung über die Verhandlungen und den Geschäftsgang bei den Gemeinderäthen sind auch für die Schulvorstände maßgebend, soweit im Vorstehenden nicht etwas Anderes geordnet ist.

## IV. Der Staat.

§ 61.

Der Staat ordnet und überwacht, unterstützt und ergänzt die Pflege der Volksschulen Seitens der Gemeinden; ersteres durch Führung der Oberaufsicht über das ganze Volksschulwesen und durch Bestimmung seiner Einrichtung in allen Stücken, letzteres durch Darbietung nöthiger Zuschüsse und Beihülfen.

§ 62.

Die finanzielle Beihülfe des Staates besteht darin, daß aus Staatsmitteln

1) da, wo die Gemeinden nach dem Ausspruche des Bezirks-Ausschusses zu dürftig sind, um die Last selbst und allein tragen zu können,

    a) die Lehrer-Besoldung bis auf den gesetzlichen Minimalbetrag erhöht,

    b) die Kosten des gesonderten Unterrichts eines Kindes (§§ 8, 48 З. 6),

    c) die Kosten der Stellvertretung erkrankter oder sonst behinderter Lehrer (§§ 22, 48 З. 8) getragen, sowie

    d) zum Neubau und zur Reparatur der Schulhäuser und Schullehrer-Wohnungen innerhalb der Grenzen der dazu verfassungsmäßig bewilligten Mittel Unterstützungen gewährt werden;

2) zur Erreichung der gesetzlichen Alterszulagen der Lehrer dasjenige zugeschossen wird, was die Stelldotationen noch ungedeckt lassen;

2 *

3) den Lehrern an besonders entbehrungsreichen Orten Lokal=
zulagen innerhalb der Grenzen der dafür verfassungsmäßig
bewilligten Mittel (cf. § 33) gewährt;

4) die gesetzlichen Pensionen und Wartegelder der Lehrer —
gegen Empfangnahme des gesetzlichen Zuschusses der Ge=
meinden von den Stelldotationen (§ 48) — bestritten und

5) zur Gewährung von Pensionen der Wittwen und Waisen
verstorbener Volksschullehrer diejenigen Zuschüsse geleistet wer=
den, welche neben den sonstigen Einnahmequellen des Lehrer=
wittwenfiskus verfassungsmäßig verwilligt werden.

### § 63.

Das dem Schulvorstande der Gemeinde zunächst übergeordnete
Organ des Staats zur Beaufsichtigung und Ordnung des Volks=
schulwesens ist einerseits

1) der Schul=Inspektor als technischer Beamter für die Beauf=
sichtigung der Lehrer in ihrem Leben und Wirken, der Schul=
einrichtungen und des Schulunterrichts in dem ihm von der
obersten Schulbehörde zugewiesenen Bezirke;

andererseits

2) das Schulamt, welches aus dem betreffenden Bezirks=Direktor
und dem zuständigen Schul=Inspektor gebildet wird, und die
Aufsicht über die äußeren (Verwaltungs= und Disziplinar=)
Angelegenheiten der Schulen und der Lehrer des Bezirks führt.

### § 64.

Der Schul=Inspektor muß:

1) die Schulen seines Bezirks von Zeit zu Zeit visitiren und die
dabei oder auf sonstigem Wege zu seiner Kenntniß kommenden
Mängel des Unterrichtswesens entweder — soweit dies thun=
lich — selbst alsbald abstellen oder höheren Orts zur Anzeige
und Abstellung bringen. Er hat vorzugsweise seine Aufmerk=
samkeit zu richten:

a. auf die Einhaltung der gesetzlichen Vorschriften und der
ertheilten Instruktionen und sonstigen Anordnungen in
Betreff der Schuleinrichtungen,

b. auf die amtliche Wirksamkeit des Schulvorstands,

c. auf den Fleiß und das Verhalten der Lehrer, ihre Lehr=
methode und die Fortschritte der Kinder, die Disziplin,
Ordnung und Reinlichkeit, die in der Schule herrscht,

d. auf die wissenschaftliche Fortbildung der Lehrer und deren
Nebenbeschäftigung,

c. auf die äußeren Bedürfniſſe der Schule und das Verhalten der Gemeinde ihren desfallſigen Pflichten gegenüber.

2) Der Schul=Inſpektor hat die Lehr= und Stundenpläne der Schulen ſeines Bezirks entſprechend den beſtehenden allge= meinen Vorſchriften feſtzuſtellen,

3) die einſtweilige Verwaltung erledigter Stellen, der Lehrer ſei geſtorben oder erkrankt oder ſonſt behindert, zu ordnen,

4) über Urlaubsgeſuche der Lehrer, ſofern ſie mehr als drei und weniger als vierzehn Tage zum Gegenſtande haben, Ent= ſchließung zu faſſen,

5) die der Entwickelung des Schulweſens und der Fortbildung der Lehrer dienenden Konferenzen zu veranſtalten und zu leiten,

6) die Privatſchulen ſeines Bezirks zu beaufſichtigen.

### § 65.

Jeder Schul=Inſpektor hat am Jahresſchluſſe einen eingehen= den Bericht über den Befund der abgehaltenen Schulviſitationen und über den Zuſtand der Schulen ſeines Bezirks überhaupt zu erſtatten und darin die zur Hebung beſtehender Uebelſtände als nöthig erſcheinenden Maßnahmen in Vorſchlag zu bringen.

### § 66.

Dem Schulamte liegen — bezüglich unbeſchadet der Mit= wirkung des Bezirks=Ausſchuſſes (§ 62) — ob:

1) die Sorge für die Ausführung der Geſetze und Anordnungen in Bezug auf die äußeren Angelegenheiten der Schulen,

2) alle Geſchäfte, welche die Anſtellung, disziplinariſche Be= handlung und Beſtrafung, Dispoſitionsſtellung, Penſionirung, Entlaſſung und Abſetzung eines Lehrers mit ſich bringt;

3) die Leitung der Verhandlungen über Aus= und Einſchulungen, die Oberaufſicht über die Schulbauten, über die Schullokalitäten und Schuleinrichtungen, über die Vermögensangelegenheiten der Schulſtellen, mit Einſchluß der Feſtſtellung der Schul= beſoldungs=Tabellen, über die Erfüllung der den Gemeinden obliegenden Leiſtungspflichten;

4) die Begutachtung der Geſuche um Zuſchüſſe aus Staatsmitteln und Erſtattung ſonſt erforderter Gutachten.

### § 67.

Oberſte Schulbehörde iſt das Staats=Miniſterium, Departe= ment des Cultus. Ihm ſteht die oberſte Leitung des geſammten Volksſchulweſens im Großherzogthum in allen Beziehungen und

nach allen Richtungen, die oberste Anordnung alles dessen, was
zur Ausführung dieses Gesetzes nöthig oder diensam ist, und die
endgiltige Entscheidung aller in der Verwaltung des Volksschul=
wesens erhobenen Fragen zu.

Auch auf die katholischen Volksschulen des Großherzogthums
leiden die Bestimmungen dieses Gesetzes Anwendung, namentlich
auch was die Ernennung und Wirksamkeit der Schul=Inspektoren
und die Zusammensetzung und Kompetenz der Schulämter betrifft.
Nur hinsichtlich des Geschäftsverkehrs zwischen den Schul=Inspek=
toren und Schulämtern der katholischen Schulen einerseits und
der obersten Schulbehörde (dem Staats=Ministerium) andererseits
verbleibt es dabei, daß dieser Geschäftsverkehr durch die Immediat=
Kommission für das katholische Kirchen= und Schulwesen ver=
mittelt wird.

Die Mitwirkung des Landesfürsten ist in den Fällen erforder=
lich, in welchen das Gesetz sie ausdrücklich vorschreibt.

## B.
## Die Fortbildungsschulen.

### § 68.

Aufgabe der Fortbildungsschule ist, die aus der einfachen
Volksschule entlassenen Knaben in den erlangten Kenntnissen zu
befestigen und in denjenigen Kenntnissen und Fertigkeiten, welche
vorzugsweise förderlich für das bürgerliche Leben sind, weiter zu
bilden.

### § 69.

In jedem Schulbezirke ist eine Fortbildungsschule zu errichten,
welche die aus der einfachen Volksschule entlassenen Knaben noch
zwei Jahre lang zu besuchen verpflichtet sind, wenn nicht in anderer
Weise, z. B. durch den regelmäßigen Besuch einer Schule mit
höheren Zielen, für ihre Fortbildung genügend gesorgt ist. Der
obersten Schulbehörde bleibt nachgelassen, nach Gehör des Bezirks=
Ausschusses von dieser Verpflichtung zu dispensiren.

### § 70.

Der Unterricht wird, mindestens während der Wintermonate,
wöchentlich zweimal ertheilt.

Der Schulvorstand ist berechtigt, denselben, sei es während
des ganzen Jahres oder nur während eines Theils desselben, mit
Erhöhung des Lehrziels zu erweitern, jedoch höchstens nur bis zu
sechs Stunden wöchentlich.

## § 71.

Wird eine Fortbildungsschule mit einer gewerblichen, land=
wirthschaftlichen oder handelswissenschaftlichen Bildungs=Anstalt
verbunden, so muß Sorge dafür getragen werden, daß denjenigen
Schülern, welche eine solche Fachbildung nicht suchen, ein dem
allgemeinen Fortbildungszwecke entsprechender Unterricht darin
zu Theil werde.

## § 72.

Auch für die aus der einfachen Volksschule entlassenen Mäd=
chen kann der Schulvorstand eine Fortbildungsschule errichten und
die Verpflichtung zum Besuche derselben auf zwei Jahre erstrecken.

## § 73.

In besonderen Fällen darf der Schulvorstand vom Besuche
der Fortbildungsschule ausnahmsweise dispensiren.

## § 74.

Die Verpflichtung zum Besuche der Fortbildungsschule hebt
etwa entgegenstehende privatrechtliche Verpflichtungen auf.

## § 75.

Die im Schulbezirke angestellten Volksschullehrer oder Lehre=
rinnen sind auf Verlangen des Schulvorstandes auch zur Unterrichts=
ertheilung in der Fortbildungsschule verpflichtet. Sie beziehen
dafür ein besonderes, zunächst zwischen ihnen und dem Schulvor=
stande zu vereinbarendes, eventuell von der obersten Schulbehörde
festzustellendes Honorar. Dieses Honorar bildet keinen Theil ihres
eigentlichen Diensteinkommens.

## § 76.

Die Unterhaltung der Fortbildungsschule liegt der Schul=
gemeinde ob, sowohl was das Honorar des Lehrers oder der
Lehrerin, als auch was die Erhaltung, die Verheizung und Rein=
haltung der Schulstube und die Beschaffung der Lehrmittel betrifft.

Auch zur Deckung der Kosten der Fortbildungsschule darf die
Gemeinde ein Schulgeld erheben.

## § 77.

Denjenigen Schulgemeinden, welche wegen großer Dürftigkeit
von dem betreffenden Bezirks=Ausschusse dazu empfohlen werden,
wird auch zu diesen Schulanswänden eine angemessene Beihülfe
aus der Volksschulkasse gewährt.

## § 78.

Die Aufsicht über Errichtung, Einrichtung und Unterhaltung

der Fortbildungsschulen liegt denselben Behörden, welche die ein=
fache Volksschule zu beaufsichtigen haben, und in demselben In=
stanzenzuge ob.

Die gesetzlichen Bestimmungen über die Schulpflicht der Kin=
der, über die Pflichten der Eltern und Erzieher in Bezug auf die
Erfüllung dieser Schulpflicht der Kinder, sowie über die Bestrafung
der Versäumniß dieser Pflichten finden auch auf den Besuch der
Fortbildungsschule analoge Anwendung.

### § 79.

Die Bestimmungen unter 4 und 5 des Patents vom 28.
Februar 1817 über die Verbesserungen des Landschulwesens, Ab=
gaben bei Trauungen und Kindtaufen betreffend,

> das Gesetz vom 1. Juni 1848 über die Haftpflicht der Ge=
> meinden für die Bezüge der Geistlichen und Schullehrer an
> Zinsen, Zehnten und anderen Abgaben,

> das Gesetz vom 3. November 1848 über die Verheizung der
> Schulstuben und

> das Gesetz vom 29. März 1873 über die exekutivische Bei=
> treibung des Schulgeldes u. s. w. bleiben in Kraft.

Alle übrigen, das Volksschulwesen betreffenden Gesetze sind
aufgehoben.

### § 80.
### Uebergangs=Bestimmung.

Bei Ausführung des § 63 ist die Staatsregierung ermächtigt
bis zur Anstellung besonderer Schul = Inspektoren als technische
Mitglieder des Schulamtes neben dem Bezirks = Direktor zunächst
die seitherigen Schul=Ephoren weiter fungiren zu lassen.

### § 81.

Das gegenwärtige Gesetz tritt mit dem 1. Januar 1875
in Kraft.

Urkundlich haben Wir dieses Gesetz höchsteigenhändig voll=
zogen und mit Unserem Großherzoglichen Staats=Insiegel versehen
lassen.

So geschehen und gegeben Weimar am 24. Juni 1874.

(L. S.)          **Carl Alexander.**

G. Thon.    Stichling.    von Groß.

# Gesetz über die Besoldungen und Alterszulagen der Volksschullehrer.

### Vom 24. Juni 1874.

## Wir Carl Alexander,

### von Gottes Gnaden,

**Großherzog von Sachsen-Weimar-Eisenach, Landgraf in Thüringen, Markgraf zu Meißen, gefürsteter Graf zu Henneberg, Herr zu Blankenhain, Neustadt und Tautenburg.**

### 2c. 2c.

verordnen hierdurch zur Verbesserung des Diensteinkommens der Volksschullehrer unter Zustimmung des getreuen Landtags, was folgt:

### § 1.

Der Schulamtskandidat, der noch im Vorbereitungsdienste angestellt ist, erhält eine jährliche Besoldung von 600 Mark und freie Wohnung. In den nicht klassifizirten Orten muß die Wohnung ihm in natura gewährt werden und wird zu 50 Mark veranschlagt. In den klassifizirten Orten ist, dafern es an einer Dienstwohnung fehlt, der Lehrer dafür mit 60 Mark in den Orten III. Klasse, mit 90 Mark in den Orten II. Klasse und mit 120 Mark in den Orten I. Klasse jährlich zu entschädigen.

### § 2.

Das jährliche Diensteinkommen eines definitiv angestellten Volksschullehrers in den nicht klassifizirten Orten muß wenigstens 850 Mark mit Einschluß der zu 50 Mark zu veranschlagenden Dienstwohnung, welche ebenfalls in natura gewährt werden muß, betragen.

Die Berechnung dieses Diensteinkommens erfolgt nach der jedesmal neuesten, in der Regel von 10 zu 10 Jahren zu revidirenden Veranschlagung der einzelnen Besoldungstheile in der Besoldungstabelle. Etwaige außerdem dem Lehrer für seine Person von der Gemeinde neben der gesetzlichen Minimalbesoldung und über die eigentliche Stelldotation hinaus bewilligte Zuschüsse werden bei Berechnung des Diensteinkommens, der Alterszulagen und der Pension nicht mit in Betracht gezogen.

Die Dienstwohnung muß nicht blos die nöthigen Wohnungs=, sondern auch die nöthigen Wirthschaftsräume, wie sie der mit der betreffenden Stelle verbundenen Oekonomie entsprechen, enthalten.

Ueber das Einzelne dieser Erfordernisse werden Vorschriften im Verordnungswege ertheilt.

### § 3.

In den klassifizirten Orten ist das jährliche Diensteinkommen eines definitiv angestellten Lehrers folgendermaßen normirt:

1) in den Orten III. Klasse beträgt es durchschnittlich 1050 Mark, wenigstens aber 900 Mark;
2) in den Orten II. Klasse durchschnittlich 1110 Mark, wenigstens aber 960 Mark;
3) in den Orten I. Klasse durchschnittlich 1200 Mark, wenigstens aber 1050 Mark.

Wo in klassifizirten Orten einem Lehrer eine Dienstwohnung gewährt wird, ist dieselbe in der III. Ortsklasse mit 75 Mark, in der II. mit 120 Mark, in der I. mit 150 Mark aufzurechnen.

### § 4.

Außerdem werden den Lehrern bei tadelloser Amtirung in definitiver Anstellung aus der Volksschulkasse Alterszulagen gewährt, welche ihr Diensteinkommen erhöhen:

1) nach 5 Jahren
   a) in den nicht klassifizirten Orten bis zu 940 Mark,
   b) in den klassifizirten Orten
      III. Klasse bis zu   990 Mark,
      II. Klasse bis zu 1110 Mark,
      I. Klasse bis zu 1200 Mark;
2) nach 10 Jahren
   a) in den nicht klassifizirten Orten bis zu 1030 Mark,
   b) in den klassifizirten Orten
      III. Klasse bis zu 1110 Mark,
      II. Klasse bis zu 1260 Mark,
      I. Klasse bis zu 1350 Mark;
3) nach 15 Jahren
   a) in den nicht klassifizirten Orten bis zu 1150 Mark;
   b) in den klassifizirten Orten
      III. Klasse bis zu 1260 Mark,
      II. Klasse bis zu 1410 Mark,
      I. Klasse bis zu 1530 Mark;
4) nach 20 Jahren, dafern die Schule, an welcher der Lehrer zur Zeit angestellt ist, in den letzten fünf Jahren durch=

schnittlich mehr als 60 Kinder gezählt hat, oder der Lehrer eine besonders schwierige Stelle befriedigend verwaltet oder sonst als besonders würdig sich erwiesen hat,

    a) in den nicht klassifizirten Orten bis zu 1300 Mark,
    b) in den klassifizirten Orten
        III. Klasse bis zu 1410 Mark,
        II. Klasse bis zu 1560 Mark,
        I. Klasse bis zu 1710 Mark.

Den Lehrern an solchen Schulen, an welchen die Kinderzahl in zehnjährigem Durchschnitte nicht mehr als 30 betragen hat, werden nur die beiden ersten Alterszulagen zu Theil.

Unser Staats-Ministerium ist ermächtigt, denjenigen Lehrern, deren definitive Anstellung sich in Folge früherer, jetzt abgeschaffter gesetzlicher Einrichtungen und Gebräuche unverhältnißmäßig verzögert hatte, bei Feststellung des bei den Alterszulagen in Betracht kommenden Dienstalters einen Theil ihrer in provisorischer Stellung verlebten Dienstzeit mit anzurechnen.

Ebenso ist es ermächtigt, den aus dem Volksschuldienste eines anderen Deutschen Staates in den des Großherzogthums eintretenden Lehrern die in jener früheren Stellung verbrachte Dienstzeit anzurechnen.

### § 5.

Die Minimal-Gehalte der Rektoren gegliederter Schulen (§ 13 des Volksschulgesetzes) werden in den nicht klassifizirten Orten auf 1450 Mark, in den Orten

        III. Klasse auf 1750 Mark,
        II. Klasse auf 2050 Mark,
        I. Klasse auf 2350 Mark,

festgesetzt.

Nach fünf-, zehn- und fünfzehnjähriger tadelloser Amtirung in dieser Eigenschaft erhält der Rektor eine Erhöhung seines jährlichen Gehalts um jedesmal 150 Mark.

### § 6.

Dieses Gesetz tritt mit dem 1. Januar 1875 in Kraft.

Urkundlich haben Wir dieses Gesetz höchsteigenhändig vollzogen und mit Unserm Staats-Insiegel bedrucken lassen.

So geschehen und gegeben Weimar am 24. Juni 1874.

(L. S.)         **Carl Alexander.**

        G. Thon.   Stichling.   von Groß.

# III.

## Ministerial-Verordnung

### zur Ausführung des Gesetzes vom 24. Juni 1874 über das Volksschulwesen im Großherzogthum Sachsen.

Zur Ausführung des Gesetzes über das Volksschulwesen vom 24. Juni 1874 wird auf Grund des §. 67 dieses Gesetzes mit Höchster Genehmigung Seiner Königlichen Hoheit des Großherzogs verordnet, was folgt:

### Artikel 1.
#### (zu §. 2 des Volksschulgesetzes.)

Ob in einer Gemeinde nach den örtlichen Verhältnissen das Bedürfniß besteht, den Unterricht in der Obstbaumzucht für Knaben, in weiblicher Handarbeit, im Turnen und Zeichnen für Mädchen einzurichten, und ob und in welcher Weise die zur Ertheilung dieses Unterrichts erforderlichen Einrichtungen getroffen werden können, ist vom Schul-Inspektor unter Gehör des Schulvorstands zu erörtern. Vom Schulamt ist hiernächst darüber gutachtlicher Bericht an die oberste Schulbehörde zu erstatten, welche die Entscheidung in der Sache trifft

### Artikel 2.
#### (zu §. 3.)

1) Das Recht der kirchlichen Behörde auf Mitwirkung bei Anordnung und Ueberwachung des Religions-Unterrichts wird dadurch ausgeübt, daß es dem Ortspfarrer (dem Rabbiner) und bei mehreren Ortsgeistlichen dem Ersten derselben gestattet ist, jederzeit dem Religions-Unterricht in der Volksschule beizuwohnen; daß die Superintendenten, der Land-Dechant und der Land-Rabbiner jederzeit das Recht haben, die Schulkinder ihrer Konfession in der Religion selbst zu prüfen, oder, was die christlichen Schulkinder anlangt, durch den Ortsgeistlichen prüfen zu lassen; daß der Großherzogliche Kirchenrath und das bischöfliche Domkapitel, so oft es ihnen beliebt, Mitglieder zu Schulvisitationen

in Bezug auf den Religions-Unterricht abordnen können; daß der Normal-Unterrichtsplan, insoweit er den Religions-Unterricht betrifft, der kirchlichen Oberbehörde auf Erfordern zur Aeußerung ihrer gutachtlichen Bemerkungen, die lokalen Unterrichtspläne aber, soweit sie den Religions-Unterricht betreffen, auf Erfordern den Ortsgeistlichen und Visitatoren zur Einsichtnahme vorzulegen sind.

2) Von den besonderen Visitationen und Prüfungen in der Religion haben die Visitatoren den zuständigen Schul-Inspektor so zeitig zu benachrichtigen, daß dieser denselben beiwohnen kann, wenn er es für wünschenswerth erachtet.

Bei den Besuchen der Ortsgeistlichen in den Religionsstunden braucht eine solche Benachrichtigung nicht zu erfolgen.

Hinsichtlich der Beiziehung der evangelischen Schulen zu den Kirchenvisitationen bewendet es bei den durch die Kirchenvisitations-Ordnung vom 18. April 1855 darüber getroffenen Bestimmungen.

3) Den Ortsgeistlichen und Visitatoren ist es gestattet, über den Religions-Unterricht mit den Lehrern sich zu besprechen und denselben Rathschläge zu ertheilen, jedoch haben sie sich aller selbstständigen Anordnungen in dieser Beziehung zu enthalten.

Erinnerungen und Beschwerden hinsichtlich des Religions-Unterrichts, welche nicht durch unmittelbare Verständigung mit dem Lehrer gehoben werden können, sind von den Ortsgeistlichen oder Visitatoren, und zwar von den ersteren durch Vermittelung der zuständigen Superintendentur, bezüglich des Land-Dechanten, von den Visitatoren unmittelbar, dem Schul-Inspektor vorzulegen. Werden sie auch durch diesen nicht erledigt und von den Beschwerdeführern fortgestellt, so steht der betreffenden oberen Kirchenbehörde, und zwar der bischöflichen Behörde durch Vermittelung der Großherzoglichen Immediat-Kommission für das katholische Kirchen- und Schulwesen, die Befugniß zu, sich an die oberste Schulbehörde zu wenden, welche zunächst selbst entscheidet, auf Verlangen der beschwerdeführenden Kirchenbehörde aber die Entscheidung des Landesfürsten einholt, bei welcher es sodann definitiv bewendet.

## Artikel 3.
### (zu §. 5.)

1) Die mit Führung der Geburts-Register betrauten Behörden haben alljährlich, spätestens drei Wochen vor Ostern, ein Verzeichniß derjenigen in der Schulgemeinde gebornen Kinder, welche in dem betreffenden Jahre das schulpflichtige Alter erreichen, unter

Einzeichnung des Tags der Geburt und der Religion, dem Schul=
vorstande zu übergeben. Zu derselben Zeit haben die Gemeinde=
vorstände die bisher am Schlusse eines jeden Jahres einzureichen=
den Verzeichnisse über die von auswärts eingezogenen schulpflich=
tigen Kinder dem Schulvorstande mitzutheilen.

Auf Grund dieser Verzeichnisse stellt der Schulvorstand eine
Liste der in der Schulgemeinde an dem bevorstehenden Aufnahme=
termine schulpflichtig gewordenen Kinder auf, und händigt dieselbe
dem Rektor oder Lehrer ein. Der Tag der Aufnahme in die
Schule ist in ortsüblicher Weise mit der Aufforderung bekannt zu
machen, daß an ihm Eltern und Erzieher die Kinder zu dieser
Aufnahme zu stellen haben.

2) Bei der Aufnahme der Schulkinder sind die Impf=
scheine (Vergl. §. 10 des Reichsgesetzes vom 8. April 1874) vor=
zulegen und für auswärts (d. h. nicht innerhalb der Schulgemeinde)
geborene Kinder außerdem noch legale Geburtszeugnisse.

Sind auswärtige Kinder aufzunehmen, welche bereits eine
Schule besucht haben, so sind für diese auch Zeugnisse der früheren
Lehrer und, wenn sie das 12te Lebensjahr überschritten haben,
die Zeugnisse über die zweite Impfung (Vergl. §. 1. Ziff. 2,
§. 10, 13 und 15 des Reichsgesetzes vom 8. April 1874) vor=
zulegen.

Die Lehrer des Großherzogthums haben die Zeugnisse, welche
über Alter, Schulzeit, Schulbesuch, Fleiß und Betragen des Kin=
des sich auszusprechen haben, unentgeltlich auszustellen.

Zur Beibringung der Geburts= und Schulzeugnisse, sowie der
Impfscheine können die Eltern oder Erzieher durch Ordnungsstra=
fen bis zu 15 Reichsmark vom Schulvorstande angehalten werden.
Die Strafgelder fallen der Schulgemeinde für Schulzwecke zu.

Die Aufnahme der Kinder erfolgt durch den Ortsschulaufseher.

Die aufgenommenen Kinder sind vom Lehrer unter Angabe
ihres Namens, der Zeit und des Orts ihrer Geburt, der Zeit der
Impfung, des Namens, Standes und Aufenthaltsorts ihres Va=
ters, bezüglich ihrer außerehelichen Mutter, und ihrer Religion in
das Schülerbuch einzutragen, in welchem seiner Zeit auch der
erfolgte Austritt eines Schulkindes zu bemerken ist.

Die Geburtsscheine, sowie die Impfscheine der aufgenommenen
Kinder sind den Eltern oder Erziehern zurückzugeben.

3) Spätestens acht Tage nach erfolgter Aufnahme sind vom
Rektor oder Lehrer diejenigen schulpflichtig gewordenen Kinder,
welche sich bis dahin zur Schule nicht eingefunden haben, dem

Schulvorstande anzuzeigen, welcher gegen die Eltern oder Erzieher, sofern von denselben ein hinreichender Grund zur Befreiung der Kinder vom Eintritt in die Schule nicht erbracht oder die Versäumniß nicht gerechtfertigt wird, nach den Bestimmungen in den Artikeln 5 und 8 der gegenwärtigen Ausführungs-Verordnung einzuschreiten hat.

4) Von Kindern aus Nachbarorten darf der Schulvorstand den doppelten Betrag des Schulgeldes erheben, welches die einheimischen Kinder entrichten.

Findet die Entrichtung eines Schulgeldes überhaupt nicht statt, so bleibt es dem Schulvorstande überlassen, von jedem der Kinder aus einem Nachbarorte einen Beitrag zu den Schullasten in der Höhe bis zu 5 Mark halbjährlich zu erheben (Vergl. Art. 27 Ziffer 4).

Die Erlaubniß zum Schulbesuche für Kinder aus einem Nachbarorte kann von dem Schulvorstande zurückgezogen werden, wenn sich durch denselben irgend welche Unstatten ergeben; es kann dies jedoch nur bis 14 Tage vor Ostern oder Michaelis geschehen.

5) Erfordern es die Verhältnisse eines Ortes, daß die Schulkinder desselben auf einige Zeit in die Schule eines Nachbarortes aufgenommen werden, z. B. wegen eines Schulbaues in ersterem Orte, oder dann, wenn bei Vakanz der Schulstelle ein Vikariat nicht eingerichtet werden kann, so hat das Schulamt zwischen den betreffenden Gemeinden eine Einigung über die an die Schulgemeinde des zeitweiligen Einschulungsortes zu gewährende Entschädigung zu versuchen. Gelingt es nicht, eine Einigung herbeizuführen, so bestimmt die oberste Schulbehörde die Art und Höhe der Entschädigung.

6) Taubstumme und blinde Kinder sind, sofern sie sich nicht als bildungsunfähig erweisen, mit Eintritt des Alters der allgemeinen Schulpflichtigkeit in die Volksschule aufzunehmen und in dieser nach Thunlichkeit für die spätere Aufnahme in die Großherzogliche Taubstummen- und Blindenanstalt vorzubereiten. (§§ 2 und 3 des Gesetzes über die Aufnahme in diese Anstalt vom 28. Mai 1874.)

7) Kinder, welche das sechste Lebensjahr bis Ostern noch nicht vollendet haben oder bis Ende April nicht vollenden werden, können zu Ostern des betreffenden Jahres nur mit Genehmigung des Schul-Inspektors in die Schule aufgenommen werden, und zwar nur unter der Voraussetzung, daß sie ausnahmsweise die nöthige

körperliche und geistige Reife haben, welche sonst nur den Kindern, die sechs Jahre alt sind, eigen ist.

8) Eltern oder Erzieher, welche die Aufnahme gebrechlicher, kränklicher oder geistig unreifer Kinder in die Schule über das Eintrittsalter hinaus verschoben haben wollen, haben über die körperliche oder geistige Unreife des Kindes ein ärztliches Zeugniß beizubringen. Die Entscheidung trifft der Lehrer im Einvernehmen mit dem Ortsschulaufseher.

9) Dasselbe Verfahren findet statt, wenn im Laufe der acht-jährigen Schulzeit der Anspruch auf zeitweise Entlassung eines Kindes aus der Schule wegen körperlicher oder geistiger Un-fähigkeit zur Theilnahme am Unterricht erhoben wird. Anderseits aber steht dem Rektor oder dem Lehrer in Uebereinstimmung mit dem Ortsschulaufseher das Recht zu, Kinder, die sich nach dem Eintritt in die Schule als körperlich oder geistig zu schwach für die unerläßlichen Anforderungen der Schule zeigen, auf ein hal-bes oder nach den Umständen auf ein ganzes Jahr von dem Schulbesuche zurück zu weisen.

10) Eltern oder Erzieher, welche für ein Kind die Befreiung vom Besuche der Schule in Anspruch nehmen, weil anderweiter ausreichender Unterricht ertheilt werde, haben dieses dem Schul-vorstande anzuzeigen. (Vergl. Art. 7.)

11) Die Entlassung aus der Schule erfolgt zu Ostern des Jahres, in welchem die Kinder spätestens bis Ende April das vierzehnte Lebensjahr vollenden. Auch bei Verspätung des Eintritts in die Schule oder bei Unterbrechungen des Schulbe-suchs durch Krankheit des Kindes oder durch andere Umstände soll eine Verlängerung der Schulpflichtigkeit bis zu Einem Jahre über diese Zeit hinaus nur da eintreten, wo die Erfüllung des wesent-lichen Schulzwecks dies erfordert. Die Entscheidung ist dem Schul-Inspektor vorbehalten.

12) Kinder, welche ausnahmsweise in die Schule aufgenom-men werden, bevor sie das durch das Gesetz bestimmte schulpflich-tige Alter erreicht haben, sind zu Ostern des Jahres zu entlassen, wo der achtjährige Schulbesuch erfüllt ist. Dies gilt besonders auch von den Kindern, welche nach den bisher über das schul-pflichtige Alter bestandenen Bestimmungen in die Schule aufge-nommen worden sind.

Im Uebrigen kann die Entlassung aus der Schule vor der bestimmten Zeit nur in den dringlichsten Fällen und zwar nur durch besondere Gestattung der obersten Schulbehörde stattfinden.

Die vorgeschrittene körperliche und geistige Entwickelung des Kindes allein soll keinen Grund hierzu abgeben können.

Die Entlassung der Kinder aus der Schule und die Unterbrechung des Schulbesuchs ist in dem Schülerbuch einzutragen. (Vergl. Ziffer 2.)

### Artikel 4.
#### (zu §. 6.)

Die gesetzlich auf zusammen 10 Wochen festgesetzten Schulferien vertheilen sich

### I. für die christlichen Schulen

in folgender Weise:

1) Mit Einrechnung der Sonn- und Festtage dauern die Ernteferien 28 Tage, die Herbstferien 14 Tage, die Weihnachtsferien 11 Tage, die Osterferien 12 Tage und die Pfingstferien 5 Tage.

2) Den Beginn der Ernteferien sowie der Herbst- (Kartoffel-) Ferien setzt der Schulvorstand für nicht gegliederte Schulen nach Gehör der Lehrer, für gegliederte Schulen aber nach Gehör des Rektors fest.

In gleicher Weise können von dem Schulvorstand nach dem jeweiligen örtlichen Bedürfniß diese sechs Ferienwochen in verschiedene Abschnitte, deren jedoch keiner weniger als eine Woche betragen darf (z. B. in besondere Heu- oder Beerferien und dergleichen), vertheilt werden.

Nur mit Genehmigung der obersten Schulbehörde ist es zulässig, daß an den Orten, wo behufs des Zuckerrübenbaues die Kinder zur Feldarbeit gebraucht werden, die Schulen an acht Nachmittagen (Mittwoch und Sonnabend nicht mitgezählt) so ausgesetzt werden, daß die ausgesetzten Schulstunden in den folgenden Wochen nachzuhalten sind.

Die näheren Bestimmungen sind für jedes Jahr von dem Schul-Inspektor, welcher zeitig vor dem Beginn der Verwendung der Kinder darum anzugehen ist, zu treffen.

Die Weihnachtsferien beginnen am 23. Dezember, so daß am 22. Dezember die Schule geschlossen wird, und dauern bis zum 2. Januar einschließlich.

Die Osterferien fangen an mit dem Sonnabende vor Palmarum, so daß am Freitage die Schule geschlossen wird, und dauern bis zum Mittwoch nach Ostern einschließlich.

Die Pfingferien nehmen ihren Anfang mit Sonnabend vor dem Feste, so daß der Schulschluß am Freitage erfolgt und endigen mit dem Mittwoch nach dem Feste, so daß am Donnerstage der Unterricht wieder beginnt.

3) Außer der Ferienzeit sind die folgenden kirchlichen Feier= und Festtage für die Kinder in christlichen Schulen schulfrei:

a) in evangelischen Schulen:

der Himmelfahrts=Tag und der ausgeschriebene Bußtag;

b) in katholischen Schulen:

der heilige Dreikönig=Tag (6. Januar), Mariä Lichtmeß (2. Februar), Mariä Verkündigung (25. März), der Markus=Tag (25. April), Christi Himmelfahrt und ein Bettag in der Himmelfahrts= Woche, Frohnleichnams=Tag (Donnerstag nach Trinitatis), Peter= und Pauls=Tag (29. Juni), Mariä Himmelfahrt (15. August), Allerheiligen (1. November), Allerseelen (2. November) und die in den einzelnen Pfarreien kirchlich gefeierten Patrocinien.

Besuchen katholische Kinder evangelische Schulen, so sind die eben genannten Tage, oder einige derselben, nur auf besonderes Verlangen der Eltern oder Erzieher freizugeben.

Den Israeliten in christlichen Schulen sind (jedoch nur auf besonderes Verlangen der Eltern oder Erzieher)

der Sabbath,

die zwei Neujahrstage,

das Versöhnungsfest,

die zwei ersten und letzten Tage des Laubhüttenfestes,

das Purimfest (1 Tag),

der Chanukka=Tag,

die beiden ersten und letzten Tage des Passahfestes,

zwei Tage des Wochenfestes und der Gedächtnißtag der Zer= störung Jerusalems

freizugeben.

II. Für die jüdischen Elementarschulen

bestehen neben den ohnehin schulfreien Sabbath=Tagen folgende Ferien:

a) am jüdischen Neujahrsfeste, sowie am Tage vorher und am Tage nachher, zusammen 4 Tage;

b) vom Tage vor dem Versöhnungsfeste bis zum Tage nach dem Laubhüttenfeste, zusammen 15 Tage;

c) am zehnten Tage des Monats Tebeth;

d) am Fasttage Esther;

e) am Purimfeste, zwei Tage;

f) am Passahfeste, sowie drei Tage vorher und einen Tag nach= her, zusammen 12 Tage;

g) am Wochenfeste, sowie einen Tag vorher und einen Tag nach= her, zusammen 4 Tage;

h) am siebenten Tage des Monats Tamut;

i) am Gedächtnißtage der Zerstörung Jerusalems und am Nach= mittage vorher;

k) am bürgerlichen Neujahrstage;

l) an den Nachmittagen des fünfzehnten Tages des Monats Schebat, des achtzehnten Tages des Monats Ijar, des fünf= zehnten Tages des Monats Ab und der acht Tage des Tem= pelweihfestes;

m) an zwei und zwanzig Tagen im Laufe jedes Sommers zur Erholung für die Lehrer.

Den Anfang der Ferienzeit unter m. bestimmt der Landrab= biner nach Gehör der Lehrer.

Statt der in christlichen Schulen freien Nachmittage am Mitt= woch und Sonnabend, sind in jüdischen Schulen die Nachmit= tage am Mittwoch und Sonntag schulfrei.

III. Für die Bürgerschule in Lengsfeld wird eine besondere Ferienordnung erlassen werden.

IV. Zum Kirchweihfest darf die Schule höchstens Einen Tag ausgesetzt werden. Alle übrigen besonderen freien Tage fallen als solche weg, so daß namentlich auch während der Jahrmärkte, am Fastnachtsdienstage, am 18. Oktober, am Martinstage, am Grego= riustage u. s. w. die Schulen ordnungsmäßig zu halten sind. Ausnahmen von dieser Regel finden nur wegen besonderer örtlicher Verhältnisse unter besonderer Genehmigung der obersten Schulbe= hörde statt.

Am Geburtstage des deutschen Kaisers, am Geburtstage des Landesherrn, am Tage von Sedan (2. September) und an den= jenigen Tagen, an welchen sonst eine Schulfeier angeordnet wird, tritt diese Feier an die Stelle des ordnungsmäßigen Unterrichts. Auch dürfen jährlich 2 Tage, welche der Lehrer mit dem Orts= schulaufseher auswählt, zur Vornahme von Ausflügen in das Freie (Turnfahrten) verwendet werden.

V. Aus Gesundheitsrücksichten darf der Nachmittagsunterricht an einzelnen Tagen ausgesetzt werden, wenn eine so erhebliche

3*

Hitze herrscht, daß das Halten der Schule für den Lehrer und die Kinder gesundheitsgefährdend erscheint. An solchen Tagen hat der Lehrer die Entschließung des Ortsschulaufsehers einzuholen, in dessen pflichtmäßiges Ermessen die Entscheidung gestellt wird.

VI. Für jede Schulklasse ist vom Lehrer derselben ein Tage= buch zu führen, in welchem derselbe die Wochen, Tage und Stun= den, an welchen Ferien gewesen sind oder außerordentlicher Weise der Unterricht ganz oder theilweise ausgesetzt worden ist, mit An= gabe des Grundes aufzuzeichnen hat.

VII. Bricht am Schulorte eine Epidemie aus, so hat dies der Schulvorstand schleunigst dem Schulamte anzuzeigen und dieses hat wegen zeitweiliger Schließung der Schule oder Entfernung einzelner Kinder aus derselben nach Gehör des zuständigen Physi= kats das Erforderliche ungesäumt zu beschließen.

Von dem Geschehenen ist ohne Verzug an die oberste Schul= behörde Anzeige zu erstatten.

VIII. Das eigenmächtige Aussetzen von Schulen oder auch nur von Schulstunden Seitens des Lehrers ist unstatt= haft und führt zu disziplinärer Ahndung; nur bei dem Vorhan= densein unabwendbarer Nothfälle, z. B. bei plötzlicher Krankheit des Lehrers kann es gerechtfertigt sein; jedoch hat der Lehrer den Ortsschulaufseher von dem Behinderungsgrunde, wenn er dies nach Lage der Verhältnisse vermag, sofort, und sonst jedenfalls nach= träglich zu benachrichtigen.

IX. Wünscht ein Lehrer außerhalb der Ferienzeit oder der sonst freien Tage Urlaub zu erhalten, so hat er sich, wenn der Urlaub nicht über drei Tage andauern soll, an den Ortsschulauf= seher zu wenden, welcher über das Urlaubsgesuch entscheidet.

Den Rektoren ist es gestattet, sich selbst Urlaub bis zu drei Tagen zu ertheilen.

Wünscht der Lehrer oder Rektor Urlaub für mehr als drei, aber weniger als vierzehn Tage, so gehört die Entschließung zur Kompetenz des Schul=Inspektors, während über einen noch längeren Urlaub die oberste Schulbehörde beschließt. Das Gesuch des Leh= rers ist auch in diesen Fällen bei dem Ortsschulaufseher einzurei= chen, welcher seinerseits an den Schul=Inspektor berichtet. Wird ein mindestens vierzehntägiger Urlaub erbeten, so unterbreitet der Schul=Inspektor das Gesuch der obersten Schulbehörde.

Derartige Urlaubsgesuche, deren Gründe auf Erfordern be= scheinigt werden müssen, sind, da die den Lehrern nöthige Erho=

lung regelmäßig bereits durch die gesetzlichen Ferien gegeben ist, nur dann zu berücksichtigen, wenn sie entweder in dem körperlichen Befinden des Lehrers, oder in sonstigen ernsten und dringenden Anlässen, deren Nichtberücksichtigung eine unbillige Benachtheiligung des Lehrers in sich schließen würde, ihre Begründung haben.

Im Falle der Urlaubsertheilung ist, dafern die Zeit des Urlaubes drei Tage überschreitet, für anderweiten Unterricht der Schulkinder das Erforderliche Seitens des Schul-Inspektors zu verfügen.

Von eigenmächtigen Schulversäumnissen des Lehrers ist der Schul-Inspektor durch den Ortsschulaufseher zu benachrichtigen und dieser stellt, wenn der Lehrer nach §. 38 des Volksschulgesetzes strafbar erscheint, die geeigneten Anträge bei dem Schulamte.

### Artikel 5.
### (zu §. 7.)

1) Die Eltern oder Erzieher schulpflichtiger Kinder haben dieselben nicht allein regelmäßig, sondern auch reinlich an Körper und Kleidung zur Schule zu schicken. Nicht minder haben sie für Anschaffung der nöthigen Schulbücher und Schul-Utensilien zu sorgen; zeigen sie sich hierbei säumig, so kann die Anschaffung vorschußweise für Rechnung derselben aus der Schulkasse geschehen.

2) Die Schulversäumniß eines Kindes ist nur dann gerechtfertigt:

a) wenn dasselbe Urlaub erhalten hat,
b) wenn das Kind krank ist und in Folge der Krankheit die Schule nicht besuchen kann,
c) wenn bei Krankheit eines der Angehörigen des Schulkindes das letztere in Ermangelung anderer Personen zur Pflege unentbehrlich ist,
d) wenn bei größerer Entfernung der Wohnung vom Schulhause das Kind wegen übler Witterung oder Ungangbarkeit des Wegs die Schule nicht ohne Gefahr besuchen kann,
e) wenn ein Schulkind durch eine sonstige, ihm selbst oder seinen Angehörigen, oder seinem Wohnorte drohende Gefahr, z. B. Feuers- oder Wassernoth, oder
f) durch den Eintritt eines außerordentlichen Ereignisses in der Familie vom Schulbesuche abgehalten wird.

Dabei wird in den Fällen unter b. bis f. erfordert, daß die Eltern und Erzieher den Behinderungsgrund baldthunlich zur Kenntniß des Lehrers bringen.

3) Ob dem Schulkinde ein erbetener Urlaub (Z. 2. lit. a) zu ertheilen sei, ist bei der Zeitdauer bis zu drei Tagen in das Ermessen des Lehrers, bis zu 14 Tagen in das Ermessen des Ortsschulaufsehers und darüber in das Ermessen des Schul=Inspektors gestellt. Sämmtliche Urlaubsgesuche sind jedoch bei dem betreffenden Lehrer anzubringen und dieser vermittelt, unter gut=achtlicher Aeußerung über das Gesuch, nöthigen Falles die Ur=laubsertheilung bei dem Ortsschulaufseher, während letzterer even=tuell den Schul=Inspektor um dieselbe anzugehen hat.

Ein erbetener Urlaub kann jedenfalls bei dem Vorhandensein der unter 2. b—f gedachten thatsächlichen Verhältnisse, außerdem aber auch bei sonstigen besonders dringlichen und ernsten Anlässen gewährt werden.

4) Nicht gerechtfertigte Schulversäumnisse sind den Kindern gegenüber, insoweit diesen ein Verschulden beigemessen werden kann, durch die geordneten Schulstrafen, den Eltern und Erziehern gegenüber, wenn dieselben ihre Pflicht, die Kinder zum regelmäßigen Besuche der Schule anzuhalten, verabsäumt haben, nach Maßgabe des §. 11 des Volksschulgesetzes mit Geldstrafen bis zu 150 Reichsmark oder Haftstrafe (Vergl. §§. 18, 19, 28, 29 und 30 des Reichsstrafgesetzbuchs) zu ahnden. (Vergl. auch Art. 8.)

5) Jeder Lehrer hat eine nach den bisherigen Vorschriften anzulegende Versäumnißliste über die in seiner Klasse vor=kommenden Schulversäumnisse zu führen und nebst den älteren Listen sorgfältig aufzubewahren. Die Versäumnisse sind nach hal=ben Tagen zu berechnen. Versäumte einzelne Schulstunden sind vorzumerken und zu halben Tagen zusammenzuzählen. Drei Stun=den gelten für einen halben Tag.

Auf Grund der Versäumnißlisten stellt der Lehrer am Schlusse eines jeden Monats die Versäumnißtabelle auf und reicht dieselbe dem Schulvorstande ein.

In diese Tabelle sind nur diejenigen Versäumnisse aufzu=nehmen, hinsichtlich welcher nach dem Urtheile des Lehrers ein Verschulden der Eltern oder Erzieher vorliegt.

6) Der Schulvorstand prüft die eingereichte Versäumnißtabelle.

Eltern und Erzieher, denen zwar ein Verschulden hinsichtlich der Schulversäumniß ihrer Kinder und Pflegebefohlenen nach dem Urtheile des Schulvorstandes beizumessen ist, welche aber wegen Schulversäumniß der Kinder noch nicht in Strafe genommen wor=

den sind, ladet der Schulvorstand zum Erscheinen vor ihm vor, verwarnt dieselben mit Bezugnahme auf §. 11 des Volksschulgesetzes und ermahnt sie, über den regelmäßigen Schulbesuch ihrer Kinder und Pflegebefohlenen künftig gehörig zu wachen. Bleibt diese Verwarnung fruchtlos, so erläßt der Schulvorstand eine Strafauflage gegen sie, mittelst deren eine nach §. 11 des Volksschulgesetzes zu bemessende Geldstrafe unter dem Bedeuten angefordert wird, daß im Nichtzahlungsfalle binnen kurzer, in der Strafauflage zu bezeichnender Frist die Sache zur gerichtlichen Weiterverfolgung werde abgegeben werden.

Erfolgt die Zahlung der angeforderten Strafe nicht, so giebt der Schulvorstand die Sache zur Weiterverfolgung an den zuständigen Staatsanwalts-Vertreter ab (Vergl. Art. 8).

Auch ist der Lehrer wie der Schulvorstand befugt, die säumigen Kinder in die Schule abholen zu lassen.

7) Wenn Eltern oder Erzieher in Pflichtvergessenheit das Wohl der Kinder derart verabsäumen, daß sie auch nicht durch wiederholte Bestrafung dazu vermocht werden, die Kinder zum regelmäßigen Besuche der Schule anzuhalten, und diese ungerechtfertigten Schulversäumnisse einen Umfang annehmen, der als eine Verwahrlosung der Erziehung der Kinder erscheint, so ist von dem Schulvorstande bei dem Vormundschaftsgericht der Antrag zu stellen, daß den Eltern oder deren Stellvertretern die Erziehung der Kinder ganz entzogen und anderen Händen anvertraut werde. (Vergl. §§. 16 und 82 des Gesetzes über die elterliche Gewalt und das Vormundschaftswesen vom 27. März 1872.)

## Artikel 6.
### (zu §. 8.)

Ist ein Kind aus disziplinären, polizeilichen oder strafrechtlichen Gründen, wegen geistiger Schwäche oder körperlicher Gebrechen vom Besuche der Volksschule auf längere Zeit oder überhaupt ausgeschlossen, so hat der Ortsschulaufseher dem Schul-Inspektor hiervon Anzeige zu machen.

Der Schul-Inspektor erörtert alsdann, ob und in welcher Weise für einen anderweiten Unterricht des Kindes zu sorgen sei, während das Schulamt eventuell über die Aufbringung der erforderlichen Kosten Beschluß faßt (Vergl. §. 66 Ziff. 3, §. 48 Ziff. 6 des Gesetzes).

## Artikel 7.
### (zu §. 9 und 10.)

1) Um fortgesetzt zu überwachen, ob alle schulpflichtigen und schulfähigen Kinder auch wirklich eines Unterrichts wenigstens insoweit, als die Volksschule ihn gewähren soll, theilhaftig werden, hat der Schulvorstand jedes Orts im Mai jeden Jahres ein Verzeichniß derjenigen schulpflichtigen und unterrichtsfähigen Kinder seines Orts, welche die Volksschule des Orts nicht besuchen, an den betreffenden Schul-Inspektor abzugeben und dieser hierauf, soweit ihm nicht schon Kenntniß davon beiwohnt, sich darüber zu vergewissern: ob und welchen Ersatz diese Kinder hierfür entweder in der Volksschule eines andern Orts oder in andern staatlichen oder Gemeinde-Lehranstalten oder endlich durch Privat-Unterricht erlangen.

2) Der Privat-Unterricht, der den Unterricht in der Volksschule ersetzen soll, kann entweder:

a) in für die Dauer eingerichteten Privat-Unterrichtsanstalten, deren Benutzung einem weiteren Kreise geöffnet ist (Sammelschulen, Fabrikschulen, u. dergl. m.),

oder auch

b) außerhalb solcher Anstalten im häuslichen Kreise (Privat-Unterricht im engeren Sinne) ertheilt werden.

3) Der Privat-Unterricht im engeren Sinne wird zunächst die Kinder Einer Familie umfassen, schließt aber auch die Vereinigung zweier oder mehrer Familien zu solchem Zwecke nicht aus, dafern diese Vereinigung nur nicht einen solchen Umfang und eine solche Einrichtung annimmt, daß der Unterricht nach dem Urtheile der obersten Schulbehörde aufhört, den Charakter des häuslichen Unterrichts an sich zu tragen. Als genügend qualifizirt zur Ertheilung solchen Privat-Unterrichts sind zunächst die eignen Eltern oder Erzieher der schulpflichtigen Kinder ohne Weiteres dann zu betrachten, wenn sie sich für den Lehrerberuf ausgebildet haben. Aber auch wo dies zwar nicht der Fall, doch aber ein solcher Grad von Bildung und eine solche Fürsorge für das Wohl der ihnen anvertrauten Kinder den Eltern oder Erziehern notorisch beiwohnt, daß an der Ertheilung eines die Volksschule ersetzenden Unterrichts durch sie nicht wohl zu zweifeln ist, kann der Schul-Inspektor diesen Privat-Unterricht nachlassen. Er hat jedoch sein Augenmerk darauf zu richten, ob die gehegte Erwartung sich auch wirklich erfüllt, und zu diesem Behufe, nament-

lich wenn Anzeichen des Gegentheils hervortreten, sich von Zeit
zu Zeit über den Stand und den Erfolg dieses Privat-Unterrichts
näher zu vergewissern, nöthigenfalls dadurch, daß er die betreffen=
den Kinder der Prüfung in der Volksschule des Orts mit unter=
wirft. Tritt dabei die Gewißheit hervor, daß die geprüften Kinder
durch den genossenen Privat-Unterricht nicht diejenige Bildung er=
langt haben, welche die Volksschule auf derselben Altersstufe ge=
währt, oder ist die Qualifikation der Eltern in sittlicher Hinsicht
in Zweifel zu ziehen, so hat der Schul-Inspektor den Fall der
obersten Schulbehörde zur Entscheidung berichtlich vorzulegen.

Demnächst sind als genügend qualifizirt zur Ertheilung eines
die Volksschule ersetzenden Privat-Unterrichts diejenigen Lehrer und
Lehrerinnen zu erachten, welche über die von ihnen bestandenen
Prüfungen und über ihr sittliches Verhalten ausreichende Zeug=
nisse dem Schul-Inspektor vorzulegen vermögen. Lehrer, welche
in einem deutschen Bundesstaate die Prüfung für das Schulamt
oder als Geistliche die 1. Kandidatenprüfung bestanden haben, sind
regelmäßig als in wissenschaftlicher Hinsicht hinreichend qualifizirt
anzusehen. Dagegen bedürfen Lehrer, welche zur Strafe aus dem
Schuldienst entlassen sind, der besondern Erlaubniß der obersten
Schulbehörde. Soweit Lehrer oder Lehrerinnen ihre Qualifikation
durch Zeugnisse nachzuweisen nicht vermögen, haben sie sich auf
Erfordern der obersten Schulbehörde einer, von letzterer näher zu
bestimmenden, besonderen Prüfung zu unterwerfen.

Auch diejenigen Eltern oder Erzieher, welche in Betreff des
Privat-Unterrichts, der den ihnen anvertrauten Kindern zu Theil
wird, den gesetzlichen Verpflichtungen nicht nachkommen, unterliegen
den im §. 11 des Gesetzes über das Volksschulwesen angedrohten
Strafen und Maßregeln.

4) Die für die Dauer eingerichteten und weiteren
Kreisen geöffneten Privat-Unterrichts-Anstalten,
welche die Volksschule ersetzen sollen, (Sammelschulen
Fabrikschulen u. s. w.) bedürfen der staatlichen Genehmigung und
unterliegen der fortgesetzten staatlichen Beaufsichtigung.

Die Gesuche um Erlaubniß zur Errichtung solcher Anstalten
sind bei dem Schul-Inspektor des Bezirks anzubringen unter Bei=
fügung

a) eines Nachweises über das sittliche Verhalten sowie über die
wissenschaftliche Befähigung des Vorstehers der Anstalt wie
der an derselben zu verwendenden Lehrer;

b) eines vollständigen Plans über die innere Einrichtung, (Lehr=
gegenstände, Lehrziele, Lehrstunden der einzelnen Klassen);

c) eines Nachweises über die zur Errichtung und Unterhaltung
erforderlichen Mittel.

Der Schul=Inspektor des Bezirks legt solche Gesuche nach
Anhörung des Ortsschulvorstandes mit begutachtendem Berichte der
obersten Schulbehörde zur Ertheilung oder Versagung der Geneh=
migung vor. Wie die Genehmigung in Ermangelung der Vor=
bedingungen versagt werden kann, so kann sie auch an Bedingun=
gen in Betreff besserer Einrichtung und Beschaffung hinreichender
Bürgschaften geknüpft werden. Immerdar kann sie nur für die
Person und nur bis auf Widerruf ertheilt werden. Treten in
eine konzessionirte Privatschule neue Lehrer ein, so ist auch hin=
sichtlich dieser der Qualifikationsnachweis zu erbringen.

Die Beaufsichtigung solcher Anstalten durch den Schul=In=
spektor erfolgt in gleicher Weise und nach denselben Bestimmungen,
wie die der Gemeindeschulen. Treten Mängel in irgendwelcher
Richtung hervor, so hat der Schul=Inspektor entweder selbst als=
bald die nöthige Vorkehrung zu treffen oder bei der obersten Schul=
behörde zu beantragen, welche nöthigenfalls selbst die Schließung
der ganzen Anstalt verfügt.

Wird die Genehmigung zur Errichtung der Anstalt versagt
oder zurückgezogen, so haben die Eltern oder Erzieher bei Ver=
meidung der durch §. 11 des Gesetzes geordneten Folgen dafür
zu sorgen, daß ihren schulpflichtigen Kindern entweder der Unter=
richt in der Volksschule des Orts oder irgend ein anderer Unter=
richt, der denselben nach vorstehenden Bestimmungen zu ersetzen
geeignet ist, zu Theil werde.

5) Der Umstand, daß die Kinder oder Pflegebefohlenen von
Mitgliedern der Schulgemeinde (Vergl. §. 15 des Gesetzes) eine
Privat=Unterrichtsanstalt besuchen oder sonstigen Privat=Unterricht
erhalten, befreit die Eltern und Erzieher der Kinder nicht von der
Beitragspflicht der Schulgemeinde=Mitglieder zu den Schullasten
der Ortsschule, vorbehältlich der Bestimmung in §. 49, Ziff. 2
des Gesetzes, nach welcher das Schulgeld nur von denjenigen
Kindern zu entrichten ist, welche die Ortsschule wirklich besuchen.

## Artikel 8.
### (zu §. 11.)

1) Die Antragstellung auf Bestrafung der Eltern
oder Erzieher eines schulpflichtigen Kindes erfolgt, wenn es sich

um Schulversäumnisse handelt, durch den Schulvorstand (Vergl. Art. 5, Ziff. 6), in allen übrigen Fällen durch das Schulamt.

Die vom Schulvorstande unterlassene Antragstellung kann das Schulamt, die vom letzteren unterlassene, die oberste Schulbehörde ergänzen.

Der Antrag auf Bestrafung der Eltern eines schulpflichtigen Kindes wird nicht gegen beide Eltern gleichzeitig gerichtet, sondern zunächst gegen den Vater, als den Inhaber der elterlichen Gewalt. Erst wenn es feststeht, daß der Vater wegen Abwesenheit oder aus sonstigen Gründen nicht verantwortlich zu machen ist, richtet sich der Strafantrag gegen die Mutter.

2) Die Strafverfolgung verjährt in drei Monaten, von dem Tage an gerechnet, an welchem die Uebertretung begangen worden ist, während die Vollstreckung rechtskräftig erkannter Strafen in zwei Jahren verjährt.

3) Der Antrag wird bei dem Staatsanwalts-Vertreter des zuständigen Einzelgerichts gestellt.

Der Staatsanwalts-Vertreter hat von dem Ausgange der Untersuchung oder davon, daß die Einleitung der letzteren abgelehnt worden sei, die Antrag stellende Schulbehörde zu benachrichtigen.

4) Die Strafgelder werden an die Schulkasse des Ortes, zu dessen Schulgemeinde die Bestraften gehören, gezahlt.

Gehören die Kinder oder Pflegebefohlenen der Bestraften einer neben der allgemeinen Ortsschule bestehenden Privatschule an, so fallen die Strafgelder nach §. 11 alin. 2 des Volksschulgesetzes gleichwohl der Kasse der Schulgemeinde, nicht der Privatschule, zu.

## Artikel 9.
### (zu §. 12.)

Sobald der Schul-Inspektor mit Rücksicht auf die Zunahme der Schulkinderzahl die Errichtung einer neuen Schulklasse mit einem neuen Lehrer und einem neuen Lokale für nöthig erkennt, erörtert auf seine Anregung das Schulamt die einschlagenden thatsächlichen Verhältnisse und stellt namentlich darüber Ermittelungen an, in welcher Weise ein geeignetes Schullokal nebst Schuleinrichtung beschafft werden kann, sowie ob die Gemeinde die Kosten des Schulbaues und der Einrichtung, sowie die Besoldung des zweiten Lehrers aus ihren Mitteln zu tragen vermag.

Das Resultat dieser Ermittelungen ist der obersten Schulbehörde zu berichten und es ist bei dieser Berichtserstattung, wenn das Schulamt einen zeitweiligen Nachlaß von der Verpflichtung zu Errichtung einer neuen Schulklasse befürworten zu dürfen glaubt, gleichzeitig anzugeben, ob die Schülerzahl im Zunehmen begriffen ist. Um hierüber ein Urtheil zu gewinnen, ist auf Grund der Geburtsregister zu ermitteln, wieviel Kinder in jedem der letztvergangenen 10 Jahre die Schule besucht haben und wieviel Kinder in jedem der nächsten 5 Jahre muthmaßlich das schulpflichtige Alter erreichen werden. Daneben sind die sonstigen für die Bevölkerungsstatistik wichtigen örtlichen Verhältnisse, namentlich die Lage des Ortes, die Ein- und Auswanderung, das Sterblichkeitsverhältniß und die Zahl der jährlich vorkommenden Verheirathungen in gehörige Berücksichtigung zu ziehen.

Zugleich ist über die Fähigkeit des Lehrers zur Unterrichtung der größeren Kinderzahl, sowie darüber, auf wie hoch im einzelnen Falle die Extravergütung für denselben zu bemessen sein werde, der Schul=Inspektor gutachtlich zu hören und dessen Ansicht in dem Schulamtsberichte mit niederzulegen.

Die Entscheidung der obersten Schulbehörde über Errichtung oder zeitweilige Nichterrichtung der neuen Schulklasse ist maßgebend.

### Artikel 10.
#### (zu §. 14 bis 18.)

1) Zur definitiven Besetzung werden regelmäßig die erledigten Stellen in der Weimarischen Zeitung, sowie in dem Kirchen= und Schulblatte von der obersten Schulbehörde ausgeschrieben.

Die Bewerbungen hierauf sind bei dem Schul=Inspektor des Bezirks, in welchem der Lehrer angestellt ist, schriftlich zu überreichen und von dem Schul=Inspektor mit Bericht über Persönlichkeit, Befähigung, Verhalten und Verhältnisse des Bewerbers der obersten Schulbehörde zu übermitteln.

Wollen sich Ausländer bewerben, so haben sie ihre Meldung unter Beifügung der erforderlichen Zeugnisse über die von ihnen bestandenen Prüfungen, über ihre bisherige Stellung, sowie über ihr sittliches und dienstliches Verhalten bei der obersten Schulbehörde unmittelbar einzureichen.

Es bleibt jedoch nicht ausgeschlossen, auch solchen Lehrern, welche sich zu erledigten Stellen nicht gemeldet haben, dieselben zu übertragen.

Sobald dem Schulamte das Anstellungs-Dekret von der obersten
Schulbehörde zugegangen ist, erläßt es wegen Verpflichtung und
Einführung des Lehrers die nöthige Verfügung, und giebt zugleich
auch, wenn der Lehrer bisher an einem andern Orte angestellt
war, dem Schulvorstande des bisherigen Anstellungsorts des Lehrers,
bezüglich unter Requisition des zuständigen Schulamts, Kenntniß.

2) Die Verpflichtung des Lehrers erfolgt durch das Schulamt in der bisher üblichen Weise.

Hat der Lehrer schon früher den Diensteid abgeleistet, so ist
bei der Verpflichtung nur das Handgelöbniß unter Hinweisung
auf den geleisteten Eid abzunehmen.

Die Einführung erfolgt durch den Ortsschulaufseher mittelst
Aushändigung des Anstellungs-Dekrets und geeigneter Ansprache,
in nicht gegliederten Schulen nach vorheriger Ankündigung
in der Gemeinde vor versammelter Gemeinde, und zwar am Geeignetsten in der Kirche, in gegliederten Schulen in der
Regel ohne vorherige Ankündigung in der Gemeinde
vor den versammelten Lehrern, wobei jedoch, wenn bisher eine
andere Art der Einführung hergebracht war, diese bis auf anderweite Anordnung der obersten Schulbehörde beizubehalten ist.

Die Einführung des Rektors oder ersten Lehrers einer gegliederten Schule geschieht durch den Schul-Inspektor.

Zur Einführungsfeier ist stets der Schulvorstand, und, wenn
dem Lehrer Religionsunterricht oder Kirchendienste übertragen
werden, auch der Kirchgemeindevorstand einzuladen.

Wenn der Lehrer in demselben Orte bereits als definitiver
oder provisorischer Lehrer angestellt war, so findet keine feierliche
Einführung desselben statt, sondern es ist nur von dem Ortsschulaufseher die Einweisung in die neue Stelle unter Aushändigung
des Anstellungs-Dekrets vorzunehmen.

Nach der Einführung oder Einweisung erfolgt die Vorstellung
des neuen Lehrers durch den Ortsschulaufseher am nächsten Schul-
tage unter geeigneter Ansprache an die Schüler.

3) Nach beendigtem Einführungsakte ist unter Zuziehung des
Schulvorstandes und des Vorgängers im Dienste, bezüglich dessen
Erben, von dem Ortsschulaufseher sofort zur Uebergabe des
ganzen Dienstinventars an den neuen Lehrer zu schreiten.
Der Lehrer hat den Empfang desselben zu bescheinigen.

Ist ein vollständiges Inventar-Verzeichniß noch nicht
vorhanden, so ist dasselbe sofort aufzustellen und von sämmtlichen
Betheiligten zu vollziehen.

Da, wo der Lehrer auch das Kircheninventar oder einen Theil desselben zu beaufsichtigen und bezüglich zu verwahren hat, ist auch dieses, und zwar unter Zuziehung eines Abgeordneten des Kirchgemeindevorstandes, dafern nicht der Pfarrer selbst Ortsschulaufseher ist, gegen Empfangsbescheinigung des Lehrers zu übergeben.

Das Inventar=Verzeichniß enthält sowohl das eigentliche Stell=Inventar (die Dotationsstücke), als auch das Dienst=Inventar (Schul= und Kirchen=Utensilien).

Das Verzeichniß führt unter A. zunächst die Immobilien auf, und zwar unter Kapitel I die Gebäude, unter Kapitel II die Feldgrundstücke und unter Kapitel III die Gerechtsame.

Die Immobilien sind nach der katastermäßigen Beschreibung aufzuführen, die Gerechtsame nach ihren einzelnen Arten (Erb=zinsen, Dezem, Schulkorn u. s. w.).

Unter B. folgt sodann die Aufführung der Mobilien, und zwar ist unter Kapitel I die Ausstattung der Schullokale einzustellen (z. B. Subsellien, Tische, Katheder, Schränke, Tafeln, Regale, Tintenfässer, Roulleaux, Vorhänge u. s. w.), während Kapitel II die Lehrmittel bezeichnet, (z. B. Bücher, Globus, Karten, Zirkel, Musikalien) und Kapitel III alle Akten, Gesetze, Verordnungen, Tabellen, Instruktionen, Kirchen= und Schulblatt und sonstige Dienstpapiere enthält.

4) Nach Uebergabe des Dienstinventars ist durch den Ortsschulaufseher zwischen den Betheiligten unter Zuziehung des Schulvorstandes der Besoldungsvergleich, vorbehältlich der Bestätigung durch die oberste Schulbehörde, urkundlich abzuschließen, wobei dem neuen Stellinhaber das, soweit nöthig, vorher festzustellende Stellinventar überwiesen wird.

Bezüglich des Vergleichsabschlusses ist Folgendes zu beobachten:

a) Bei jedem Vergleichsabschlusse ist die in der Besoldungstabelle geordnete Reihenfolge der einzelnen Besoldungstheile beizubehalten.

b) Soweit nicht hinsichtlich einzelner Besoldungstheile das im Eisenacher Kreise noch geltende Pfarr=Direktorium etwas Anderes verordnet und nicht außerdem an einzelnen Orten etwas Anderes unzweifelhaft hergebracht worden, ist überall festzuhalten, daß das Besoldungsjahr, auch hinsichtlich der zu einem anderen Termine fälligen Besoldungsstücke, von Michaelis zu Michaelis läuft, ingleichen daß unter den Besoldungsstücken das Holz praenumerando, alle übrigen aber postnumerando zu leisten sind.

c) Handelt es sich um landwirthschaftlichen Betrieb, so kann der Vorgänger den Ersatz des Aufwandes, welchen er auf die ortsübliche ordentliche Düngung der Felder gemacht hat, nicht verlangen, da jeder Inhaber die zur Stelle gehörigen Aecker gehörig düngen und sonst verbessern muß, insofern nicht die Anwendung des entgegengesetzten Verfahrens bei früheren Besetzungen derselben Stelle nachzuweisen ist, in welchem Falle es auch ferner dabei sein Bewenden behält.

d) Den Vergleichsabschlüssen sind überall die neusten revidirten Besoldungsaufstellungen zu Grunde zu legen.

e) Diejenigen Ersatzposten, welche nicht zum Inventar gehören, sind, als lediglich das Privatinteresse des Abgehenden und Anziehenden betreffend, getrennt vom Schulvergleiche von den Betheiligten allein zu regeln.

f) Die den Betheiligten zukommenden Antheile an der Besoldung sind nach Wochen zu berechnen und zwar für den neu eintretenden Lehrer vom Tage seiner Einführung an.

In solchen Fällen, wo Theile einer Woche in Frage kommen, ist die wöchentliche Besoldung nach Siebentheilen zu berechnen.

Ist der neu eintretende Lehrer auf Anordnung der oberaufsehenden Behörde vor der Einführung schon in sein neues Amt getreten, so fällt ihm die Besoldung von der Zeit seines Anzuges an zu.

Ist der eintretende Lehrer früher anderwärts bereits Lehrer gewesen, so gebührt ihm die Besoldung der früher innegehabten Stelle bis zu den hieroben angegebenen Zeitpunkten.

Hat der verstorbene Vorgänger eine Wittwe oder Kinder hinterlassen, so beziehen dieselben die ganze Besoldung des Verstorbenen noch 4 Wochen lang, welche vom Todestage des letzteren an berechnet werden.

g) Der Feststellung der betreffenden Antheile ist alsbald eine Berechnung darüber beizufügen, welche Besoldungstheile jeder der Betheiligten bereits in Empfang genommen hat und darauf der Abschluß zu fertigen, in welchem zusammenzustellen ist, was jeder Betheiligte herauszuzahlen hat.

Bei dieser Gelegenheit sind diejenigen Besoldungsbeträge, welche der Schulvorstand während der Vakanz flüssig gemacht und selbst oder durch einen Beauftragten erhoben hat, alsbald mit in der Berechnung zu berücksichtigen, wenn nicht bei Vakanzen, welche aus besonderen Gründen längere Zeit andauern, von dem betreffenden Schulamte die Einrichtung einer Vakanzkasse und die

Führung einer besonderen förmlichen Vakanzrechnung angeordnet wird.

In diesem Falle haben die abgehenden Lehrer, bezüglich deren Erben, sich ebenso wie die neuen Lehrer nur mit der Vakanzkasse zu vergleichen.

h) Was die Berechnung des Vakanzgutes insbesondere anlangt, so besteht dieses, wenn eine Vakanzkasse zu bilden war, aus dem Ertrage der Stelle, bezüglich aus dem Gelderlöse für einzelne Besoldungsstücke, nach Abzug dessen, was Anderen davon zukömmt.

Bestand keine Vakanzkasse und wird demnach der Schulvergleich zwischen dem Abgehenden und Anziehenden unmittelbar durch den Ortsschulaufseher zum Abschluß gebracht, dann ist der Antheil des Vakanzgutes in Geld und zwar lediglich nach den in den Besoldungsaufstellungen enthaltenen Anschlagssummen zu berechnen und zu zahlen, so daß die Berechnung der Betheiligten über Erstattung und Aufwand, z. B. an Saamenfrucht und Arthlohn, nie das Vakanzgut berührt.

Bei Feststellung des Vakanzgutes bleiben die Ansätze für freie Wohnung und für diejenigen Befreiungen, welche während der Vakanzzeit keinen Vortheil bringen, wie z. B. die Hirtenschutt- und Hutfreiheit, außer Berechnung, wenn sie nicht haben verwerthet werden können.

Auch von dem zur Heizung der Schule bestimmten Holze ist für das Vakanzgut nichts zu berechnen, dagegen versteht sich von selbst, daß, wenn die Vakanzzeit in eine Jahreszeit fällt, in welcher das Schullokal geheizt werden muß, daß dazu bestimmte Holz hierzu zu verwenden ist.

Die Zahlung des Vakanzgutes, welches im Interesse der Lehrer (für deren Wittwen) verwendet wird, kann in keinem Falle erlassen werden.

5) Nach Einführung und Einweisung des Lehrers, sowie nach Abschluß des Besoldungsvergleichs berichtet der Schulvorstand über das Geschehene, unter Bezeichnung des Tags der Einführung, an das Schulamt und legt die den Besoldungsvergleich betreffenden Schriftstücke dem Schulamte vor.

Das Schulamt prüft den Besoldungsvergleich sowohl in rechnerischer Beziehung, als auch in Bezug auf die dabei anzuwendenden Grundsätze und legt die ergangenen aktlichen Verhandlungen zur Bestätigung des Vergleiches der obersten Schulbehörde vor.

Vor dieser Einsendung der Akten sind etwa vorgefundene Fehler bei dem Vergleichsabschlusse in entsprechender Weise zu beseitigen.

Sind Bevormundete bei dem Vergleiche betheiligt, so ist erst nach Genehmigung des letzteren Seitens der obersten Schulbehörde das Genehmigungs=Dekret der Obervormundschaft zu extrahiren.

Bei Neubesetzung solcher Schulstellen, welche Besoldungsstücke von dem Großherzoglichen Staats= resp. Kammer=Fiskus beziehen, ist das betreffende Rechnungsamt von dem eingetretenen Wechsel in der Person des Bezugsberechtigten und dem Zeitpunkte des Wechsels durch das Schulamt zu benachrichtigen.

6) Hinsichtlich der Anstellung der provisorischen Lehrer gelten die vorstehenden Bestimmungen mit folgenden Abweichungen:

a) Es unterbleibt die Befragung des Schulvorstandes, welche in §. 26 des Gesetzes nur bei definitiver Anstellung eines Leh= rers geordnet ist.

b) Ein Anstellungs=Dekret wird nicht ausgefertigt.

c) Statt der feierlichen Einführung des Lehrers findet stets nur die bloße Einführung in der Schule durch den Ortsschulauf= seher statt, mit welcher die Einweisung in die Stelle, die Ueberweisung des Inventars und der Abschluß des Besoldungs= vergleichs zu verbinden sind.

7) Gedenkt ein Lehrer sich zu verheirathen, so hat er die Heirathserlaubniß bei dem Schulamte nachzusuchen.

Gehen dem Schulamte gegen Ertheilung dieser Erlaubniß wesentliche Bedenken bei, oder handelt es sich um die Verheirathung eines provisorischen Lehrers, so ist an die oberste Schulbehörde zu berichten.

Provisorischen Lehrern soll die Verheirathung in der Regel nicht gestattet werden.

### Artikel 11.
#### (zu §. 21.)

Den Lehrern ist es gestattet, wöchentlich 16 Stunden Pri= vatunterricht zu ertheilen. Uebersteigt der letztere dieses Maß, so ist dazu die besondere Erlaubniß des zuständigen Schul=In= spektors einzuholen, welcher überhaupt dazu berufen ist, die Lehrer in Bezug auf deren Nebenbeschäftigung zu beaufsichtigen und über die Statthaftigkeit der letzteren zu entscheiden.

Gegen die Entscheidung des Schul=Inspektors steht dem Leh= rer Berufung an die oberste Schulbehörde zu.

Die Besorgung von Agentur-Geschäften sowie die Verwaltung einer Steuereinnahme ist den Lehrern nicht gestattet.

## Artikel 12.
### (zu §. 22.)

Hinsichtlich der Schulvakanzen und Stellvertretung von Lehrern wird Folgendes geordnet:

1) Ist eine Lehrerstelle durch den Tod ihres Inhabers vakant geworden, so zeigt der Ortsschulaufseher den Fall schleunigst dem Schul-Inspektor zur weiteren Verfügung an und benennt in dem Berichte zugleich die überlebenden Familienglieder des Verstorbenen und zwar unter Angabe der Geburtstage der vorhandenen noch nicht achtzehnjährigen Kinder nach den Geburts-Registern.

Hierbei sind, wenn keine Wittwe, bezüglich Kinder, vorhanden, namentlich die Personen zu benennen, welche nach §. 8 des Statutes der Pensions-Anstalt für Wittwen und Waisen verstorbener Schullehrer vom 1. Oktober 1841 eventuell auf den Bezug des gesetzlichen Begräbnißgeldes Anspruch haben (Eltern und Großeltern, leben diese nicht mehr, Geschwister, und, wenn auch dergleichen nicht mehr vorhanden sein sollten, deren Kinder).

2) Wird eine Lehrerstelle durch Versetzung des Lehrers vakant, so hat dieser, sobald er die Zeit seines Abganges weiß, seine Versetzung dem Ortsschulaufseher unter Angabe der Zeit des Vakanzeintritts sofort anzuzeigen und letzterer ertheilt davon und später von der Zeit des wirklich erfolgten Abganges des Lehrers dem Schul-Inspektor ungesäumt Nachricht.

3) Sollte ein Lehrer eigenmächtig seine Stellung verlassen, so ist hiervon durch den Ortsschulaufseher unverweilt dem Schul-Inspektor Anzeige zu machen und dieser berichtet an die oberste Schulbehörde.

4) Sobald eine Vakanz eintritt, ohne daß gleichzeitig ein anderer Lehrer die Stelle einnimmt, hat der Ortsschulaufseher mit dem Vorsitzenden des Schulvorstandes für die Sicherstellung des in der Hand des Lehrers befindlich gewesenen Dienst-Inventars (Schul- und Kirchen-Utensilien), der Vorsitzende des Schulvorstandes allein aber für die Erhaltung, bezüglich Sicherstellung, des Stell-Inventars (der Dotationsstücke) und der einzelnen etwa vorhandenen Besoldungstheile, z. B. des Deputatholzes, des Düngers 2c. in angemessener Weise Sorge zu tragen.

In Fällen, wo der Lehrer kirchliches Inventar in der Hand hat, soll jedenfalls der Ortsgeistliche mit für dessen Sicherstellung besorgt sein, wenn er auch nicht zugleich die Ortsschulaufsicht zu führen hat.

Damit diese Sicherstellung des Inventars erfolgen könne, hat das Schulamt den Schulvorstand ungesäumt davon zu benachrichtigen, sobald eine Vakanz durch Versetzung, Dispositionsstellung, Pensionirung, Dienstentlassung oder Dienstentsetzung des Lehrers eintritt.

5) Ueber die einstweilige Verwaltung der Schulstelle durch Vikare trifft der zuständige Schul-Inspektor Bestimmung.

6) Diejenigen Lehrer, welche während der Krankheit oder sonstigen Behinderung eines Lehrers, sowie während einer Schulvakanz vikariren, erhalten, wenn die Zeit der Stellvertretung länger als einen Monat währt, für die über diese Frist hinaus geleistete Mühewaltung folgende, einer verhältnißmäßigen Kürzung zu Gunsten des Lehrerwittwen-Fiskus (vergl. Ziff. 5 und 6,b der Ministerial-Bekanntmachung vom 11. März 1850) künftig nicht mehr unterliegende Vergütungen:

a) für jede Lehrstunde in der Schule eines nicht klassifizirten Ortes 30 Pfennige und in der eines klassifizirten 40 Pfennige;

b) für die Verrichtung der dem Lehrer bei einem Vormittagsgottesdienste obliegenden Funktionen 60 Pfennige;

c) für die Amtirung bei einem Nachmittagsgottesdienste 30 Pfennige;

d) für den Hin- und Rückweg nach und von der auswärtigen Schule oder Kirche zusammen je 50 Pfennige.

Dabei wird noch bestimmt:

e) daß Wegegebühren, dafern der Lehrer an demselben Tage Vormittags und Nachmittags Schule hält, doppelt in Ansatz zu bringen sind;

f) daß in der Regel derjenige Vikar, welcher den Schulunterricht besorgt, auch den Kirchendienst zu verrichten hat;

g) daß bei einem Vikariat mit mehreren Lehrern der Kirchendienst zwischen diesen regelmäßig zu wechseln pflegt, und

h) daß die kirchlichen Kasualien dem vikarirenden Lehrer zufallen.

7) Ist die Stelle eines Rektors über Einen Monat zu vikariren, oder wird eine Einen Monat überdauernde Stellvertretung durch Krankheit eines Rektors oder sonstige Behinderung desselben erforderlich, so behält sich die oberste Schulbehörde die Entschließung darüber vor, ob neben den unter Ziffer 6 gedachten Gebühren dem Vikar oder Stellvertreter noch eine besondere Vergütung für die Besorgung der Rektorats-Funktionen zu gewähren sei.

4*

Dasselbe gilt von der Vertretung des ersten Lehrers an gegliederten Schulen ohne Rektor (Vergl. §. 13 des Gesetzes).

8) Die Vikariatsgebühren bei Erkrankung oder sonstiger Behinderung eines Lehrers oder Rektors sind nach §. 48, Ziffer 8 des Volksschulgesetzes von der Gemeinde, und in Vakanzfällen nach §. 32 desselben Gesetzes aus dem Vakanzgute zu gewähren.

Das Gleiche gilt von den nach Ziffer 7 zuzubilligenden Vergütungen.

9) Ist es wegen des Mangels einer geeigneten Persönlichkeit nicht thunlich, eine vakante Lehrerstelle zu besetzen und wird bei solchen länger andauernden Vakanzen von den Vikaren der gesammte Unterricht ertheilt, so kann nach dem Ermessen der obersten Schulbehörde unter Umständen der ganze jährliche Stellertrag verwendbar gehalten und unter die Vikare nach Maßgabe des von ihnen ertheilten Unterrichts zu Vertheilung gebracht werden.

10) Die vikarirenden Lehrer haben nach Beendigung der Vakanz ihre von dem Ortsschulaufseher zu attestirenden Liquidationen dem zuständigen Schul-Inspektor zu überreichen. Die Liquidationen müssen die Angabe der einzelnen Tage, an welchen Unterricht ertheilt wurde, sowie die Zahl der an jedem Tage ertheilten Stunden enthalten, und ebenso sind in denselben die Sonntage zu bezeichnen, an denen der Vikar bei einer Schulvakanz Kirchendienste besorgt hat.

Der Schul-Inspektor stellt die Liquidationen fest und giebt sie an den Schulvorstand zur Zahlbarmachung ab.

11) Werden Lehrer während einer Pfarrei-Vakanz zu kirchlichen Verrichtungen herangezogen, so bewendet es bei den bestehenden Vorschriften, nach welchen für das Vorlesen einer Predigt 1 Mark, für die Vertretung des Geistlichen in einer Betstunde aber 50 Pfennige gewährt werden.

Zu diesen Gebühren treten auch fernerhin bei Abhaltung der Gottesdienste an einem Orte, welcher nicht Wohnort des Lehrers ist, 50 Pfennige hinzu als Wegegeld für den Hin- und Rückweg zusammen. Hält jedoch der Lehrer an demselben Tage Vor- und Nachmittagsgottesdienst, so hat er das Wegegeld zweimal zu beanspruchen.

Für Danksagungen, Fürbitten und andere Abkündigungen, Einzeichnungen in das Beicht-Register und andere ähnliche Verrichtungen wird eine besondere Vergütung auch fernerhin nicht zugebilligt.

Bei der Vorschrift, daß die Lehrer während einer Pfarrei-Bakanz Gebühren nur in der sogenannten **Supervakanzzeit** zu beanspruchen haben, bewendet es auch fernerhin, so daß also, wenn der verstorbene Geistliche eine Wittwe oder Kinder hinterlassen hat, während der sechsmonatlichen Gnadenzeit, sowie während der darauf folgenden zwei Fiskus-Monate, in allen übrigen Fällen der Bakanz aber während der **drei** Fiskus-Monate Gebühren nicht zu berechnen sind.

12) Fällt eine Pfarrei-Bakanz mit einer Schul-Bakanz oder sonstigen Vertretung eines Lehrers zusammen, so hat der in Bezug auf die kirchlichen Funktionen vikarirende Lehrer die Gebühren, welche für Pfarrei-Bakanzen geordnet sind, **neben** denjenigen für Schul-Bakanzen zu beanspruchen, vorausgesetzt, daß er sowohl für den Pfarrer, als für den Lehrer vikarirt. Das Wegegeld ist jedoch in diesem Falle nur **einmal** mit 50 Pfennigen oder 1 Mark (Vergl. Ziffer 6 und 11) in Ansatz zu bringen und aus kirchlichen Mitteln zu zahlen.

## Artikel 13.
### (zu §. 23 und 24.)

1) Uebernimmt der Lehrer die **Reinigung und Heizung der Schullokalitäten** freiwillig, so bleibt es demselben überlassen, mit dem Schulvorstande eine angemessene Vergütung für diese Mühewaltung zu vereinbaren.

Uebernimmt der Lehrer das Heizen nicht, so ist ein besonderer Heizer vom Schulvorstande anzunehmen, an welchen alsdann das nach dem Gesetze vom 3. November 1848 von der Gemeinde zu liefernde Feuerungs-Material für die Schullokalitäten abzugeben ist. Zur Aufbewahrung des Feuerungs-Materials ist ein geeignetes Behältniß in oder beim Schulhause anzuweisen und der Lehrer hat die ausschließliche Benutzung der angewiesenen Lokalität zur Aufbewahrung des Brennmaterials zu gestatten.

Auch dagegen hat der Lehrer keine Einwendung zu erheben, daß das Holz und sonstige Brennmaterial im Schulhofe getrocknet und zerkleinert wird.

Der Lehrer selbst hat bei Anstellung eines besondern Einheizers für das Zerkleinern des Holzes nicht zu sorgen, dagegen hat er dann aber auch keinen Anspruch auf das bei der Verheizung etwa ersparte Material. Ueber die Verwendung des letzteren hat der Schulvorstand Entschließung zu fassen.

Uebernimmt der Lehrer das Heizen und Reinigen der Schul=
lokalitäten auch nicht, so hat er gleichwohl die Aufsicht darüber zu
führen, daß Beides in ordnungsmäßiger Weise besorgt werde.
Etwaige Beschwerden über die mit dem Heizen und Reinigen be=
trauten Personen sind bei dem Schulvorstande anzubringen.

2) Schullehrer, welche zugleich Kirchendiener sind, den
Glocken= und Uhrdienst aber nicht freiwillig übernommen
haben, sind dennoch, wenn ein besonderer Küster nicht angestellt
ist, als Kirchendiener verpflichtet, das Läuten und die Behandlung
der Uhren zu beaufsichtigen, dergestalt, daß sie für Beschädigungen
an den Glocken und Uhren, welche in Folge ihrer Nichtbeaufsich=
tigung von den Läutern und bezüglich Aufziehern verursacht wer=
den, mit verantwortlich sind.

## Artikel 14.
### (zu §. 25 und 26.)

1) Wenn einer Gemeinde, weil sie ohne Staatshilfe für die
Besoldungen ihrer Lehrer, einschließlich der Alterszulagen, und
für die sonstigen Bedürfnisse ihrer Schulen sorgt, das Anstel=
lungsrecht zusteht, so hat der Ortsschulvorstand binnen vier
Wochen ausschließlicher Frist von dem Tage ab, wo ihm auf be=
sondere Anweisung der obersten Schulbehörde die Aufforderung
zur Wahl zugeht, die getroffene Wahl an das Schulamt zur Ein=
holung der Bestätigung der obersten Schulbehörde zu berichten.

2) In gleicher Weise hat der Ortsschulvorstand der nicht mit
dem Anstellungsrecht versehenen Gemeinde die etwaigen Einwen=
dungen gegen die Anstellung des bezeichneten Lehrers (Erklärung
über Gabe, Lehre und Wandel) binnen vier Wochen vom Tage
der durch das Schulamt an ihn gelangenden Aufforderung an,
bei dem Schulamt berichtlich einzubringen. Dabei findet die bis=
herige Anstellungsprobe fernerhin nicht mehr Statt.

Das Schulamt erstattet in beiden Fällen, sobald die Erklä=
rung des Ortsschulvorstandes eingegangen oder die Frist fruchtlos
abgelaufen ist, unverzüglich Bericht an die oberste Schulbehörde.
Dasselbe ist nicht befugt, die Frist zu erstrecken.

3) Findet die oberste Schulbehörde die Erinnerungen des
Schulvorstandes gegen Gabe, Lehre und Wandel des designirten
Lehrers begründet, so ist ein anderer Lehrer zur Besetzung der
Stelle in das Auge zu fassen und es erneuert sich das vorstehend
geordnete Verfahren.

## Artikel 15.

### (zu §. 27.)

1) Sollen einem Lehrer kirchliche Dienste übertragen werden, so ist die Zustimmung des Kirchgemeindevorstandes durch Vermittelung des zuständigen Schulamts einzuholen, unter Stellung einer kurzen, nicht erstreckbaren Frist, bei deren fruchtlosem Ablaufe das Einvernehmen mit der beabsichtigten Uebertragung der kirchlichen Funktionen angenommen wird.

Die Entschließung der höheren kirchlichen Behörde ist dann einzuholen, wenn der Kirchgemeindevorstand die Uebertragung der kirchlichen Funktionen an den betreffenden Lehrer aus Gründen beanstanden zu müssen glaubt, welche von der obersten Schulbehörde für zutreffend nicht erachtet werden.

2) Insoweit dem Lehrer kirchliche Funktionen übertragen sind, steht derselbe unter Aufsicht des Pfarrers, bezüglich Rabbiners, und hat deren dienstlichen Anordnungen nachzukommen. Unterläßt er dies, oder vernachlässigt er in irgend einer Weise seine kirchlichen Funktionen, so steht dem Pfarrer (Rabbiner) das Recht der Beschwerdeführung bei dem zuständigen Schulamte zu, welches das in der Sache weiter Erforderliche — geeigneten Falls die angemessene Ahndung — verfügt und von dem Geschehenen den Beschwerdeführer benachrichtigt.

Irgend welche Strafgewalt steht dem Pfarrer (Rabbiner) über den Lehrer nicht zu, selbstverständlich aber bleibt es dem Kirchgemeindevorstande (Kirchvorsteheramt, Cultusvorstand) unbenommen, bei schweren Pflichtwidrigkeiten des Lehrers in Bezug auf seine kirchlichen Funktionen unter Umständen die Enthebung desselben von den letzteren bei der obersten Schulbehörde durch Vermittelung des Schulamts zu beantragen.

Urlaubsgesuche, welche nur auf die kirchlichen Funktionen des Lehrers sich beziehen, sind bei dem Pfarrer (Rabbiner) anzubringen und es gelten hinsichtlich der Urlaubsertheilung der Regel nach dieselben Gründe, welche für die Urlaubsertheilung des Schulunterrichts maßgebend sind (vergl. Art. 4, Ziffer IX).

Auch bei Urlaubsertheilung Seitens der Schulbehörden hat der Lehrer, wenn er in Folge derselben kirchliche Amtsgeschäfte versäumt, den Pfarrer (Rabbiner) noch besonders um Urlaub anzugehen, der Geistliche darf jedoch die erbetene Urlaubsertheilung, wenn die zuständige Schulbehörde ihrerseits den Urlaub ertheilt hat, seinerseits nur dann verweigern, wenn nicht durch

Stellvertretung hinreichend dafür gesorgt ist, daß der kirchliche Dienst keine Unterbrechung erleidet.

Lehrer, welche zugleich Kirchendiener sind, haben den Pfarrer (Rabbiner) auch dann um Urlaub anzugehen, wenn sie **während der Schulferien** gänzliche oder theilweise Befreiung vom Kirchen= dienste wünschen.

## Artikel 16.
### (zu §. 28.)

1) Die dem Lehrer von der Schulgemeinde zu gewährenden Umzugskosten sind alsbald bei Vornahme des Umzugs, spätestens aber innerhalb 8 Tagen nach demselben, durch den Schulvorstand zur Auszahlung zu bringen.

2) Die gesammten Verhandlungen über Gewährung oder Zu= rückerstattung, Erfüllung oder Vergütung der Umzugskosten nach Maßgabe des §. 28 gehören zur Kompetenz der Schulämter, in= soweit nicht zwischen dem Lehrer und dem Schulvorstande ein Abkommen getroffen wird, und insoweit nicht die Entscheidung ausdrücklich der obersten Schulbehörde gesetzlich überwiesen wor= den ist.

3) Wird ein Zuschuß zu den Umzugskosten aus der Volks= schulkasse von dem Lehrer erbeten, oder wünscht die Gemeinde eine Entschädigung für die gehabten Umzugskosten aus dieser Kasse zu erhalten, so sind die aufgewendeten Beträge in geeigneter Weise zu bescheinigen.

## Artikel 17.
### (zu §. 29.)

1) Die Aufstellung der Besoldungstabellen für jede einzelne Schulstelle liegt den Schulvorständen ob, während die Prüfung und Feststellung derselben zu den Obliegenheiten des Schulamts gehört.

2) Sobald sich eine Neuaufstellung der Schulbesoldungstabellen des Landes nöthig macht, erläßt die oberste Schulbehörde eine Instruktion über die dabei zu beobachtenden Grundsätze.

3) Jede von dem Schulvorstande vorschriftsmäßig entworfene Besoldungstabelle ist von den sämmtlichen Mitgliedern des Schul= vorstandes, sowie von dem Stellinhaber zu unterzeichnen.

Hiernächst ist ein in gleicher Weise zu unterzeichnendes Duplikat auszufertigen und beide Exemplare der Tabelle sind zur Prüfung und Feststellung an das Schulamt einzusenden.

Ist die Feststellung der Tabelle durch das letztere erfolgt, so ist das eine Exemplar der Besoldungstabelle an den Schulvorstand zurückzugeben und das andere zu den Akten des Schulamts zu nehmen.

Weiter hat das Schulamt eine beglaubigte Abschrift der fest= gestellten Tabelle an die oberste Schulbehörde, und zwar wenn eine katholische Schule in Frage steht, durch Vermittelung der Immediat=Kommission für das katholische Kirchen= und Schul= wesen, einzusenden.

4) Der Lehrer ist verbunden, keinen Theil seiner Besoldung unerhoben, oder in Abfall kommen zu lassen, und stets darauf bedacht zu sein, daß etwaige Streitigkeiten und zweifelhafte Ver= hältnisse in Bezug auf die Dotation zur Kenntniß des Schulvor= standes und bezüglich des Schulamts gebracht werden.

Die Vermiethung der Schulgebäude ist nur mit Ge= nehmigung des Schulamts zulässig.

Auch die Verpachtung von Schulgrundstücken bedarf, wenn sie den Dienstnachfolger des Verpachters binden soll, der Genehmigung des Schulamts.

In die Pachtverträge sind die Bedingungen aufzunehmen:
a) daß der Flächengehalt nicht gewährleistet wird,
b) daß der Pachter auf gänzlichen oder theilweisen Pachterlaß unter allen Umständen verzichtet,
c) daß der Pachter den Klagen aus dem Pachtverhältnisse nur urkundlich bescheinigte Einreden entgegenzusetzen berechtigt ist,
d) daß sich der Pachter, dafern er mit einer Pachtgelder=Rate 4 Wochen über die Verfallzeit im Rückstande bleibt, die als= baldige Auflösung des Pachtverhältnisses gefallen lassen muß,
e) daß sich der Pachter nach Ablauf des Pachtes und bez. nach Auflösung des Pachtverhältnisses sofortiger Exmission unter= wirft, und
f) daß Afterverpachtung unzulässig ist.

Das dem Pachter übergebene und am Ende der Pachtzeit zurückzugewährende Feldinventar an Bestellung, Dünger ꝛc. ist im Vertrage genau zu beschreiben.

## Artikel 18.
### (zu §. 31.)

1) Die Alterszulagen werden von der obersten Schulbe= hörde, vorbehältlich des Widerrufs bei tadelhafter Amtirung, ver= willigt. Das dabei in Betracht kommende Dienstalter wird von dem 1. Januar des auf den Tag der Ausfertigung des Anstel= lungs=Dekrets folgenden Jahres ab berechnet, sofern nicht aus=

nahmsweise wegen besonderer Verhältnisse die Anrechnung eines Theils der in provisorischer Stellung verbrachten Dienstzeit von der obersten Schulbehörde verfügt wird.

2) Die Auszahlung der Alterszulagen erfolgt vierteljährig aus der Volksschulkasse und zwar in der Regel durch Vermittelung der Rechnungsämter.

3) Diejenigen Lehrer oder Rektoren, welche einen Anspruch auf Erhöhung ihrer Besoldung durch die geordneten Alterszulagen haben, reichen ihre Gesuche um Verwilligung der letzteren nie unmittelbar bei dem Staats-Ministerium, sondern stets bei dem zuständigen Schulamte ein. Das Schulamt sendet diese Gesuche in der zweiten Hälfte des Monats November, spätestens bis zum 1. Dezember jeden Jahres, mit gutachtlichem Berichte über die Amtirung der Lehrer und bezüglich darüber, ob der einzelne Lehrer eine besonders schwierige Stelle befriedigend verwaltet, oder sonst als besonders würdig sich erwiesen habe, an die oberste Schulbehörde ein. Der Bericht hat ferner auch die nach §. 4 des Gesetzes über die Besoldungen und Alterszulagen der Volksschullehrer in Betracht kommende Zahl der Kinder, welche die Schule in den letzten fünf, bezüglich zehn Jahren gezählt hat, für jedes dieser Jahre anzugeben, und es ist zugleich demselben eine Tabelle anzufügen, in welcher die einzelnen Gesuche nach der alphabetischen Reihenfolge der betreffenden Schulorte einzutragen sind, so daß zu enthalten hat:

die 1te Spalte: die laufende Nummer des Gesuchs;

die 2te Spalte: Schulort, Schulstelle, Name des Lehrers;

die 3te Spalte: den Beginn des Dienstalters unter Angabe des Tags des ersten Anstellungs-Dekrets oder der Verfügung der obersten Schulbehörde, durch welche ein früherer Tag als Beginn des Dienstalters bestimmt worden ist;

die 4te Spalte: den bisherigen Besoldungsbetrag;

die 5te Spalte: die Durchschnittszahl der Schulkinder in den letzten 5, bezüglich 10 Jahren;

die 6te Spalte: den allgemeinen Censurgrad für die Schule;

die 7te Spalte: den allgemeinen Censurgrad für den Lehrer;

die 8te Spalte: das Urtheil über das Verhalten des Lehrers überhaupt;

die 9te Spalte: etwaige besondere Bemerkungen.

Die letzten beiden Spalten (10 und 11), welche dazu bestimmt sind, das auf das Gesuch einschließlich der Alterszulage zu gewährend Diensteinkommen und den zu leistenden Zuschuß aufzunehmen, sind vom Schulamte unausgefüllt zu lassen.

4) Der Antrag auf Versetzung eines nicht klassifizirten Ortes unter die klassifizirten, oder eines klassifizirten unter die nicht klassifizirten Orte, sowie der Antrag auf Versetzung eines Ortes von einer Klasse in die andere, sind bei dem zuständigen Schulamte zu stellen. Das Schulamt hört, nachdem es alle einschlagenden Verhältnisse erörtert und diese Erörterungen aktlich gemacht hat, den Bezirksausschuß. Hat dieser in der Sache Entschließung gefaßt, so sind die Akten zur Entscheidung an die oberste Schulbehörde einzusenden.

5) Die Ortsstatute, durch welche in den klassifizirten Orten das Einkommen der einzelnen Schulstellen festzustellen ist, werden von dem Schulvorstande unter Zustimmung der Gemeinde (vergl. §. 55 des Gesetzes) errichtet. Hiernächst ist das legal errichtete Ortsstatut in zwei gehörig vollzogenen Exemplaren dem Schulamte zu überreichen, welches die Urkunden nebst den Schulvorstands-Akten an die oberste Schulbehörde Behufs der Bestätigung einsendet. Bei Normirung der Lehrergehalte in den Ortsstatuten ist darauf zu achten, daß, wenn die Gesammthöhe der Gehalte durch die Zahl der Stellen getheilt wird, auf jede Stelle mindestens der durch §. 3 des Gesetzes über die Besoldungen und Alterszulagen der Volksschullehrer bestimmte Durchschnittsbetrag entfällt, und daß außerdem keiner einzelnen Stelle ein geringeres als das ebendaselbst bestimmte Minimaleinkommen zu Theil wird.

Ueberschießende Pfennigbeträge sind aufwärts nach Mark abzurunden.

Neben den Ortsstatuten sind wie bisher die Besoldungstabellen auch für die Lehrerstellen der klassifizirten Orte aufzustellen.

## Artikel 19.
### (zu §. 32.)

1) Die nach §. 32 dem Wittwen-Fiskus zufallenden Vakanzgelder (Vergl. auch §. 22 des Gesetzes und Artikel 12) sind regelmäßig binnen 6 Wochen nach erfolgter Bestätigung des Schulbesoldungsvergleichs (Vergl. Artikel 10) von dem Schulamte unmittelbar an die Verwaltung des Lehrerwittwen-Fiskus abzugewähren. Von dieser Einzahlung ist gleichzeitig die oberste Schulbehörde zu benachrichtigen.

2) In Bezug auf die Pensionsverhältnisse der Wittwen und Waisen verstorbener Volksschullehrer wird

auf das Statut der Pensions=Anstalt für Wittwen und Waisen verstorbener Schullehrer vom 1. Oktober 1841, sowie auf die Nachträge zu diesem Statut vom 30. Dezember 1852, 29. August 1862 und 27. März 1872 verwiesen.

## Artikel 20.
### (zu §. 33.)

Die Gesuche um Gewährung von sogenannten Lokalzulagen sind bei dem betreffenden Schulamte anzubringen. Das Schulamt erörtert die einschlagenden thatsächlichen Verhältnisse und hört den Bezirksausschuß mit seinem Gutachten. Alsdann sind die Akten zur Beschlußfassung an die oberste Schulbehörde einzusenden.

Die Lokalzulagen werden in vierteljährigen Raten ausgezahlt. Sie sind stets nur persönlicher Natur und werden also jedem neuen Lehrer nur nach vorausgegangener ausdrücklicher Bewilligung von Seiten der obersten Schulbehörde zu Theil.

## Artikel 21.
### (zu §. 35.)

Die Pensionirung eines Lehrers kann entweder von ihm selbst oder von seiner vorgesetzten Behörde ausgehen.

Geht sie vom Lehrer selbst aus, so hat er einen hierauf ge= richteten Antrag bei dem Schulvorstande zu stellen. Der letztere berichtet gutachtlich an das Schulamt und dieses legt die aktlichen Verhandlungen mit gutachtlicher Aeußerung der obersten Schulbe= hörde zur Entschließung vor.

Beabsichtigt die Schulbehörde aus eigener Initiative einen Lehrer zu pensioniren, so ist dem letzteren hiervon Nachricht und Gelegenheit zur Erklärung zu geben. Giebt er eine solche nicht binnen vierzehn Tagen ab, so wird angenommen, daß er darauf verzichtet habe.

Geht die Pensionirung von der Schulbehörde aus, so tritt die Zahlung der Pension anstatt des Stelleinkommens erst vier Wochen nach dem Tage ein, wo dem Lehrer die definitive Ent= schließung der obersten Schulbehörde wegen seiner Pensionirung eröffnet worden ist. Geht die Pensionirung von dem Lehrer selbst aus, so kann die Zahlung der Pension anstatt des Stelleinkom= mens schon früher beginnen und zwar von dem Zeitpunkte an, wo der Lehrer faktisch aufhört, sein Amt zu verwalten. Die Pensionen werden aus der Volksschulkasse gezahlt.

Soweit dermalen vorhandenen Emeritirten noch Naturalien aus Stell = Dotationen als Pensionstheile bewilligt sind, hat es dabei dergestalt sein Bewenden, daß zur Stelle Ersatz aus der Volksschulkasse nach Maßgabe des neuesten Anschlags jener Natu= ralien zu gewähren ist.

## Artikel 22.
### (zu §. 37.)

Das Gesuch um Entlassung aus dem Schuldienste hat der Lehrer bei dem Schulamte anzubringen und mit der Kün= digung dergestalt zu verbinden, daß die letztere mindestens drei Monate vor dem Schlusse des Schulhalbjahres erfolgt.

Verläßt ein Lehrer eigenmächtig seinen Dienst, ohne den Vorschriften des §. 37 des Volksschulgesetzes Genüge geleistet und seine Entlassung erhalten zu haben, so kann das Schulamt den= selben bei einer Ordnungsstrafe bis zu 150 Reichsmark anweisen, in die verlassene dienstliche Stellung zurückzukehren. Leistet der Lehrer dieser Anweisung keine Folge, so ist wegen Beizichung der Ordnungsstrafe von dem Schulamte das Geeignete zu verfügen.

Diese Ordnungsstrafen fallen der betreffenden Schulgemeinde zur Verwendung für Schulzwecke zu.

## Artikel 23.
### (zu §. 38—43.)

1) Die Feststellung des Thatbestandes vor der Ertheilung des zweiten Vorhalts, sowie bei beabsichtigter Dienstentlassung ohne vorausgegangenes Besserungsverfahren gehört zu den Obliegen= heiten des Schulamts.

2) Der erste Vorhalt und Verweis ist zwar vom Schul= amte zu ertheilen, kann aber auch von der obersten Schulbehörde dem Schulamte anbefohlen werden, wenn die beschwerende Hand= lung zufällig zur Kenntniß der obersten Schulbehörde gekommen war.

Hat ein Schulamt aus eigenem Antriebe das Besserungsver= fahren gegen einen Lehrer eingeleitet und den 1sten Besserungsgrad verfügt, so hat es zugleich Anzeige davon der obersten Schulbe= hörde zu machen.

## Artikel 24.
### (zu §. 44.)

1) Lehrerinnen, welche im Volksschuldienste des Großher= zogthums verwendet zu werden wünschen, haben ihre diesfallsigen

Gesuche, unter Einsendung ihrer Zeugnisse und einer kurzen Lebens= beschreibung, bei der obersten Schulbehörde einzureichen, welche alsdann über die Verwendung der Lehrerinnen Entschließung faßt.

Die Anstellungsverträge zwischen den Schulvorständen und den Lehrerinnen unterliegen vor der Einsendung an die höchste Schulbehörde der Prüfung des zuständigen Schulamts.

2) Wünschen in der Ausbildung begriffene zukünftige Volks= schullehrerinnen aus dem jeweilig verwilligten Stipendien=Fonds Unterstützung zu erhalten, so haben dieselben ihre Gesuche bei der obersten Schulbehörde einzureichen und denselben eine kurze Darstellung ihres Lebens und namentlich ihres bisherigen Bildungs= ganges, sowie ihre Zeugnisse beizufügen.

Voraussetzung der Verwilligung solcher Unterstützungen ist genügende Qualifikation zum Lehrerberuf und Ausstellung eines Reverses, daß die Empfängerin sich verpflichtet, später im Volks= schuldienste des Großherzogthums sich verwenden zu lassen.

## Artikel 25.
### (zu §. 47.)

Wenn in einer Gemeinde mehrere Konfessionen annähernd in gleicher Seelenzahl vertreten sind, so kann von der obersten Schul= behörde nach Gehör des Schulvorstands die Eine Volksschule, zu deren Herstellung und Erhaltung die Gemeinde verpflichtet ist, so eingerichtet werden, daß in derselben für jede dieser Konfessionen eine bestimmte konfessionelle Abtheilung von einer oder mehren Klassen gebildet wird, die Schule dabei aber immer nur Eine Ortsschule mit Einem Schulvorstande verbleibt.

## Artikel 26.
### (zu §. 48.)

1) Hinsichtlich der Prozentabgabe an die Volksschul= kasse wird verordnet, daß diese Zahlung nicht wie bisher am 1. Oktober zu entrichten ist, sondern in zwei halbjährigen Raten am 1. Januar und am 1. Juli jeden Jahres.

Bei Berechnung der Prozentabgabe bleiben die Accidenzien, welche einem Lehrer für den niederen Kirchendienst zufließen (§. 34 des Gesetzes), die dem Lehrer nach §. 12 des Gesetzes von den Gemeinden bewilligten Extravergütungen und persönlichen Zulagen, sowie die Lokalzulagen (§. 33 des Gesetzes) außer Berücksichtigung. Dagegen ist die 4prozentige Abgabe von den Alterszulagen mit zu berechnen.

Die Feststellung der Beträge geschieht durch die oberste Schul=
behörde, welche, sobald dieselben sich ändern, den Gemeinden davon
Eröffnung zugehen läßt.

2) Alle Verhandlungen, welche mit den einzelnen Schulge=
meinden in Bezug auf die Leistungspflicht derselben für die Volks=
schule erforderlich werden, haben die zuständigen Schulämter zu
pflegen.

### Artikel 27.
### (zu §. 49.)

1) Ueber die Vertheilung der Gemeindelasten zur
Aufbringung der für die Schulen erforderlichen Mittel entscheiden
die Bestimmungen in den Artikeln 126—128, 131—134 und 136
der neuen Gemeindeordnung vom 24. Juni 1874.

2) Soll ein Schulgeld da, wo keins erhoben wird, einge=
führt oder das bestehende Schulgeld erhöht oder herabgesetzt wer=
den, so hat der Schulvorstand das hierüber zu entwerfende Statut
dem Gemeindevorstand zur Einholung der Zustimmung des Ge=
meinderathes oder der Gemeindeversammlung (§. 55 des Volksschul=
gesetzes und Artikel 43, 85 der neuen Gemeindeordnung) mitzu=
theilen. Ist diese Zustimmung erfolgt, so ist der Entwurf in
zwei von dem Schulvorstande und dem Gemeindevorstande gehörig
vollzogenen Urkunden bei dem Schulamte einzureichen, welches die=
selben der obersten Schulbehörde mit gutachtlichem Bericht vorlegt.

3) Das von der Gemeinde einzukassirende Schulgeld fließt
in die Schulkasse, aus welcher dagegen der in die Besoldungs=
tabelle eingestellte Durchschnittsertrag ohne Abzug etwaiger Rück=
stände oder Ausfälle dem Lehrer in vierteljährigen Raten zu ge=
währen ist.

Die entstehende Mehreinnahme verbleibt der Gemeinde, ebenso
wie sie auch alle Ausfälle am Schulgelde zu tragen hat.

4) Genehmigt der Schulvorstand den Besuch der Ortsschule
von Kindern eines Nachbarorts, so wird das von diesen Kin=
dern zu entrichtende Schulgeld oder der statt dessen zu entrichtende
Beitrag zu den Schullasten (Vergl. Art. 3, Ziffer 4 der Aus=
führungs=Verordnung), soweit sie eingehen, zur Hälfte dem Lehrer
als besondere Vergütung zu Theil.

5) Ob das in einer Gemeinde erhobene Schulgeld ein an=
gemessenes sei (Vergl. §. 49, Ziffer 5 des Gesetzes), entscheidet
die oberste Schulbehörde, welche nach Befinden zuvor das Gut=
achten des Bezirksausschusses einholt.

6) Wo und soweit überhaupt die Erhebung von Schulgeld stattfindet, tritt die Verpflichtung zur Entrichtung desselben mit dem ersten Tage desjenigen Vierteljahres ein, in welchem die Aufnahme des Kindes in die Schule stattgefunden hat oder doch hätte stattfinden sollen.

Sofern nicht besondere Aufhebungsgründe, wie z. B. der Tod der Kinder, der Wegzug der Familie und dergleichen, früher schon eintreten, dauert die Verpflichtung zur Zahlung des Schulgeldes ohne Unterbrechung bis zu dem Zeitpunkte fort, wo die Kinder nach Maßgabe des §. 5 des Volksschulgesetzes und Artikel 3 der Ausführungs-Verordnung aus der Schule zu entlassen sind.

Sind Aufhebungsgründe vorhanden, so ist das Schulgeld noch auf das laufende Vierteljahr zu entrichten.

Zeitweise Behinderung der Kinder am Schulbesuche, wenn sie nicht über ein Vierteljahr andauert, befreit nicht von der Verpflichtung zur Fortentrichtung des Schulgeldes.

### Artikel 28.
#### (zu §. 51.)

Bei Trennung einer zusammengesetzten Schulgemeinde sind für die finanzielle Auseinandersetzung der dieselbe bildenden einzelnen Gemeinden, dafern letztere sich nicht mit Genehmigung der obersten Schulbehörde freiwillig in anderer Weise einigen, regelmäßig folgende Grundsätze maßgebend:

a) die aus dem Schulverbande ausscheidende (somit die Schule nicht in ihrem Orte besitzende) Gemeinde hört, als Ganzes, wie in ihren einzelnen Gliedern auf, Beiträge für die bisher gemeinschaftliche Schule zu leisten, sowohl was die Herstellung, Ausrüstung, Unterhaltung der Schulgebäude, als auch was die Aufbringung der Lehrerbesoldung und aller übrigen Ausgaben für die Schule betrifft.

Ebenso hören die in der Flur der ausscheidenden Gemeinde gelegenen Dotationsstücke und aus ihr zu entrichtenden Abgaben auf, weiter für die bisher gemeinschaftliche Schule verwendet zu werden.

b) Dagegen hat dieselbe aber auch keinerlei Anspruch auf Entschädigung für ihren Antheil an den bisherigen gemeinschaftlichen Schulgebäuden und der Schuleinrichtung, noch an den Grundstücken und den sonstigen Dotationsstücken der seither gemeinschaftlichen Schulstelle, soweit dieselben sich nicht in ihrer Flur befinden.

c) In Bezug auf Dotationsstücke, welche erweislich auf gemein=
schaftliche Kosten erworben sind, erfolgt die Auseinandersetzung
nach dem Verhältnisse der Beiträge, welche von den einzelnen
Gemeinden zur Erwerbung geleistet worden sind.

d) Was nach solcher Absachung noch fehlt an der Minimal=Be=
soldung des Lehrers und zur Beschaffung der sonstigen Schul=
bedürfnisse des Ortes, hat die einzelne Gemeinde aus eigenen
Mitteln aufzubringen.

### Artikel 29.
### (zu §. 53.)

Der weitere Lehrer, welcher an gegliederten Schulen mit
wenigstens fünf Lehrern, den Leiter der Schule mit gerechnet, von
dem Lehrer=Kollegium in den Schulvorstand zu wählen ist, wird
von ersterem aus seiner Mitte unter Leitung des dabei mitstimm=
berechtigten Rektors gewählt.

Die Wahl dieses Lehrers, wie die Wahlen der von dem Ge=
meinderathe oder der Gemeindeversammlung zu wählenden Mit=
glieder des Schulvorstandes erfolgen mit Beginn des Kalender=
jahres für die Dauer desselben. Ergänzungswahlen sind nur auf
den Rest der Zeit vorzunehmen, auf welche das ausgeschiedene
Mitglied gewählt war.

Jede Wahl findet in besonderer Wahlhandlung nach absoluter
Stimmenmehrheit statt; bei Stimmengleichheit entscheidet das Loos.

Sämmtliche Mitglieder des Schulvorstandes sind von dem
letzteren alljährlich im Anfange des Jahres dem Schulamt anzu=
zeigen, auch hat derselbe, wenn im Laufe des Jahres eine Aende=
rung eintritt, hiervon unverweilt dem Schulamt Kenntniß zu geben.

Das Schulamt hat zu überwachen, daß die Wahlen der zu
wählenden Mitglieder des Schulvorstandes rechtzeitig vorgenommen
werden.

### Artikel 30.
### (zu §. 54.)

Der mit der Aufsicht über die Ortsschule und der Wahrung
ihrer Interessen in allen Beziehungen — den inneren wie den
äußeren — betraute Schulvorstand übt diese Aufsicht und Fürsorge:

1) in den äußeren Angelegenheiten der Schule unmittelbar
aus. Er hat in dieser Beziehung namentlich auch für Sicherstel=
lung und pflegliche Erhaltung der Schul=Dotation in allen Stücken,
überhaupt des ganzen beweglichen und unbeweglichen Eigenthums

der Schule und Schulstelle, der Grundstücke und Gebäude wie des Schulinventars, für Beschaffung der nöthigen Lehrmittel und Schul-inventarstücke, für zeitige und gehörige Verabreichung der be-stimmten Besoldung an den Lehrer u. s. w. zu sorgen.

Was

2) die inneren Angelegenheiten der Schule, das Leben und Wirken der Lehrer, die Schuleinrichtungen, den Schulunterricht und die Schulzucht, das Verhalten der Schulkinder innerhalb und außerhalb der Schule betrifft, so ist die Aufsicht und Fürsorge für diese Angelegenheiten in erster Linie an gegliederten Schulen dem mit der Leitung der Schule beauftragten ersten Lehrer oder Rektor (§. 13 des Gesetzes) als Ortsschulaufseher, an nicht gegliederten Schulen dem vom Schulvorstande gewählten Ortsschulaufseher (§. 59 des Gesetzes) übertragen, und über die Rechte und Pflichten dieses Ortsschulaufsehers werden durch die demnächst zu publizirende Ver-ordnung über die innere Einrichtung der Volksschulen die näheren Bestimmungen getroffen werden. Allein nächst dem Ortsschulauf-seher soll auch der Schulvorstand diesen Angelegenheiten der Orts-schule seine pflichtmäßige Aufmerksamkeit und Fürsorge zuwenden und zu dem Ziele einer möglichst erfolgreichen Schulverwaltung mitwirken, indem er durch Aufmerksamkeit auf das Treiben der Schuljugend, durch persönliche Einwirkung auf die Eltern und Erzieher den Ortsschulaufseher in seiner pflichtmäßigen Amtsfüh-rung kräftig unterstützt und fördert, auf eine minder pflichtmäßige Amtsführung aber durch seine rege Theilnahme selbst anregend und nöthigenfalls überwachend einwirkt. Andrerseits ist der Ortsschul-aufseher verpflichtet, auch in äußeren Angelegenheiten der Schule die ihm nöthig scheinende Anregung dem Schulvorstande zu geben und die ihm (dem Ortsschulaufseher) durch diese Verordnung in Bezug auf äußere Schulangelegenheiten überwiesenen Geschäfte zu besorgen.

Ortsschulaufseher und Schulvorstand sind sonach auf einträch-tiges Zusammenwirken zu demselben Ziele hingewiesen; sollte aber gleichwohl Anlaß zu Beschwerden des Schulvorstandes über den Ortsschulaufseher eintreten, so sind diese Beschwerden bei dem Schul-Inspektor anzubringen. Andrerseits ist der Ortsschulaufseher befugt, gegen den Schulvorstand, wenn innere Angelegenheiten der Schule in Frage sind, welche in den Bereich der Kompetenz des Schul-Inspektors (§. 63, Ziffer 1 des Gesetzes) fallen, bei diesem, in äußeren Angelegenheiten (§. 63, Ziffer 2 des Gesetzes) bei dem Schulamte Beschwerde zu führen.

## Artikel 31.
### (zu §§. 55 bis 57.)

1) In jeder Schulgemeinde besteht eine Schulkasse, welche von dem Gemeinderechnungsführer — in zusammengesetzten Schulgemeinden von dem Gemeinderechnungsführer der Muttergemeinde — zugleich mit der Gemeindekasse verwaltet wird.

2) Alljährlich im November ist vom Schulvorstand ein Voranschlag über die Einnahmen und Ausgaben der Schulkasse für das nächste Kalenderjahr aufzustellen, welcher durch den Gemeindevorstand dem Gemeinderath, bezüglich der Gemeindeversammlung, zur Beschlußfassung über die Genehmigung vorgelegt wird. Dieselbe muß spätestens 14 Tage vor dem Beginn des neuen Jahres erbracht sein.

Werden später Ausgaben nöthig, welche in dem Voranschlag nicht vorgesehen sind, so ist nachträglich die Genehmigung des Gemeinderaths bezüglich der Gemeindeversammlung vom Schulvorstande einzuholen.

3) Die besondern der Schule gehörigen Kapitalien, namentlich Stiftungskapitalien, Entschädigungskapitalien für abgelöste Gerechtsame, oder für abgetretenen Grundbesitz u. s. w. müssen in ihrem Bestande erhalten werden. Die davon zur Rückzahlung gelangenden Beträge dürfen ohne Genehmigung der obersten Schulbehörde nicht zu laufenden Ausgaben verwendet, sondern müssen wieder zinstragend angelegt werden. Die zu besonderen Zwecken gewidmeten Fonds unterliegen nur der Verwendung zu den Zwecken, zu welchen sie gewidmet sind.

4) Für die Bedürfnisse der Schulkasse muß die erforderliche Baarschaft stets vorhanden sein. Die Ausgabebelege sind nur innerhalb der Grenzen des festgestellten Voranschlags oder nach Maßgabe der besonders von dem Gemeinderath, bezüglich der Gemeindeversammlung, ertheilten Genehmigung von dem Vorsitzenden des Schulvorstandes oder dem durch den Schulvorstand besonders dazu ermächtigten Mitgliede zur Auszahlung zu autorisiren.

5) Die Jahresrechnung muß stets bis zum 1. April des nächsten Jahres von dem Gemeinderechnungsführer mit vollständigen Belegen an den Schulvorstand eingereicht werden, welcher sie einer Prüfung und Richtigstellung unterwirft und sodann an den Gemeindevorstand zur Kenntnißnahme des Gemeinderaths, bezüglich der Gemeindeversammlung, abgiebt.

6) Das Schulamt ist berechtigt und, wenn es die ihm kundbar gewordenen Verhältnisse im Interesse der Schule räthlich er-

scheinen lassen, verpflichtet, die Voranschläge und Rechnungen sich vorlegen zu lassen und sonstige Nachweisungen über die Verwaltung der Schulkasse und die Erfüllung der Obliegenheiten der Gemeinde für die Schule zu verlangen, wie auch vorgekommene Ordnungswidrigkeiten und Vernachlässigungen in Erörterung zu ziehen und zur Beseitigung derselben die nöthigen Verfügungen zu treffen.

Namentlich hat das Schulamt, wenn vom Schulvorstande oder von dem Gemeinderathe, bezüglich der Gemeindeversammlung, die Einstellung einer in den Voranschlag aufzunehmenden Einnahme oder Ausgabe beanstandet wird, das Erforderliche wegen Vervollständigung des Voranschlags anzuordnen und nöthigenfalls, wie überhaupt, wenn die Nothwendigkeit einer von der zuständigen Schulbehörde angeordneten Ausgabe für Schulzwecke bestritten oder verweigert wird, das durch §. 57 des Volksschulgesetzes geordnete Verfahren (Vergl. §. 150 der neuen Gemeinde=Ordnung vom 24. Juni 1874) einzuleiten.

## Artikel 32.
### (zu §. 58.)

In zusammengesetzten Schulgemeinden führt den Vorsitz im Schulvorstande der Bürgermeister und bezüglich in Verhinderungsfällen der Bürgermeister=Stellvertreter der Muttergemeinde.

## Artikel 33.
### (zu §. 59.)

Nur an den Orten, wo gegliederte Schulen nicht bestehen, ist von dem Schulvorstande ein Mitglied desselben mit der besondern Aufsicht über die Ortsschule als Ortsschulaufseher zu beauftragen (Vergl. §. 54).

Bei der Wahl ist nicht allein auf sittliche Würdigkeit des zu Wählenden, sondern auch auf einen solchen Grad von Bildung und Interesse für die Sache zu sehen, daß eine erfolgreiche Schulaufsicht erwartet werden darf. Ein Lehrer kann nicht selbst zum Ortsschulaufseher gewählt werden.

Die Wahl erfolgt auf drei Jahre jedesmal in der letzten Hälfte des Dezember, so daß die Amtsdauer mit dem 1. Januar des folgenden Jahres beginnt. Scheidet das gewählte Mitglied vor Ablauf der dreijährigen Amtszeit aus, so ist für die übrige Zeit ein anderes Mitglied zu wählen. Die Wahl geschieht durch absolute Stimmenmehrheit, bei Stimmengleichheit entscheidet das Loos.

Der gewählte Ortsschulaufseher ist vom Schulvorstande als= bald dem Schulamte anzuzeigen. Unterläßt der Schulvorstand die Wahl, so hat das Schulamt ihn zu erinnern, dies binnen 8 Tagen nachzuholen. Bleibt auch diese Mahnung fruchtlos, oder gehen dem Schulamt gegen den Gewählten Bedenken bei, oder sollte sich derselbe nach der Ansicht des Schulamts als unfähig zur Ausführung der ihm übertragenen Aufsicht erweisen, so hat das Schulamt ohne Verzug an die oberste Schulbehörde zu berichten.

Der Ortsschulaufseher hat bei Besetzung einer Schullehrer= stelle, und für die Leitung des jährlichen öffentlichen Schulexamens die in §. 101 unter Nr. III, VII und in §. 103 des Sportel= gesetzes vom 31. August 1865 geordneten Gebühren zu beziehen. Auch bewendet es hinsichtlich der den übrigen Mitgliedern des Schulvorstandes zu gewährenden Gebühren bei den in den §§. 102, 103, 118 unter Nr. 4 des Sportelgesetzes hierüber enthaltenen Bestimmungen.

## Artikel 34.
### (zu §. 60.)

1) Ueber die Verhandlungen und den Geschäftsgang bei den Schulvorständen sind die Bestimmungen der Artikel 106 und 108 bis 116 der neuen Gemeindeordnung maßgebend.

2) Die Gemeinde ist verpflichtet, dem Schulvorstande ein an= gemessenes, im Winter gehörig geheiztes Lokal zur Abhaltung der Sitzungen einzuräumen.

3) Die Akten des Schulvorstandes bewahrt der Bürgermeister in dem Gemeindearchive gesondert auf.

4) Die Schulvorstände haben das Recht und die Pflicht, den= jenigen Personen, die vor ihnen in Angelegenheiten, welche un= zweifelhaft zu ihrem Geschäftskreise gehören, zu erscheinen sich weigern, nöthigenfalls eine Ungehorsamsstrafe bis zu 15 Mark anzudrohen und wegen deren Einziehung bei der betreffenden Justiz= behörde, sowie wegen einer sich etwa nöthig machenden persönlichen Vorführung bei der betreffenden Ortspolizeibehörde das Nöthige zu beantragen.

## Artikel 35.
### (Zu §. 62.)

1) Wünscht eine Schulgemeinde zu den in §. 62 Ziffer 1. a. bis mit d. gedachten Zwecken die finanzielle Beihülfe des

Staates in Anspruch zu nehmen, so hat der Schulvorstand das Gesuch unter genauer Darlegung aller einschlagenden thatsächlichen Verhältnisse bei dem vorgesetzten Schulamte einzureichen.

Das Schulamt sorgt, dasern nöthig, für Vervollständigung des thatsächlichen Materials, extrahirt das Gutachten des Bezirks=ausschusses und sendet alsdann das Gesuch mit gutachtlichem Be=richte und unter Anschluß der Akten an die oberste Schulbehörde zur Beschlußfassung ein.

2) Zuschüsse, welche aus der Volksschulkasse zur Erfüllung der Minimal=Dotation einzelner Schulstellen, sowie zur Erhaltung der Fortbildungsschulen gewährt werden, sind jederzeit widerruflich, und zwar auch dann, wenn der Vorbehalt des Widerrufs bei Ge=legenheit der Verwilligung nicht ausdrücklich gestellt worden ist.

## Artikel 36.
### (zu §. 63.)

1) Die Schul=Inspektoren und Schulämter haben innerhalb des ihnen zugewiesenen Wirkungskreises alle Geschäfte selbstständig zu erledigen und soweit die Entscheidung nicht den Ortsschulauf=sehern oder den Schulvorständen überlassen oder der obersten Schul=behörde vorbehalten ist, erstinstanzlich zu entscheiden.

Sie bilden innerhalb dieses Wirkungskreises die zweite In=stanz zur Entscheidung und Erledigung der Beschwerden gegen Verfügungen und Entscheidungen der Ortsschulaufseher oder der Schulvorstände.

Die Schulämter sind befugt, Mitglieder des Schulvorstands, welche ihre Pflichten verletzen, mit Ordnungsstrafen bis zu 50 Mark zu belegen.

Ueber Beschwerden gegen Verfügungen und Entscheidungen der Schul=Inspektoren oder Schulämter steht die endgültige Ent=scheidung der obersten Schulbehörde zu, welche auch amtshalber das ihr zustehende Recht der obersten Leitung auszüben kann.

Alle Anträge, Erklärungen und Beschwerden, welche von Orts=schulaufsehern, Schulvorständen oder sonstigen Betheiligten an die oberste Schulbehörde gerichtet werden, sind bei den Schul=Inspektoren oder den Schulämtern, je nachdem die Frage den Wirkungskreis der einen oder der andern dieser Behörden betrifft, einzureichen und durch dieselben — in Angelegenheiten der katholischen Schulen mittelst der Immediat=Kommission für das katholische Kirchen= und Schulwesen — der obersten Schulbehörde vorzulegen.

In allen Fällen, wo die Entschließung der obersten Schul=
behörde einzuholen ist, sind vorher von den Schul=Inspektoren
und Schulämtern die nöthigen Erörterungen und Ermittelungen
vorzunehmen, insbesondere auch die Bezirksausschüsse, soweit deren
Mitwirkung oder Begutachtung erforderlich ist, zu hören und über=
haupt die aktlichen Vorlagen so umfassend und umsichtig vorzu=
bereiten, daß die Anordnung einer Vervollständigung derselben
durch Zwischenverfügungen von Seiten der obersten Schulbehörde
nicht weiter nöthig wird.

2) Die Schul=Inspektoren für die evangelischen und
israelitischen Schulen stehen in ihrer dienstlichen Stellung un=
mittelbar unter dem Großherzoglichen Staats=Ministerium, Departe=
ment des Kultus, während die zunächst übergeordnete Behörde der
Schul=Inspektoren für die katholischen Schulen die Großherzogliche
Immediat=Kommission für das katholische Kirchen= und Schulwesen
ist (§. 67 des Gesetzes).

Die sämmtlichen Schul=Inspektoren haben an das Groß=
herzogliche Staats=Ministerium und bezüglich — insoweit sie für
katholische Schulen fungiren — an die Großherzogliche Immediat=
Kommission für das katholische Kirchen= und Schulwesen zu be=
richten, während sie an die ihnen untergeordneten Stellen zu
reskribiren und mit den sämmtlichen übrigen Behörden in der
Form von Mittheilungen zu verkehren haben. Haben die Schul=
Inspektoren ihren Wohnort am Sitze des Schulamtes, so stellt
denselben das Schulamt die erforderlichen Expedienten, Schreiber
und Diener zur Verfügung und es ist den Schul=Inspektoren in
den Geschäftsräumen der Schulämter ein geeignetes Expeditions=
und Archiv=Lokal zu überlassen.

Die Akten der Schul=Inspektoren sind von denen der Schul=
ämter gesondert zu führen und aufzubewahren.

Wohnen die Schul=Inspektoren nicht am Sitze des Schulamtes,
so haben dieselben selbst für ein passendes Expeditions= und Archiv=
Lokal, sowie für Beschaffung des Expeditions=, Schreiber= und
Diener=Personals zu sorgen. Die Gehalte, Diäten und Trans=
portkosten der Schul=Inspektoren (die beiden letzteren nach den
Ansätzen des Sportelgesetzes vom 31. August 1865 für die Schul=
Ephoren) ferner die Gehalte und Remunerationen des Expeditions=,
Schreiber= und Diener=Personals, welches der nicht am Sitze des
Schulamtes wohnende Schul=Inspektor anzunehmen genöthigt ist,
und der gesammte übrige Verwaltungsaufwand werden aus der
Volksschulkasse bestritten.

Ueber die Höhe der Gehalte und bezüglich Remunerationen des Hülfspersonals, über die Höhe der Vergütung für ein besonderes Expeditions- und Archiv-Lokal der nicht am Sitze des Schulamts wohnenden Schul-Inspektoren, über die Höhe des sonstigen Verwaltungsaufwandes und über die Gehalts- oder Remunerationsbezüge der bis zur Anstellung besonderer Schul-Inspektoren weiter fungirenden bisherigen Schul-Ephoren (§. 80 des Gesetzes) trifft die oberste Schulbehörde in jedem einzelnen Falle die geeigneten Bestimmungen.

Die Verlagsrechnungen der Schul-Inspektoren autorisirt die oberste Schulbehörde, während die übrigen nothwendig werdenden Zahlungs-Autorisationen durch den Schul-Inspektor bewirkt werden.

3) Die Schulämter sind dem Großherzoglichen Staats-Ministerium, und insoweit sie in Angelegenheiten der katholischen Schulen thätig werden, der Großherzoglichen Immediat-Kommission für das katholische Kirchen- und Schulwesen untergeordnet und haben demgemäß an diese zu berichten, während sie an die ihnen untergeordneten Stellen reskribiren und mit den sämmtlichen übrigen Behörden in der Form von Mittheilungen zu verkehren haben.

Das directorium actorum steht bei den Schulämtern dem Bezirks-Direktor zu.

Die Ausfertigungen des Schulamts sind regelmäßig von beiden Mitgliedern im Konzept zu signiren und in der Reinschrift zu vollziehen.

Einfache Zwischenverfügungen kann der Bezirks-Direktor allein signiren und vollziehen. Auch dürfen dringliche Ausfertigungen von nur einem Mitgliede signirt und vollzogen werden; es sind jedoch solche Konzepte dem andern Mitgliede ohne Verzug zur nachträglichen Kenntnißnahme und Zeichnung vorzulegen.

Wenn beide Mitglieder sich über den zu fassenden Beschluß nicht zu einigen vermögen, so haben sie an die oberste Schulbehörde zu berichten.

Das Geschäftslokal des Schulamts ist das Bureau des Bezirks-Direktors.

Für das Archiv des Schulamts sind besondere Räume oder doch besondere Reposituren zu beschaffen.

Die Expeditions-, Schreiberei- und Dienergeschäfte hat das Personal des Bezirks-Direktors mit zu besorgen.

Hinsichtlich der Diäten und Transportkosten der Bezirks-Direktoren, insoweit Letztere als Mitglieder des Schulamts thätig

werden, trifft das Großherzogliche Staats = Ministerium, Departe=
ment des Aeußern und Innern Bestimmung. Der Reise = und
Verwaltungsaufwand, welcher dem Bezirks = Direktor aus Anlaß
der Schulverwaltung erwächst, wird aus der Verwaltungskasse des
Bezirks=Direktors bestritten.

Den Mitgliedern des Schulamts kommen die im §. 101.
Ziffer III, IV und VII des Sportelgesetzes vom 31. August 1865
für die Aufsichtsbehörde geordneten besonderen Gebühren zu.
(Vergl. auch §. 103 des Sportelgesetzes.)

## Artikel 37.
### (zu §§. 69, 72, 73, 74, 75 und 76.)

1) Nahe gelegene Orte können sich unter Genehmigung der
obersten Schulbehörde zur Errichtung Einer Fortbildungsschule
vereinigen.

2) Die Verpflichtung zum Besuche der Fortbildungsschule
eines Ortes erstreckt sich auf alle Knaben, welche sich innerhalb
des zweijährigen Zeitraums nach ihrer Entlassung aus der Elemen=
tarschule in diesem Orte, wenn auch nur in einem Dienst = oder
andern vorübergehenden Verhältniß aufhalten.

3) Die Entscheidung darüber, ob für die Fortbildung eines
aus der Elementarschule entlassenen Knaben genügend gesorgt sei,
so daß derselbe die Fortbildungsschule nicht zu besuchen habe, steht
dem Schulvorstande zu.

Der Besuch einer höheren Bildungsanstalt oder höheren Bürger=
schule, wie einer gewerblichen oder landwirthschaftlichen Fort=
bildungsschule befreit von dem Besuche der allgemeinen Fort=
bildungsschule.

4) Wird für die aus der einfachen Volksschule entlassenen
Mädchen eine Fortbildungsschule errichtet, so haben die sämmt=
lichen Vorschriften Anwendung zu erleiden, welche für die Fort=
bildungsschulen der Knaben erlassen sind.

Der Forbildungs=Unterricht der Mädchen darf nie mit dem=
jenigen der Knaben verbunden werden.

5) Die ausnahmsweise Dispensation von dem Besuche der Fort=
bildungsschule kann nur aus dringlichen Gründen ertheilt werden.
Häusliche und wirthschaftliche Geschäfte oder ein bestehendes Dienst=
verhältniß können in der Regel als solche Gründe nicht gelten.

6) Das Honorar der an einer Fortbildungsschule thätigen
Lehrer wird nach der Zahl der Lehrstunden und der Schüler, so=
wie darnach, ob ein Fortbildungs=Unterricht mit erhöhtem Lehrziele

(§. 70 des Gesetzes) stattfindet, dergestalt zu bemessen sein, daß für eine Unterrichtsstunde etwa 50 Pfennige bis 1 Mark gewährt werden.

Kommt über die Höhe des Honorars eine Vereinigung zwischen dem Schulvorstande und den Lehrern nicht zu Stande, so hat der zuständige Schul-Inspektor die Entscheidung der obersten Schulbehörde einzuholen.

7) In der Regel wird der Fortbildungs-Unterricht in dem Lokale der Elementarschule ertheilt, doch kann der Schulvorstand auch ein anderes geeignetes Lokal hierzu bestimmen.

8) Wünscht eine Schulgemeinde zur Bestreitung des Aufwandes für eine Fortbildungschule eine Beihülfe aus der Volksschulkasse, so tritt das zu §. 62 des Gesetzes in Art. 35 der gegenwärtigen Ausführungsverordnung vorgeschriebene Verfahren ein.

### Artikel 38.
#### Uebergangsbestimmungen.

1) Als Schul-Inspektoren fungiren zunächst und bis zur Neubildung der Schul-Inspektions-Bezirke die seitherigen SchulEphoren, jeder innerhalb seines bisherigen Ephoral-Bezirks.

Die Aufsicht über die neben den allgemeinen Ortsschulen bestehenden Konfessionsschulen einschließlich der besondern jüdischen Schulen dieser Art (Vergl. §. 9 und § 64 Ziffer 6 des Gesetzes über das Volksschulwesen), liegt dem Schul-Ephorus ob, in dessen Ephoral-Bezirk solche Schulen bestehen. Hinsichtlich der vereinigten Schule in Lengsfeld bleibt besondere Bestimmung vorbehalten.

2) Für jeden Verwaltungsbezirk wird Ein Schulamt und zwar am Sitze des Bezirks-Direktors errichtet; es wird demnach

| | | | | |
|---|---|---|---|---|
| 1) ein Schulamt zu Weimar | für den | I. | Verwaltungsbezirk, |
| 2) „ „ „ Apolda | „ „ | II. | „ |
| 3) „ „ „ Eisenach | „ „ | III. | „ |
| 4) „ „ „ Dermbach | „ „ | IV. | „ |
| 5) „ „ „ Neustadt a. O. | „ „ | V. | „ |

bestehen.

Jedes dieser fünf Schulämter, welche den Titel: Großherzogliches Schulamt Weimar, Apolda, Eisenach, Dermbach, Neustadt a. O. und ein Amtssiegel mit der entsprechenden Umschrift führen, zerfällt zunächst wieder in so viele Abtheilungen, als der Verwaltungsbezirk Ephoral-Bezirke enthält, und führt in den Angelegenlegenheiten des einzelnen Bezirks den Beisatz „für den EphoralBezirk NN."

Die blos geschäfsleitenden Verfügungen des Schulamts erläßt der Bezirks-Direktor allein. In den übrigen Angelegenheiten ist der betreffende Schul-Ephorus nach den Bestimmungen des Art. 36, Ziffer 3 mit thätig.

3) Von den Großherzoglichen Kirchen-Inspektionen sowie von der Großherzoglichen Immediat-Kommission für das katholische Kirchen- und Schulwesen sind alsbald die das Schulwesen betreffenden Akten an die betreffenden Schulämter unter Beifügung genauer Verzeichnisse gegen Empfangsbescheinigung abzugeben.

Ausgenommen hiervon bleiben zunächst noch, bis die in Angriff genommene Revision der Besoldungstabellen vollendet sein wird, die hierauf bezüglichen Akten.

4) Die neuen Schulvorstände sind unverzüglich dem §. 53 des Gesetzes über das Volksschulwesen entsprechend (Vergl. Art. 29) zu bilden.

5) Nach erfolgter Bildung der neuen Schulvorstände ist von denselben an den Orten, wo gegliederte Schulen nicht bestehen, ein Ortsschulaufseher zu wählen (Art. 33), an welchen die Akten der bisherigen Ortsschulaufsicht übergehen.

6) Die neuen Schulvorstände haben ungesäumt auch wegen Reinigung und Verheizung der Schullokalitäten (§. 23 des Gesetzes über das Volksschulwesen) sich mit dem Lehrer zu vereinbaren, oder dasern derselbe sich nicht bereit finden läßt dieselbe zu übernehmen, anderweite Vorkehrung zu treffen.

7) Ueber die innere Einrichtung der Volksschulen, wie über das Schulbauwesen werden demnächst besondere Vorschriften erlassen werden. Bis dahin bleiben die in dieser Hinsicht bestehenden, namentlich in den sogenannten Dienstvorschriften vom 18. Oktober 1852 enthaltenen Bestimmungen in Kraft, soweit sie nicht schon durch das Gesetz über das Volksschulwesen oder durch den Inhalt gegenwärtiger Verordnung erledigt oder abgeändert worden sind. Im Uebrigen sind alle das Volksschulwesen betreffenden älteren Verordnungen aufgehoben.

Weimar, den 16. Dezember 1874.

**Großherzoglich Sächsisches Staats-Ministerium,**
**Departement des Großherzoglichen Hauses und des Kultus.**

Stichling.

## IV.

## Das Patent

### vom 28. Februar 1817, die Verbesserung des Land= schulwesens betreffend,

stellt die Minimal = Besoldung der Landschullehrer auf jährlich 100 Thaler Kassegeld fest und ordnet die Bildung einer Schul= Hülfskasse an, in welche kleine Abgaben bei freudigen häuslichen Ereignissen fließen sollen.

Die in Geltung gebliebenen Ziffern 4 und 5 des Patentes lauten:

4) „Um aber mittellosen und kleinern Gemeinden und resp. ganz armen Eltern zu Hülfe zu kommen und die Aufbringung jenes Minimums von 100 Thlrn. jährlich möglich zu machen, soll mit Ostern dieses Jahres folgende, an sich geringe Ab= gabe von freudigen häuslichen Ereignissen zu Bildung einer solchen Hülfskasse eintreten und im ganzen Lande erhoben werden, als:

A) Bei Trauungen: a) von einem Häusler 4 Gr., b) von einem Bürger oder Bauer 8 Gr., c) von Honoratioren 1 Thlr., d) von einem wirklichen Rath oder Beisitzer eines Landes=Kollegiums und weiter hinauf 2 Thlr.

B) Bei Kindtaufen werden nach eben dieser Stufenfolge 1 Gr., 2 Gr., 8 Gr., 16 Gr. entrichtet."

5) „Für die richtige Abentrichtung und Bescheinigung dieser Abgaben ist von Seiten der Geistlichkeit bei Erhebung der Stolgebühren mit Sorge zu tragen."

## Instruktion,

### wonach die in die nunmehrige Volksschulkasse fließenden Abgaben von freudigen häuslichen Ereignissen zu erheben und einzusenden sind.

Um mehr Gleichmäßigkeit in die Erhebung und Abgewährung der nach dem Patente vom 28. Februar 1817 ausgeschriebenen Abgaben von freudigen häuslichen Ereignissen zu bringen, wird Folgendes bestimmt, bezüglich in Erinnerung gebracht:

1.

Die Abgabe-Pflichtigen sind ohne Rücksicht auf die Vermögens-
verhältnisse der Einzelnen in 4 Klassen einzutheilen.

Die erste Klasse bilden diejenigen, welche noch nicht denen
unter Klasse II namhaft gemachten Personen beizuzählen sind, z. B.
Taglöhner, Gesellen u. s. w., mit einer Abgabe von

— Thlr. 1 Sgr. 3 Pf. bei einer Taufe und
— „ 5 „ — „ bei einer Trauung.

Die zweite Klasse bilden selbstständiges Gewerbe treibende
Bürger in Stadt und Land, einschließlich der Anspänner, mit einer
Abgabe von

— Thlr. 2 Sgr. 6 Pf. bei einer Taufe und
— „ 10 „ — „ bei einer Trauung.

Die dritte Klasse bilden diejenigen, welche weder mehr
der II. noch auch der IV. Klasse beizuzählen sind, z. B. alle titulirte
Personen, Justiz-, Rent- und andere Beamtete, Geistliche und
Schullehrer, Kaufleute, Besitzer großer Güter u. s. w. mit einer
Abgabe von

— Thlr. 10 Sgr. —Pf. bei einer Taufe und
1 „ — „ — „ bei einer Trauung.

Die vierte Klasse bilden alle die, welche mindestens den
Rang eines wirklichen Rathes haben, z. B. die Glieder der Kreisgerichte, des Appellations- und des Oberappellations-Gerichts, die
Bezirks-Direktoren, Kirchenräthe, Ministerialräthe u. s. w., mit
einer Abgabe von

— Thlr. 20 Sgr. —Pf. bei einer Taufe und
2 „ — „ — „ bei einer Trauung.

Nach diesen Klassen sind die Abgaben zu liquidiren und zu
erheben.

2.

Bei Taufen von Zwillingen ist nur der einfache Betrag zu
erheben.

Von Taufen unehelicher Kinder ist nichts zu erheben.

3.

Die Erhebung der Abgaben geschieht durch den Schullehrer
(Kirchner) des Orts, wohin die Taufe oder Trauung vorschriftsmäßig gehört.

Ausländische Paare bezahlen da, wo die Trauung erfolgt.

Die Zahlung geschieht zugleich mit den Stolgebühren. Im
Falle der Geistliche die ihm gebührenden Stolgebühren selbst er-

hebt oder durch seine Angehörigen erheben läßt, hat er sich stets zu vergewissern, daß die Abgabe für die Volksschulkasse bereits entrichtet ist, bezüglich hat er selbst diese mit zu erheben, resp. erheben zu lassen.

### 4.

Sollte die geforderte Abgabe ganz oder theilweis von Einzelnen verweigert werden, so ist der Schullehrer bezüglich Kirchner als Erheber verpflichtet, bei dem zuständigen Einzelgerichte die gerichtliche Beitreibung des Rests zu beantragen und, daß dies bereits geschehen, auf dem Lieferscheine (§. 5) zu bemerken.

Einzelne Posten, hinsichtlich deren diese Bemerkung nicht wahr, bezüglich nicht gemacht worden wäre, passiren nicht als Reste.

### 5.

Die Abgewährung der erhobenen Abgaben geschieht jedesmal am 1. April und 1. Oktober, auch da, wo, z. B. im Eisenachischen, bis jetzt andere Termine dazu festgesetzt waren, mittelst eines vom Ortsgeistlichen attestirten Lieferscheins, an die betreffende Superintendentur, die auf diese Weise an sie gelangten Gelder und Lieferscheine sammelt und mittelst General-Lieferscheins im Laufe des Monats, also längstens bis 1. Mai und 1. November an die Verwaltung der Volksschulkasse in Weimar einsendet.

Um dies zu ermöglichen, ist sie verpflichtet, etwaigen Verspätungen der speziellen Abgewährung an sie auf das Entschiedendste, nöthigenfalls durch abzusendende Warteboten, zu begegnen.

Sind Taufen oder Trauungen an einzelnen Orten nicht vorgekommen, so ist statt des Lieferscheins ein besonderer vom Ortsgeistlichen attestirter Vakatschein auszustellen und zu der oben bestimmten Zeit an die Superintendentur einzusenden.

Weimar, den 1. Oktober 1851.

**Großherzoglich Sächsisches Staatsministerium, zweites Departement.**

Gesetz über die Haftpflicht der Gemeinden für die Bezüge der Geistlichen und Schullehrer an Zinsen, Zehenten und anderen Abgaben.

## Carl Friedrich,

### von Gottes Gnaden

Großherzog von Sachsen-Weimar-Eisenach, Landgraf in Thüringen, Markgraf zu Meißen, gefürsteter Graf zu Henneberg, Herr zu Blankenhain, Neustadt und Tautenburg.

### 2c. 2c.

Da es Sache der Kirchen- und Schul-Gemeinde ist, für die Besoldung ihrer Geistlichen und Schullehrer einzustehen, neuerdings aber mehrfach vorgekommen ist, daß durch Verweigerung matrikel- oder observanzmäßiger Zinsen und ähnlicher Abgaben die ohnehin oft sehr knapp zugemessene Einnahme der Geistlichen und Schullehrer geschmälert werden will, so verordnen Wir mit Zustimmung des getreuen Landtages:

Tritt durch Verweigerung von Zinsen und anderen dergleichen Abgaben eine Verringerung des matrikel- oder observanzmäßigen Einkommens von Geistlichen oder Schullehrern ein, so ist dieser Ausfall von der betreffenden Kirchen- oder Schul-Gemeinde, nöthigen Falles durch eine Umlage, so lange zu decken, als die Verweigerung dauert. Gehen später die Abgaben ein, wofür die Gemeinde eingetreten ist, so fließen dieselben der Letztern zu.

Die Beitreibung verweigerter Leistungen dieser Art sowie die Führung deshalb entstehender Rechtsstreitigkeiten geschieht von Seiten der Prokuratoren der geistlichen und Schul-Stellen bezüglich auf Kosten der betreffenden Kirchen-Aerarien.

Die Verbindlichkeit der Pfarr- und Schul-Gemeinden bezieht sich nicht auf Accidental-Besoldungsstücke, welche vielmehr von den Inhabern der geistlichen Stellen auf eigene Gefahr zu erheben und einzuziehen sind.

Urkundlich haben Wir gegenwärtiges Gesetz höchsteigenhändig vollzogen und mit Unserm Großherzoglichen Staatsinsiegel bedrucken lassen.

So geschehen und gegeben Weimar am 1. Juni 1848.

(L. S.) **Carl Friedrich.**

von Watzdorf.

# VI.

## Gesetz über die Verheizung der Schulstuben.

### Wir Carl Friedrich,
#### von Gottes Gnaden
**Großherzog von Sachsen-Weimar-Eisenach, Landgraf in Thüringen, Markgraf zu Meißen, gefürsteter Graf zu Henneberg, Herr zu Blankenhain, Neustadt und Tautenburg.**
#### 2c. 2c.

haben zur Beseitigung vorgekommener Zweifel über die Verbind-lichkeit zur Verheizung der Schulstuben unter Zustimmung des getreuen Landtags zu verordnen beschlossen, wie folgt:

#### §. 1.

Die Anschaffung des nöthigen Brenn-Materials zur Heizung der Unterrichtszimmer in öffentlichen Stadt- und Land-Schulen ist regelmäßig eine Verpflichtung derjenigen Stadt- und Land-Ge-meinden, deren Glieder ihre im schulpflichtigen Alter stehenden Kinder in den fraglichen Schulen unterrichten zu lassen haben.

#### §. 2.

Wo für das erforderliche Heizungsmaterial durch Vermächt-nisse oder auf andere feststehende Weise ohne Zuziehung der Schul-lehrer ausreichend bereits gesorgt ist, hat es hierbei sein Bewenden. Unzulässig ist es jedoch, den Aeltern der schulpflichtigen Kinder oder diesen selbst anzusinnen, daß sie zur Verheizung der Schulstuben Holz, Stroh, oder andere Feuerungsmittel in gewissen Theilen zusammenbringen.

Auch braucht der Lehrer Stroh gar nicht und überhaupt das Heizungs-Material nicht in einzelnen kleineren Quantitäten anzu-nehmen.

#### §. 3.

Als regelmäßiger Bedarf für jede Schulstube werden jährlich zwei Klaftern Scheitholz von solchen Holzgattungen bestimmt, welche in den Forsten, aus denen die betheiligte Gemeinde ihren Brenn-holzbedarf zu beziehen pflegt, am Meisten vorkommen. Der Kubik-Inhalt der Klaftern soll nach dem in dem zunächst gelegenen Groß-herzoglichen Forste üblichen Maße sich richten.

Ist diese als regelmäßiger Bedarf festgesetzte Quantität Scheit-holz unzureichend, so hat die betreffende Gemeinde eine größere und dem wahren Bedürfnisse entsprechende Quantität Scheitholz zu gewähren.

Wo deren Betrag streitig, ingleichen wo Scheitholz nicht oder doch nicht ohne unverhältnißmäßigen Aufwand zu erlangen und deshalb ortsüblich nicht im Gebrauche ist, sowie, wo die Anwendung brennbarer Fossilien sich empfiehlt, hat zuvörderst die Kirchen-Inspektion (das Konsistorial-Amt) die Vermittelung einer angemessenen Vereinigung zu versuchen. Gelingt diese nicht, so ist auf Antrag des betheiligten Lehrers oder der betreffenden Gemeinde von der Kirchen-Inspektion (dem Konsistorial-Amte) und auf eingewendete Berufung von der höhern Verwaltungsbehörde (§. 6) zu bestimmen, was an Scheitholz oder anderem Brenn-Material zu liefern ist.

### §. 4.

Wo nicht ein besonderer Einheizer für die Schulzimmer angestellt ist, ist das zur Verheizung der letztern bestimmte Holz oder sonstiges Feuerungs-Material an die Schullehrer in Natur abzuliefern. Die Schullehrer haben dann für die Heizung, bei dem Holz auch für das Zerkleinern, zu sorgen, wogegen die etwaige Ersparniß an Material ihnen verbleibt.

### §. 5.

Ausnahmsweise liegt die Verpflichtung zur Bestreitung des Aufwandes für Heizung der Schulstuben dem Schullehrer ob, wenn er ein zur Heizung einer Schulstube bestimmtes, nach §. 3 ausreichendes Holz-Deputat bezieht. Hat jedoch in einem solchen Falle der Schullehrer für das Holz-Deputat einen Aufwand an Fuhrlohn, Forst-Holzmacherlohn, Anweisegeld und dergleichen zu bestreiten, so muß ihm derselbe für die zur Heizung der Schulstube erforderliche Quantität aus der Gemeindekasse erstattet werden, sofern er nicht durch den Werth eines Holz-Deputats genügend entschädigt ist. Bei Berechnung des Minimal-Einkommens, welches nach bestehender oder künftiger Bestimmung den geringer besoldeten Schullehrern zu gewähren ist, kommt der Werth des zur Heizung der Schulstube nöthigen Brenn-Materials nebst den Kosten der Herbeischaffung nie in Ansatz.

### §. 6.

Streitigkeiten zwischen mehren zu einem Schulverbande vereinigten Gemeinden über die von einer jeden derselben zur Schul-Stubenheizung zu leistende Beitrags-Rate, oder Irrungen zwischen Gemeinden und Schullehrern über die Verbindlichkeit zur Bestreitung des gedachten Heizungsaufwandes oder über die dieserhalb erforderliche Veranschlagung des Diensteinkommens der Schullehrer

(§. 5), sollen niemals Gegenstand der civilrichterlichen Entscheidung im förmlichen Prozeß=Wege werden, sind vielmehr nach den Grund= sätzen des gegenwärtigen Gesetzes in erster Instanz durch Verein= barung der zuständigen unteren Schul= und Gemeinde=Aufsichts= behörden, in höherer und letzter Instanz aber durch Entscheidung der Landes=Direktion beizulegen.

Urkundlich haben Wir gegenwärtiges Gesetz höchsteigenhändig vollzogen und mit Unserem Großherzoglichen Staatsinsiegel be= drucken lassen.

So geschehen und gegeben Weimar am 3. November 1848.

(L. S.)                **Carl Friedrich.**

von Watzdorf.


## VII.

## Gesetz über die exekutivische Beitreibung des Schulgeldes ꝛc.

### Wir Carl Alexander,
#### von Gottes Gnaden
### Großherzog von Sachsen=Weimar=Eisenach, Landgraf in Thüringen, Markgraf zu Meißen, gefürsteter Graf zu Henneberg, Herr zu Blankenhain, Neustadt und Tautenburg
#### ꝛc. ꝛc.

verordnen mit Zustimmung des getreuen Landtags, wie folgt: Die in den Kirchgemeinden zu kirchlichen Zwecken, namentlich auch zur Bestreitung der Beiträge der Kirchärarien zu den Kosten der Landes=Synode und des ständigen Ausschusses der= selben wie die in den Schulgemeinden zu Schulzwecken auf die Angehörigen der Kirchen= und Schulgemeinden gesetzmäßig ausgeschriebenen Umlagen, ingleichen die durch die Besoldungs= tabellen und deren Unterlagen bezeugten Gebühren der Geist= lichen oder Schullehrer für Amtsverrichtungen (Stolgebühren) und das in öffentlichen Schulen zu entrichtende Schulgeld können von den Schuldnern durch die Gerichte exekutivisch beigetrieben werden.

Urkundlich haben Wir dieses Gesetz höchst eigenhändig vollzo= gen und mit Unserem Großherzoglichen Staatssiegel versehen lassen.

Weimar, den 29. März 1873.

(L. S.)                **Carl Alexander.**

Thon.  Stichling.  von Groß.

Verlag von **Hermann Böhlau** in **Weimar.**

# Physikalische Topographie von Thüringen. Ein Beitrag zur

Heimathskunde von Friedrich Spieß. Nebst einer physikalischen Karte von Thüringen, fünf Profilen des Thüringer und Franken=Waldes und einer Uebersichts= skizze ihrer Längen= und Höhenverhältnisse. Preis 3 Mark. Ohne Karten Preis 2 Mark.

In Petermann's geographischen Mittheilungen zeigt der als thüringi= scher Kartograph ausgezeichnete Herr C. Vogel in Gotha das Buch in folgender Weise an:

„Dieses der Titel eines Buches, dessen Verfasser, früher Pfarrer in Ilmenau, am Fuß des Thüringer Waldgebirges, jetzt als solcher in Ollen= dorf am Ettersberg im Großherzogthum Sachsen=Weimar=Eisenach ange= stellt ist. Der Inhalt ist in sieben Abschnitte gegliedert, welche theilweis wieder in Unterabtheilungen zerfallen und eine erschöpfende Beschreibung der auf die Naturkunde und Topographie Thüringens bezüglichen Verhält= nisse geben. Sie benennen sich: 1. Thüringens Grenzen in alter und neuer Zeit; 2. Thüringen als Glied Deutschlands; 3. Thüringen nach seiner senk= rechten Gliederung; 4. Geognostische Uebersicht; 5. Die Gewässer Thüringens; 6. Das Klima; 7. Die Lage und Bodenbildung Thüringens in ihrem Ein= fluß auf die Geschichte des Landes. — Die Abschnitte 3 und 4 gehen stel= lenweis weit über die Grenzen Thüringens hinaus, bis zum Harz und der Rhön. Das eben so interessante wie nützliche Werk verdankt seine Ent= stehung unstreitig der besonderen Liebe des Verfassers zu seiner schönen Heimath, und diese auch bei Anderen, insbesondere bei der heranwachsenden Jugend hervorzurufen und zu pflegen, ist mit der ausgesprochene Zweck desselben. Und daß er hierzu den richtigen Ton angeschlagen, das beweist neben der genauen, vielfach auf eigener Anschauung beruhenden Kenntniß des ausgedehnten Gebiets die Art und Weise, wie er einzelnen Bildern durch Beifügung von Reminiscenzen aus dem Thun und Lassen der Be= wohner oder von geschichtlichen Ereignissen Farbe und Leben giebt. Wir bezweifeln daher auch nicht, daß der im Vorwort ausgesprochene Wunsch, „das Werk möchte auch zu den Lehrern seinen Weg finden", eine recht er= freuliche Folge haben wird. Ganz mit Recht weist der Verfasser darauf hin, wie die geographische Kenntniß unseres großen Vaterlandes nur durch genaue Darstellung aller Einzeltheile zu erreichen ist. Die Angaben der Höhen, Entfernungen und Flächen sind nach dem Metermaaß, daneben aber auch noch in Pariser Fuß und geographischen Meilen und Quadratmeilen gegeben."

## Das Turnen in der Volksschule mit Berücksichtigung des

Turnens in den höheren Schulen. Von C. F. Hausmann. Mit 96 Holzschnitten. Preis 2 Mark 40 Pf.

Statt aller von den ersten Vertretern des deutschen Turnwesens er-
schienenen rühmenden Urtheile über dieses Buch mögen folgende demselben
gewordenen Auszeichnungen Zeugniß von seinem Werthe ablegen:

Nachdem das Großherzogl. Sächs. Staats-Ministerium, Departement des Großherzoglichen Hauses und des Cultus,
unterm 27. April 1874 die Anschaffung dieses Buches allen Volksschulen
des Großherzogthums empfohlen, hat

das Königlich Sächs. Ministerium des Cultus und des
öffentlichen Unterrichts dasselbe für sämmtliche Schullehrer-Seminare
des Königreichs Sachsen ankaufen lassen und

das Königlich Bayerische Staats-Ministerium des Innern für Kirchen- und Schulangelegenheiten unterm 30. Oktober
durch einen Erlaß an sämmtliche Kreisregierungen, Kammern des Innern und
an sämmtliche Distriktsschulbehörden die Anschaffung des genannten Buches
für die Volksschulbibliotheken im Königreich Bayern angeordnet, während

der Großherzogl. Badische Oberschulrath dasselbe in das von
ihm verfaßte Verzeichniß der zur Empfehlung geeigneten Lehrmittel aufgenommen hat.

## Otto's pädagogische Zeichenlehre für Volks-, Mittel- und

höhere Schulen. Neu bearbeitet von W. Rein. Mit
20 Holzschnitten. Preis 1 Mark 50 Pf.

Auch diesem Buche ist die Empfehlung des Großherzogl. Badischen
Oberschulraths und des Königl. Bayerischen Staats-Ministeriums zu Theil geworden. Das amtliche Centralblatt für die
gesammte Unterrichts-Verwaltung in Preußen bringt in seinem
Juliheft 1874 ein Gutachten über die Verwendbarkeit von dieser Zeichen-
lehre, in welchem u. A. gesagt wird, daß genanntes Buch die Bedingungen,
welche an einen Leitfaden für den Zeichenunterricht in der Volksschule nach
Maßgabe der Bestimmungen vom 15. Oktober 1872 zu stellen sind, in einer
bis jetzt unübertroffenen Weise erfüllt.

**Weimar.**                                   **Hermann Böhlau.**

---

Weimar. — Hof-Buchdruckerei.

# Die

# Volksschulgesetzgebung

des

## Großherzogthums Sachsen.

Zweites Heft.

Weimar,

Hermann Böhlau.

1875.

# Inhalt.

# VIII.

## Das Eisenacher Pfarrdirektorium
### vom Jahre 1614,

welches auch bei Schulvergleichen analoge Anwendung findet (vergl. Art. 10 Ziffer 4, lit. b der Ausführungs-Verordnung vom 16. Dezember 1874), enthält in Bezug auf das Besoldungsjahr folgende Bestimmungen:

VI. Das Besoldungsjahr läuft, insoweit nicht ein Anderes aus= drücklich geordnet ist, (vergl. die drei folgenden Ziffern) von Michaelis zu Michaelis.

XXXI. Heu und Grummet sollen nach Wochen, so lange jeder Stelleninhaber gedient hat, getheilt werden, doch soll der Termin nicht Michaelis sein, wie bei dem Gelde, Zins, Getraide, Acker= bau u. s. w., sondern Walpurgis. Welcher abziehende Pfarrer um Walpurgis im Amte ist, oder welche Wittwe und Kinder diesen Tag mit der Gnadenzeit erreichen, die nehmen alles Heu und Grummet des vorigen Jahres hinweg.

Tritt aber die Aenderung zu einer andern Zeit des Jahres ein, so soll man rechnen, wieviel Wochen von Wal= purgis an der Abziehende gedient hat, bezüglich wieviel wegen der Gnadenzeit Wittwe und Kinder vom Stelleinkommen zu genießen haben, und wie lange der Nachfolger bis wieder auf Walpurgis zu dienen hat; hierauf aber soll man nach der Wochenzahl Jedem seine Quote zuerkennen, doch so, daß jeder Theil die gebührenden Unkosten mit tragen helfe. Man kann aber auch in solchen Fällen, und sonderlich, wenn der abzie= hende Theil ein Geringes zu genießen hat, die Quote in Geld veranschlagen.

XXXVIII. Anlangend das Brennholz an Scheiten und Reißig, so soll dasselbe an Klaftern, Maltern und Schocken nicht nur auf den Winter, sondern auf das ganze Jahr und dessen

Wochen, oder auf die ständigen Quartale Petri, Urbani, Bartholomäi und Clementis vertheilt werden. Der abziehende Pfarrer oder eines verstorbenen Pfarrers Wittwe und Kinder sollen davon genießen, soviel der Pfarrer Wochen gedient hat und soweit die Gnadenzeit sich erstreckt, während der Dienstnachfolger die auf seine Quote sich berechnenden Unkosten und Anweisegeld, Hau- und Fuhrlohn und dergleichen, dem Dienstvorgänger oder der Wittwe und den Kindern desselben zu vergüten hat.

XXXIX. Es soll aber, was das Holz anlangt, terminus fixus der Austheilung nicht Michaelis, sondern Petri Stuhlfeier, der 22. Februar sein. Wer diesen Tag im Dienst oder mit der Gnadenzeit erreicht, nimmt alles vorige Holz hinweg*)

## IX.

# Statut

### der Pensions-Anstalt für die Witwen und Waisen der Schullehrer im Großherzogthum Sachsen.

## Wir Carl Alexander,
### von Gottes Gnaden
#### Großherzog von Sachsen-Weimar-Eisenach, Landgraf in Thüringen, Markgraf zu Meißen, gefürsteter Graf zu Henneberg, Herr zu Blankenhain, Neustadt und Tautenburg ꝛc. ꝛc.

Um die statutarischen Bestimmungen über die allgemeine Pensions-Anstalt für die Witwen und Waisen der Schullehrer im Großherzogthum Sachsen mit der neueren Gesetzgebung und namentlich mit dem Volksschulgesetz vom 24. Juni 1874 in Einklang zu bringen, sowie um den pensionsberechtigten Hinterbliebenen der Schullehrer, soweit es die vorhandenen Mittel des Lehrerwitwen-Fiskus gestatten, eine Erhöhung der Pension zu Theil werden zu lassen, haben Wir auf Antrag Unseres Staats-Ministeriums dem nachstehenden neuen Statut dieser Anstalt Unsere landesfürstliche Bestätigung ertheilt.

---

*) Bei Wiedergabe der vorstehenden Bestimmungen ist die Ausdrucksweise des Originals möglichst beibehalten, aber dem heutigen Sprachgebrauche angepaßt worden.

# Statut.
### der Pensions-Anstalt für die Witwen und Waisen der Schullehrer im Großherzogthum Sachsen.

## § 1.
### Berechtigung zur Mitgliedschaft.

Zur Theilnahme an der mit den Rechten einer milden Stiftung bestehenden allgemeinen Pensions-Anstalt für die Witwen und Waisen der Schullehrer im Großherzogthum Sachsen sind sämmtliche an den öffentlichen Schulen des Landes (einschließlich solcher Konfessionsschulen, denen die Theilnahme an der Anstalt für ihre Lehrer von der obersten Schulbehörde besonders verliehen wird,) definitiv angestellte Schullehrer berechtigt und verpflichtet.

Ausgeschlossen bleiben die Lehrer, deren Hinterbliebene die Pensionen der Witwen und Waisen verstorbener Staatsdiener gesetzlich zu beanspruchen haben.

## § 2.
### Aufnahme der Mitglieder.

Eine besondere Aufnahme in die Anstalt findet nicht statt. Vielmehr nimmt die Mitgliedschaft für jeden Theilhaber von selbst mit dem Tage der Ausfertigung des Anstellungs-Dekrets ihren Anfang.

## § 3.
### Verlust der Mitgliedschaft.

Die mit der Mitgliedschaft verbundenen Rechte und Ansprüche an die Anstalt erlöschen mit dem Tage, an welchem das Mitglied im Disziplinarwege oder in Folge einer gerichtlichen Untersuchung seines Amtes entlassen oder entsetzt wird, sowie mit dem Tage, an welchem das Mitglied freiwillig aus dem Schuldienste im Großherzogthum ausscheidet oder in eine solche Lehrer-Stellung eintritt, vermöge welcher die Hinterbliebenen die Pensionen der Witwen und Waisen verstorbener Staatsdiener nach dem Gesetz darüber zu beanspruchen haben. In diesen Fällen geht das Mitglied seiner Ansprüche an die Pensions-Anstalt sowie der geleisteten Antrittsgelder und Beiträge (vergl. § 4) verlustig.

Wird ein Lehrer pensionirt, welcher unverheirathet geblieben, oder verwitwet ist und pensionsberechtigte Kinder nicht besitzt, so bleibt es demselben nachgelassen, aus der Anstalt auszutreten, es wird solchenfalls aber nach dem Ableben des Lehrers gleichwohl das Begräbnißgeld an die Bezugsberechtigten (vergl. § 7) ausgezahlt.

Im Uebrigen ändert Pensionirung und Dispositionsstellung nichts an der Mitgliedschaft der Anstalt und es ist, abgesehen von den vorerwähnten Fällen, ein freiwilliger Austritt aus der Anstalt nicht gestattet.

### § 4.
### Antrittsgeld und Beiträge.

Jedes Mitglied zahlt

a) ein Antrittsgeld von dreißig Mark, welches längstens binnen zwei Jahren vom Anfange der Mitgliedschaft ab (vergl. § 2) abzugewähren ist.

Ratenzahlungen müssen mindestens je fünf Mark betragen.

Bei dem Ableben eines Mitgliedes vor vollständiger Einzahlung der Antrittsgelder wird der nicht gezahlte Betrag von dem Begräbnißgelde (vergl. § 7) gekürzt.

Jedes Mitglied zahlt ferner

b) einen jährlichen Beitrag von acht Mark, welcher in zwei Terminen, am 1. April und 1. Oktober jedes Jahres, mit je vier Mark zu entrichten ist.

Die Zahlung der Antrittsgelder und Beiträge hat in den bestimmten Fristen an die Schul-Inspektoren zu erfolgen, welche ihrerseits die erhobenen Geldbeträge an die Kasseverwaltung der Anstalt abzugewähren haben. Letzteres hat vor Ablauf der Monate April und Oktober mittelst Lieferscheins zu geschehen.

Rückstände sind seitens der Schul-Inspektoren dem betreffenden Schulvorstande anzuzeigen und an der Baarbesoldung des säumigen Lehrers zu kürzen. Auch sind dieselben auf Antrag der Kasseverwaltung durch die Gerichte exekutivisch beizutreiben.

Wenn den Hinterbliebenen eines verstorbenen Lehrers das Stelleinkommen auf die vierwöchige Gnadenzeit gewährt wird, so sind von denselben die Beiträge bis zu demjenigen Tage fort zu entrichten, an welchem die Gnadenzeit endet.

### § 5.
### Mittel der Pensions-Anstalt.

Die Einkünfte der Pensions-Anstalt bestehen:

a) in den Zinsen des Kapital-Vermögens der Anstalt;

b) in den Antrittsgeldern und Beiträgen der Mitglieder (vergl. § 4);

c) in den Erträgen vakanter Lehrerstellen, soweit sie nicht für die sogenannte Gnadenzeit und zur Bestreitung des Vikariats zu verwenden sind, sowie in den vakanten Mehrbeträgen in den

Fällen, wo noch nicht definitiv angestellten Lehrern, oder wenn Lehrerinnen nicht das volle Stelleinkommen gewährt wird, insoweit diese Vakanzgelder nicht in Zuschüssen aus Staatsmitteln bestehen (vergl. § 32 des Volksschulgesetzes);

d) in den verfassungsmäßig verwilligten Zuschüssen aus Staatsmitteln.

## § 6.
### Verwendung der Einkünfte.

Die Einkünfte der Pensions-Anstalt (vergl. § 5) werden zunächst zur Unterstützung der hinterbliebenen Witwen und Waisen derjenigen Schullehrer verwendet, welche als Mitglieder der Anstalt verstorben sind. Die Verbindlichkeit der Anstalt in dieser Beziehung besteht in der Gewähr

a) eines Kostenbeitrags zum Begräbniß verstorbener Mitglieder, (vergl. auch § 3);

b) einer jährlichen Pension an die pensionsberechtigten Hinterbliebenen.

Jedoch ist der Gnade des Landesherrn vorbehalten, würdigen und dürftigen Ehefrauen, Witwen oder Kindern auch solcher Lehrer, welche wegen Dienstentlassung oder Dienstentsetzung die Mitgliedschaft der Pensions-Anstalt verloren haben, eine Unterstützung bis höchstens zur Hälfte der den Lehrer-Witwen und Waisen ausgewiesenen Pension (vergl. § 8) aus den Anstaltsmitteln zu gewähren.

## § 7.
### Begräbnißgeld.

Zum Begräbnisse eines Mitgliedes der Anstalt werden sofort nach der bei der obersten Schulbehörde eingegangenen Anzeige des Schul-Inspektors von dem Ableben des Lehrers (vergl. Artikel 12 der Ausführungs-Verordnung vom 16. Dezember 1874) dreißig Mark an die hinterlassene Witwe des Lehrers gezahlt, oder im Falle eine solche nicht vorhanden ist, an seine ehelichen Kinder oder in deren Ermangelung an die etwa vorhandenen Verwandten aufsteigender Linie (Eltern, Großeltern) und, wenn solche nicht vorhanden sind, an die Seitenverwandten bis zu Bruders- oder Schwester-Kindern einschlüssig.

Wenn der Verstorbene Verwandte in auf- und absteigender Linie oder in der Seitenlinie bis zu dem gedachten Grade nicht hinterläßt, gehen die Begräbnißgelder der Pensions-Anstalt zu Gute, es wäre denn, daß der Nachlaß des Verstorbenen die Beerdigungskosten nicht decken könnte. In diesem Falle tritt zwar die Verbindlichkeit

der Pensions-Anstalt ein, bis zur Höhe der eingezahlten Antritts=
gelder zu den Begräbnißkosten beizutragen, es erwächst derselben
dann aber auch ein Recht auf den Nachlaß.

## § 8.
### Höhe der Pension.

Die Höhe der jährlichen Pension richtet sich nach den Mitteln
der Pensions=Anstalt und wird auch für die gegenwärtigen Witwen
und Waisen bis auf Weiteres auf zweihundert Mark festgestellt.

## § 9.
### Pensionsberechtigte.

Unter den Hinterlassenen verstorbener Mitglieder (vergl. § 1)
haben Anspruch auf Pension (vergl. §§ 6 und 8):
a) die Witwen auf Lebenszeit;
b) in Ermangelung einer Witwe die ehelichen Kinder bis zum
   erfüllten achtzehnten Lebensjahre.

## § 10.
### Beginn und Aufhören der Pension.

Der Pensionsbezug beginnt mit dem ersten Tage desjenigen
Monats, in welchem die Gnadenzeit abläuft, und endet mit Ablauf
desjenigen Monats, in welchem die Witwe verstorben ist, oder die
Kinder das 18. Lebensjahr vollendet haben, oder eine der in § 15
unter 1 bis 3 gedachten Thatsachen eingetreten ist.

## § 11.
### Witwen=Pension.

Die Pensions=Quote wird den betheiligten Witwen auf Grund
von Lebenszeugnissen, welche der Gemeindevorstand ihres Wohnorts
unentgeltlich auszustellen hat, in zwei halbjährigen Raten, zum
1. April und zum 1. Oktober jeden Jahres, ausgezahlt, und zwar
zum ersten Termin soviel, als auf die bis dahin verflossene Zeit
entfällt, fernerhin aber jedesmal die Hälfte der für das ganze Jahr
bestimmten Pension, sofern nicht schon vorher der Pensionsbezug
geendet hat (vergl. § 10).

## § 12.
### Waisen=Pension.

Ist eine Witwe nicht vorhanden, oder verstirbt dieselbe pensions=
berechtigt, oder verliert dieselbe ihre Pensionsberechtigung (vergl. § 15,

Ziffer 1 und 3), so geht die Pension auf die ehelichen Kinder (vergl. § 9 lit. b.) über, solange diese im pensionsfähigen Alter stehen.

Die Zahlung der Pension für die zu solcher berechtigten Kinder erfolgt auf ein von dem Gemeindevorstand des Wohnorts derselben unentgeltlich auszustellendes Lebenszeugniß und geschieht an deren Altersvormund, welcher sich als solcher bei dem Empfange der ersten Pensions-Rate ausweisen muß. Die Ratenzahlungen sind die im § 11 bestimmten.

## § 13.

### Zusammentreffen der Witwe mit Kindern aus verschiedenen Ehen.

Für den Fall, daß eine Witwe mit pensionsfähigen Kindern des Verstorbenen aus früheren Ehen zusammentrifft, soll die Pension der Witwe allein zufallen, wenn und solange sie auch bei diesen Kindern Mutterstelle vertritt; im entgegengesetzten Falle soll die Pension zwischen der Witwe und den sämmtlichen pensionsfähigen Kindern des Verstorbenen aus seinen verschiedenen Ehen nach Köpfen vertheilt werden.

## § 14.

### Genuß der Pension außerhalb des Landes.

Die Pension kann auch außerhalb des Großherzogthums bezogen werden, es ist jedoch bei Erhebung jeder Pensions-Rate von dem Empfangsberechtigten ein von der Orts-Polizeibehörde des Wohnortes glaubwürdig ausgestelltes Lebenszeugniß beizubringen.

## § 15.

### Verlust des Pensionsbezugs.

Die Ansprüche auf Pension gehen verloren:
1) für die Witwe:
   a) durch anderweite Verehelichung,
   b) durch außereheliche Schwangerschaft;
2) für die Kinder:
   a) durch Verehelichung,
   b) durch Erlangung eines selbstständigen, den Lebensunterhalt gewährenden Erwerbes;
3) für die Witwe wie für jedes Kind durch Begehung eines Verbrechens, welches mit Zuchthausstrafe geahndet wird.

Verliert die Witwe in einem der unter 1 und 3 bezeichneten Fälle die Pension, so geht letztere ebenso wie im Falle des Ablebens der Witwe (vergl. § 12), auf die pensionsberechtigten Kinder über. Verliert ein Kind in einem der unter 2 und 3 bezeichneten Fälle die Pension, so soll dieser Verlust ebenso, wie im Falle des Ablebens und des erfüllten achtzehnten Lebensjahres eines Kindes, den übrigen pensionsberechtigten Geschwistern und der pensions-berechtigten Stiefmutter (vergl. §§ 12 u. 13) zu Gute gehen.

### § 16.
### Verwaltung der Anstalt.

Die Verwaltung der Pensions-Anstalt wird von der obersten Schulbehörde geführt, deren Kasseverwaltung auch die Kassegeschäfte der Anstalt besorgt.

Der besondere Verwaltungsaufwand wird aus den Mitteln der Anstalt bestritten.

### § 17.
### Uebergangsbestimmung.

Die bezugsberechtigten Hinterbliebenen derjenigen Schullehrer, welche Mitglieder einer der früheren besonderen Pensions-Anstalten für Lehrer-Witwen und Waisen waren, haben statt des in § 7 bestimmten Begräbnißgeldes von dreißig Mark denselben Betrag zu beziehen, welchen sie nach den bisherigen Bestimmungen zu erhalten haben würden.

### § 18.
### Schlußbestimmung.

Das Statut der allgemeinen Pensions-Anstalt für die Witwen und Waisen der Schullehrer im Großherzogthum Sachsen-Weimar-Eisenach vom 1. Oktober 1841, sowie die Nachträge zu demselben treten am 1. April d. J, mit welchem Zeitpunkte die Geltung des gegenwärtigen Statuts beginnt, außer Kraft.

Urkundlich haben Wir das gegenwärtige Statut der Pensions-Anstalt für die Witwen und Waisen der Schullehrer im Groß-herzogthum Sachsen höchsteigenhändig vollzogen und mit Unserem Großherzoglichen Staatsinsiegel versehen lassen.

So geschehen und gegeben Weimar am 17. März 1875.

(L.S.)                **Carl Alexander.**

                         G. Thon.    von Groß.

# X

# Ministerial-Verordnung

über die innere Einrichtung des Volksschulwesens im Großherzogthum Sachsen.

Zur Ausführung des Gesetzes über das Volksschulwesen im Großherzogthum Sachsen vom 24. Juni 1874, insoweit die innere Einrichtung und Verwaltung der Volksschulen in Frage ist, verordnen wir mit höchster Genehmigung Seiner Königlichen Hoheit des Großherzogs, was folgt:

## Erster Abschnitt.

### Die Elementarschule.
#### (Zu den §§ 2 und 3 des Volksschulgesetzes.)

### I. Klasseneintheilung.

#### § 1.

1) In jeder Volksschule, sie mag ein- oder mehrklassig sein, sind 3 Altersstufen zu unterscheiden: die Unterstufe, Mittel- und Oberstufe. Zu der ersteren gehören in der Regel die Kinder in den 2 ersten Schuljahren, zur Mittelstufe die in den 3 folgenden, zur obersten Stufe die Kinder in den 3 letzten Schuljahren.

2) In der einklassigen Volksschule werden die Schulkinder von einem Lehrer in demselben Lehrzimmer gleichzeitig alle oder in je zwei kombinirten Abtheilungen unterrichtet. (Ueber die Zulässigkeit kombinirter Abtheilungen und die Grundsätze dabei siehe § 7, 2 des ersten Abschnitts dieser Verordnung.

3) In der zweiklassigen Volksschule mit zwei Lehrern fallen am füglichsten jedem Lehrer in der Regel 4 Jahrgänge der Schulkinder zu: dem Lehrer der Unterklasse die 4 ersten, dem der Oberklasse die 4 letzten Jahrgänge.

4) In der dreiklassigen Schule mit drei Lehrern gliedert sich die Klassenvertheilung in der Regel am besten nach den drei

Altersstufen, so, daß 2 Jahrgänge zur Unter- und je 3 zur Mittel- und Oberklasse kommen.

5) In der weiteren Entwickelung zu vier-, fünf- bis achtklassigen Schulen empfiehlt es sich, nach Füglichkeit die Einrichtung zu treffen, daß, wenn die jeweiligen Lehrkräfte es gestatten, die durch eine gemeinsame Altersstufe zusammengehörigen Kinder bei demselben Lehrer bleiben und nicht jedes Jahr, wie solches bei der achtklassigen Schule verlangt werden könnte, den Lehrer wechseln. Demnach würde, beispielsweise bei einer achtklassigen Schule mit 8 Lehrern, der Lehrer der 8ten Klasse die Kinder nach Absolvirung ihres Jahreskursus in die 7te Klasse hinüberführen und das zweite Schuljahr hindurch sie unterrichten, während der Lehrer der 7ten Klasse mit den neu Eintretenden anfinge. Ein Gleiches könnte stattfinden unter den 3 Lehrern der 6ten, 5ten und 4ten Klasse innerhalb der Mittelstufe und unter den 3 Lehrern der 3ten, 2ten und ersten Klasse innerhalb der oberen Altersstufe.

6) Erreichen Schulkinder die Ziele der Klasse oder Abtheilung nicht, in die sie ihrem Alter nach gehören, so können sie in dieser Klasse oder Abtheilung länger zurückbehalten werden. Doch darf durch solche Maßnahmen die normale Schulzeit für ein Kind in keinem Fall um mehr als ein Jahr verlängert werden (cf. § 5 des Volksschulgesetzes und Artikel 3. Ziffer 11 der Ausführungs-Verordnung vom 16. Dezember 1874).

Im Allgemeinen ist die Einrichtung, welche die gleichen Altersstufen beider Geschlechter in derselben Klasse vereinigt, derjenigen vorzuziehen, welche in allen Klassen die Kinder nach Geschlechtern scheidet. Jedoch ist solche Trennung darum nicht grundsätzlich ausgeschlossen, sondern es darf den Umständen des einzelnen Falles gemäß die Trennung nach Altersstufen oder nach Geschlechtern gewählt werden. Die Wahl trifft der Schul-Inspektor des Bezirks.

## II. Lehrgegenstände.

### § 2.

Die unbedingt nothwendigen Lehrgegenstände der Volksschule sind:

Religions- und Sittenlehre,
Deutsche Sprache mit Lesen und Schreiben,
Rechnen mit Zahlen und Raumgrößen,

Natur= und Erdkunde,

Geschichte,

Gesang,

Turnen und Zeichnen für Knaben.

Hierzu können nach Bedürfniß und Füglichkeit

Obstbaumzucht für Knaben,

weibliche Handarbeit,

Turnübungen und Zeichnen für Mädchen

treten.

Da sonach zu den zeither vorgeschriebenen Unterrichtsgegen=
ständen mit dem Zeichnen ein neuer hinzugekommen ist, so muß für
die Schulkinder der Mittel= und Oberstufe die Unterrichtszeit ver=
mehrt werden.

### III. Allgemeiner Unterrichtsplan.

#### (Unterrichtsziele.)

##### A. Unbedingt nothwendige Unterrichtsgegenstände.

###### § 3.

##### 1) Religions= und Sittenlehre
##### für evangelische Schulen.

(Für die Schulen anderer Konfession wird nach Befinden besondere
Bestimmung getroffen werden.)

##### a) Biblische Geschichte.

Der Religions=Unterricht, der die Erziehung der Kinder zu
bewußter Religiosität und zu einem lebendigen Christenthum bezweckt,
umfaßt den Unterricht in der Geschichte, in den Heilswahrheiten
und in der Sittenlehre der Kirche. Als die verschiedenen hier zu
behandelnden Lehrstoffe stellen sich demselben dar die heilige Ge=
schichte, der Katechismus, Bibelsprüche und Kirchenlieder.

Auf der Unterstufe werden einzelne Erzählungen aus dem
alten und neuen Testamente, welche dem kindlichen Verständniß nahe
liegen, vorgeführt und von den Kindern in kurzen Sätzen nach=
erzählt. Aus dem alten Testamente werden vorzüglich solche aus
dem ersten Buche Moses und von Davids erster Zeit, aus dem
neuen die von der Geburt, der Kindheit, dem Tode und der Auf=
erstehung Jesu Christi und einige für die Kinder leicht faßlich und
fruchtbar zu machende Erzählungen aus seinem Leben gewählt.

Auf der Mittelstufe wird eine geordnete Reihe der wich=
tigsten Erzählungen aus der heiligen Geschichte dargeboten und von

den Kindern in mehr oder minder zusammenhängender Erzählung wiederholt.

Auf der Oberstufe erhalten die Kinder eine zusammenhängende Darstellung der heiligen Geschichte, verbunden mit der Geographie Paläſtinas und ergänzt durch das Leſen ausgewählter Abſchnitte aus der Bibel. Im Anſchluß daran werden hier auch die wichtigſten Begebenheiten aus der Geſchichte der chriſtlichen Kirche, inſonderheit ihrer Pflanzung und Ausbreitung, ihrer Begründung in Deutſchland und der Reformation behandelt.

### b) Katechismus.

Im Allgemeinen gilt es als Regel, daß beſondere Stunden für den Katechismus in der Volksſchule mit einem oder zwei Lehrern erſt auf der obern Stufe, in der mehrklaſſigen Schule früheſtens in der Mittelklaſſe eintreten.

Es ſind dafür höchſtens 2 Stunden anzuſetzen.

Wofern nicht beſondere Verhältniſſe eine Aenderung nöthig machen, fallen, wo der lutheriſche Katechismus eingeführt iſt, nur die drei erſten Hauptſtücke deſſelben in das Penſum der Volksſchule, und zwar in der Art, daß auf der Unterſtufe der einfache Wortlaut der zehn Gebote und des Vaterunſers, auf der Mittelſtufe die beiden erſten Hauptſtücke des kleinen Katechismus mit der lutheriſchen Erklärung, auf der Oberſtufe das dritte Hauptſtück zur Aneignung kommen.

Die Erklärung der folgenden Hauptſtücke bleibt dem Konfirmations-Unterrichte überlaſſen. Paſſende Bibelſprüche, in denen die behandelten Wahrheiten ihren Ausdruck und ihre Beſtätigung finden, werden auf allen Stufen beim Unterricht herangezogen, erklärt, gelernt.

### c) Das geiſtliche Lied.

Auf allen Stufen des Religions-Unterrichts iſt Beziehung auf das Kirchenlied zu nehmen. Auf der Unterſtufe kommen vorzugsweise einzelne Verſe, auf den beiden obern neben ſolchen auch ganze Lieder zur Behandlung. Dieſe hat ſich nicht auf diejenigen Lieder zu beſchränken, welche memorirt werden ſollen, und es ſind bei der Auswahl der Lieder auch ſolche aus neuerer Zeit zu berückſichtigen.

Zur gedächtnißmäßigen Aneignung ſind höchſtens 20 Lieder zu wählen, welche nach Inhalt und Form dem Verſtändniß der Kinder angemeſſen ſind. Dem Memoriren muß die Erklärung des Liedes vorausgehen.

## 2) Unterricht im Deutschen.

Auf der Unterstufe ist zu erreichen sicheres und deutliches Lesen kleinerer Sätze in deutscher Druckschrift, Unterscheidung der Dingwörter und Artikel: Hiermit sind Sprechübungen und Anschauungsunterricht in Verbindung zu bringen.

Auf der Mittelstufe muß das Lesen sicher, deutlich und fließend sein und müssen die Lesepausen und Lesezeichen richtig beachtet werden. Haupt=, Zeit= und Eigenschaftswörter müssen unterschieden, die Hauptzeiten des Zeitwortes gebildet werden können. Es wird verlangt Verständniß des einfachen und erweiterten Satzes. Besondere Berücksichtigung hat auf dieser Stufe die Rechtschreibung zu finden. Im mündlichen Gedankenausdruck wird das Wiedererzählen des Gelesenen in einzelnen Sätzen verlangt, ebenso das Niederschreiben einzelner Sätze ohne erhebliche Fehler. Es sollen kleine Beschreibungen gefertigt werden.

Auf der Oberstufe muß ohne Anstoß, sicher, deutlich, fließend und mit verständiger Betonung die deutsche und lateinische Druckschrift gelesen werden. Es wird verlangt die Kenntniß der wichtigsten Formwörter, die Unterscheidung einfacher, zusammengesetzter und zusammengezogener Sätze, sowie die Kenntniß der Satzglieder. Das Gelesene wird bei leichteren Stücken im Zusammenhang erzählt. Kurze Erzählungen, Briefe und Geschäftsaufsätze müssen angefertigt werden.

## 3) Schreibunterricht.

Auf der Unterstufe sind die Uebungen in großer Schrift, anfangs auf der Schiefertafel, zu machen, nach Vorschrift des Lehrers an der Wandtafel. Die deutschen und römischen Ziffern sind einzuüben. Wörter und kleine Sätze können auf dieser Stufe geschrieben werden.

Auf der Mittelstufe: Entwickelung der kleinen und großen deutschen Buchstaben aus ihren Elementen. Taktschreiben. Anfang der lateinischen Schrift. Die Vorschrift des Lehrers wird immer noch an der Wandtafel vor= und von den Schülern hinreichend groß nachgeschrieben.

Auf der Oberstufe ist das Ziel: fließende, gleichförmige, ansprechende Handschrift, deutsch und lateinisch. Wiederholung des elementarischen Schreibkursus in jedem Schuljahr. Schreiben nach lithographirten ein= und zweizeiligen Vorschriften.

Durch den Schreibunterricht soll, abgesehen von der Aneignung der erforderlichen Fertigkeit, der Sinn für das Schöne und Gefällige, sowie für Ordnung, Pünktlichkeit und Reinlichkeit geweckt und gepflegt werden. In den Schreibleistungen einer Schule und in der Haltung der Hefte ist ein Maßstab für den erziehenden Einfluß des Lehrers auf die Schüler gegeben.

## 4) Rechnen mit Zahlen und Raumgrößen.

Auf der Unterstufe, welche sich mit Bilden, Zerlegen und Verbinden der Zahlen von 1—100 beschäftigt, werden die vier Grundrechnungsarten an ein- und zweistelligen Zahlen geübt.

Die Mittelstufe erreicht eine angemessene Fertigkeit in den vier Grundrechnungsarten mit ungleichbenannten Zahlen. Mündliches und schriftliches Rechnen mit dem Schluß auf die Einheit. Die Aufgaben sind vorzugsweise aus dem Gebiete der Haus- und Landwirthschaft zu nehmen.

Betrachtung mathematischer Körper und ihrer Begränzung.

Auf der Oberstufe die vier Grundrechnungsarten mit gemeinen und Dezimalbrüchen. Die verschiedenen Anwendungen des Schlusses auf die Einheit in schwierigeren Aufgaben. Kenntniß der gangbaren Münzen, Maße und Gewichte. Uebungen im Messen und Berechnen der im gewöhnlichen Leben als meßbare Raumgrößen am häufigsten vorkommenden Flächen und Körper. Die Aufgaben sind vorzugsweise aus der Haus- und Landwirthschaft und dem Gewerbsleben zu wählen.

## 5) Natur- und Erdkunde.

Auf der Unterstufe werden diese Lehrgegenstände als Anschauungsunterricht in Verbindung mit einander vorgeführt.

Auf der Mittelstufe sind Natur- und Erdkunde zu scheiden und sind in der letzteren die engere und weitere Heimat, in der ersteren die Nutzpflanzen, die Giftkräuter, die Hausthiere, die am meisten in Anwendung kommenden Minerale als Unterrichtsstoff zu wählen.

Auf der Oberstufe müssen vorzugsweise Europa, die übrigen Erdtheile und das Wichtigste aus der mathematischen Geographie mit Zuhilfenahme der Wandkarten und des Globus zur Betrachtung kommen. Die Naturkunde hat sich hier mit charakterisirenden Gruppen aus den drei Naturreichen, den Bodenarten, dem Getreide, den Futterkräutern und Handelspflanzen zu beschäftigen; endlich ist das Wichtigste aus der Naturlehre in Bezug auf die gewöhnlichsten Erscheinungen zu berücksichtigen.

## 6) Geschichte.

Einzelne Bilder aus der Weltgeschichte, insbesondere aber aus der deutschen Geschichte bilden den Lehrstoff für die Mittelstufe.

Auf der Oberstufe tritt der Geschichtsunterricht als eine Reihe von zusammenhängenden Bildern auf, welche in größerer Ausführung das Wichtigste aus der Weltgeschichte und vorzugsweise wieder aus der deutschen Geschichte zur Darstellung bringen. Vollständiger Ueberblick über die deutsche Geschichte.

## 7) Gesang.

Das Ziel der ganzen Schulbildung für diesen Lehrgegenstand ist, daß die Kinder mit den gangbarsten Chorälen und einer Anzahl guter und passender Schul= und Volkslieder wohl vertraut sind und die entsprechende Gehör= und Stimmbildung erlangt haben.

## 8) Turnen.

In Bezug auf die Ziele in diesem Lehrgegenstande wird auf die in den Volksschulen des Großherzogthums eingeführte Schrift von Hausmann: „Das Turnen in der Volksschule, zweite Auflage 1873," hingewiesen, insonderheit auf den Seite 184 2c. dort ausgeführten Turnlehrplan für eine gegliederte Stadtschule mit Sommer= und Winterturnen und auf den von Seite 205 an ersichtlichen Lehrplan für eine einklassige Landschule mit bloßem Sommerturnen.

Mit Rücksicht auf die öfter vorkommende lässige Betreibungs= art der Frei= und Ordnungsübungen von Seiten mancher Lehrer ist es nöthig, hier zu bemerken, daß jene Uebungen nur dann einen Werth haben können, wenn auf die größtmögliche Vollkommenheit und Pünktlichkeit bei der Ausführung energisch gehalten wird.

## 9) Zeichnen.

Im 5ten und 6ten Schuljahre (11ten und 12ten Lebensjahre): Zeichnen gerader Linien und geradliniger Figuren nach Wandtafeln mit Erläuterungen des Lehrers.

Symmetrische Ornamente nach Wandtafeln und Vorlagen.

Umrisse von bewegten Ornamenten, von Pflanzen und Blumen, nach Vorlagen mit Erläuterungen des Lehrers.

Im 7ten und 8ten Schuljahre (13ten und 14ten Lebensjahre): Ornamente, Pflanzen und Blumen mit Schattirung. Zeichnen nach einfachen Modellen; leichte Gyps=Ornamente und einfache Körper.

Geeigneten Falls Uebungen im Tuschen.

B. **Unterrichtsgegenstände nach Bedürfniß und Füglichkeit.**

§ 4.

### 1) Obstbaumzucht.

An allen Schulen, wo es nöthig und ausführbar erscheint, hat der Lehrer die älteren Schulknaben, neben den regelmäßigen Schulstunden in der Obstbaumzucht, namentlich auch in der Kunst der Veredelung der Obstsorten zu unterrichten und auf jede zulässige Weise, z. B. durch Antrag bei der Gemeindebehörde, sich der Herstellung oder Benutzung der dazu gehörigen Einrichtung zu befleißigen. An Orten, wo mehrere Lehrer angestellt sind, haben diejenigen diesen Unterricht zu ertheilen, welche von dem Schul-Inspektor dazu bestimmt werden.

### 2) Weibliche Handarbeit.

Dieser Unterricht erstreckt sich nur auf die Mädchen vom vollendeten 9ten Lebensjahre an. Die Zahl der wöchentlichen Stunden soll nicht weniger als 3 — wenn blos im Winter Unterricht ertheilt wird, nicht weniger als 4 — betragen.

Der Unterricht soll sich mindestens erstrecken auf Stricken, Stopfen, Nähen und Ausbessern. In größeren Orten kann er ausgedehnt werden auf Musterschneiden, Weißsticken und Häkeln.

Auf Antrag der Eltern oder Erzieher können Mädchen, welche nachweisbar in weiblicher Handarbeit anderweit genügend unterrichtet werden, vom Besuch der Arbeitsstunden befreit werden.

In Bezug auf die Benutzung der Industrieschulen des wohlthätigen Instituts des Frauenvereins wird mit Zustimmung der Durchlauchtigsten Obervorsteherin dieses Instituts, Ihro Königlichen Hoheit der Frau Großherzogin, Folgendes bemerkt.

I. Insoweit an einem Orte das vorstehend näher bezeichnete Bedürfniß nach Unterricht in weiblicher Handarbeit besteht und sowohl was die Unterrichtsgegenstände als was die Zahl der Unterrichtsstunden anbelangt, durch eine vom wohlthätigen Institute des Frauenvereins errichtete und unterhaltene s. g. „Industrieschule" befriedigt werden kann, ist die Industrieschule befugt, in diesem Unterrichtsgegenstande die Stelle der Volksschule zu vertreten. Folge davon ist, daß ihr Besuch nun ebenfalls zu einem obligatorischen für die Schülerinnen der Volksschule vom vollendeten 9ten Lebensjahre an wird und die Pflichten sowohl der Eltern und Erzieher

als der Schulgemeinde und des Schulvorstands bezüglich des Ortsschulaufsehers auch dieser Industrieschule gegenüber dieselben sind
wie ihre Pflichten gegenüber der Volksschule des Ortes. Zur
näheren Ausführung dieses Grundsatzes ist Folgendes zu bemerken:

1) Dem Vorstande der Industrieschule hat der Ortsschulvorstand
zu Ostern jeden Jahres ein vollständiges Verzeichniß, das erste Mal
der sämmtlichen schulpflichtigen Mädchen der Schulgemeinde, welche
das 9te Lebensjahr zurückgelegt haben, in den folgenden Jahren
nur derjenigen schulpflichtigen Mädchen der Schulgemeinde, welche
im verflossenen Schuljahre das 9te Lebensjahr zurückgelegt haben
und also zum Besuche der Industrieschule verpflichtet sind, einzu-
händigen.

2) Die Lehrerin der Industrieschule hat unter Aufsicht der
Vorsteherin die Schulzucht in derselben Weise zu üben wie die
Lehrer der Volksschule. (cf. § 8, 7 des ersten Abschnitts dieser
Verordnung.)

3) Ungerechtfertigte Versäumnisse im Besuche der Industrieschule
sind von der Vorsteherin auf Grund der zu führenden Versäumnißliste in die Versäumnißtabelle einzutragen, welche allmonatlich von
dem Vorstande der Industrieschule beim Schulvorstande der betreffenden Gemeinde einzureichen ist und diesem ebenso, wie Versäumnisse
im Besuche der Volksschule (cf. Ausführungs-Verordnung vom
16. Dezember 1874 Art. 5) Anlaß bietet, die schuldigen Eltern
oder Erzieher zur Verantwortung und Strafe zu ziehen, bezüglich
dem Staatsanwaltsvertreter zu überweisen.

4) Die Räume der Volksschule mit der nöthigen Heizung
müssen auch für den Unterricht der Industrieschule von der Gemeinde
ebenso unentgeltlich dargeboten werden, wie etwa erforderliche Lehrmittel. Wie bisher sorgt der Frauenverein für das benöthigte
Unterrichts-Material, insoweit dasselbe nicht von den Eltern und
Erziehern darzubieten ist und beschafft werden kann. (cf. Ausführungs-
Verordnung vom 16. Dezember 1874 Artikel 5, Ziffer 1).

5) Bei den jährlichen Prüfungen in der Volksschule sind auch
weibliche Handarbeiten der Industrie-Schülerinnen auszustellen, um
auch von den Fortschritten in diesem Unterrichtszweige Kenntniß
zu geben.

6) Sollten Mängel der Industrieschule sich bemerklich machen,
so ist der Ortsschulvorstand und insonderheit der Ortsschulaufseher
ebenso berechtigt als verpflichtet, sowohl den Vorstand der Industrieschule als den Schul-Inspektor darauf aufmerksam zu machen.

7) Der Schul-Inspektor hat auch seinerseits den, die Volks-schule ergänzenden, Industrieschulen des Frauenvereins in seinem Bezirke fortlaufende pflichtmäßige Aufmerksamkeit zuzuwenden. Er hat darauf zu achten, daß sie ohne unbegründete Unterbrechung gehalten, und daß der Unterricht in den gegebenen Grenzen vollständig und zweckmäßig ertheilt werde. Zugleich hat er aber auch darüber zu wachen, daß Gemeinde und Schulvorstand auch der Industrieschule gegenüber ihre Pflichten erfüllen; falls sie sich hierin säumig oder widerwillig erweisen sollten, hat er zur Beseitigung dieser Hemmnisse zunächst vermittelnd einzuschreiten, nöthigen Falls aber die Verfügung des erforderlichen Zwangs beim Schulamt zu veranlassen, überhaupt den Interessen jener Industrieschulen jede thunliche Förderung und Unterstützung im Einvernehmen mit der Verwaltung dieser Schulen zu Theil werden zu lassen. Nicht minder hat der Schul-Inspektor aber auch die von ihm selbst wahrgenommenen oder zu seiner Kenntniß gebrachten Mängel einer Industrieschule, soweit er sie nicht alsbald durch Einvernehmen mit dem Vorstande derselben erledigen kann, durch angemessene Anzeigen und Anträge bei den geordneten vorgesetzten Stellen des Frauenvereins zur Sprache zu bringen und auf ihre Beseitigung hinzuwirken, falls aber dies ohne Erfolg bleiben sollte, Bericht darüber an die oberste Schulbehörde zu erstatten.

II. Sollte in einer Schulgemeinde das Bedürfniß nach Unterrichtung in weiblicher Handarbeit bestehen, ohne daß in derselben eine vom Frauenvereine unterhaltene Industrieschule existirt, welche die Anforderungen der Volksschule in Betreff des obligatorischen Unterrichts und der Stundenzahl erfüllen vermag, so ist, soweit dies nach den örtlichen Verhältnissen ausführbar, namentlich eine geeignete Lehrerin zu gewinnen ist, in und von der Volksschule selbst ein regelmäßiger Unterricht in weiblicher Handarbeit einzurichten und zwar in nicht weniger als 3, wenn aber blos im Winter Unterricht ertheilt wird, in nicht weniger als 4 Stunden wöchentlich und obligatorisch für alle Schülerinnen der Volksschule vom vollendeten 9ten Lebensjahre an. Dieser Unterricht ist, als integrirender Bestandtheil der Volksschule, der nächsten Aufsicht des Ortsschulaufsehers, der pflichtmäßigen Fürsorge des Schulvorstands und der Gemeinde und der Oberaufsicht des Schul-Inspektors und der obersten Schulbehörde ganz ebenso unterworfen, wie alle übrigen Unterrichtszweige der Volksschule.

### 3) Turnübungen für Mädchen.

Ueber die Auswahl der Frei- und Ordnungsübungen sowohl als die Geräthübungen der Mädchen muß ein besonderer Lehrplan dem Schul-Inspektor zur Genehmigung vorgelegt werden.

### 4) Das Zeichnen für Mädchen.

Der Unterricht ist im 5ten und 6ten Schuljahre dem für Knaben gleich. Später empfiehlt sich eine Unterweisung im Koloriren von Flächenmustern und leichteren Zeichnungen von Blumen.

## IV. Besondere Unterrichtspläne.
### (Monats-Pensen.)
### § 5.

1) Theils damit der Lehrer seinen Unterrichtsstoff vor der praktischen Durchführung in der Schule in klarer Uebersicht vor Augen habe, theils damit bei Schulrevisionen die jeweiligen Ansprüche an jede Klasse oder Abtheilung für den revidirenden Beamten zu jeder Zeit feststehen, insbesondere auch, damit in Vakanz-Fällen der stellvertretende Lehrer über das Dagewesene und Vorzunehmende in den verschiedenen Lehrfächern sich rasch orientiren kann, soll auf der Grundlage des allgemeinen Unterrichtsplans (§ 3 und 4 des ersten Abschnitts dieser Verordnung) das Unterrichts-Material in jedem Lehrgegenstande für den nach den örtlichen Verhältnissen gestalteten Schul-Organismus in seinen verschiedenen Klassen oder Abtheilungen nach der Aufeinanderfolge, in kurzer Andeutung zehn Monats-Pensen umfassend, vom Lehrer aufgestellt, zwei Monate vor Anfang eines neuen Schuljahres dem Ortsschulaufseher und von diesem nach vorgängiger Prüfung dem Schul-Inspektor zur Genehmigung vorgelegt und eine Abschrift dieser Darstellung bei dem Schul-Inventar aufbewahrt werden. Dabei ist als erster Monat im Schuljahr der April anzusehen, als zehnter der März des darauf folgenden Jahres. Am Ende eines jeden Monats ist eine kürzere und jedesmal nach längeren Ferien eine umfassendere Wiederholung in allen Lehrgegenständen vorzunehmen und mit einzurechnen.

Da bei Lehrern und Schulen ein stetiges Fortschreiten erwartet werden darf, so muß sich dieser Fortschritt auch in den jährlich erneuert vorzulegenden Monats-Pensen bemerklich machen.

Diese einem gesunden Organismus entsprechende Fortentwicklung wird sich indeß weder in allen Klassen noch in allen Fächern gleichmäßig zu erkennen geben: in den untern Klassen weniger als in den oberen; in der Geschichte, Geographie, im Deutschen und der Natur= kunde mehr als in Religion, Rechnen und Schreiben. Wünschens= werth bleibt, daß in den Monats=Pensen neben der Stoffvertheilung auch die methodische Behandlung in den einzelnen Fächern kurz an= gegeben wird.

2) Zur richtigen Beurtheilung der aufgestellten Monats= Pensen ist nothwendig, daß die Zahl der Lehrstunden für jeden Un= terrichtsgegenstand, ebenso die ungefähre Schülerzahl der Klasse oder Abtheilung angegeben wird. Bei Vorlegung der Pensen für das bevorstehende Schuljahr sind jedesmal die in ein Aktenheft vereinigten früheren Pensen mit zur Vorlage zu bringen.

3) Selbstverständlich müssen die Lehrpläne an mehrklas= sigen Schulen, einheitlich gestaltet, mit einander im Zusammen= hange stehen, damit nicht allein das allgemeine Ziel mit genügenden Mitteln angestrebt werden kann, sondern auch jeder in der Schulzeit nachfolgende Lehrer die Vorarbeiten des Vorgängers, auf die er sich zu stützen hat, genau kennen zu lernen und der Vorgänger die Anforderungen des nachfolgenden Lehrers zu berücksichtigen im Stande ist.

4) Ein dem besonderen, örtlichen Lehrplan entsprechender Stundenplan ist, rein geschrieben und mit der genehmigenden Unterschrift des Schul=Inspektors versehen, in den Schulzimmern anzuheften.

## V. Lehr= und Lernmittel.

### § 6.

1) Die unentbehrlichen Lehrmittel, welche die Gemeinde für den vollen Unterrichtsbetrieb zum Schul=Inventar anzuschaffen hat, sind:

a) je ein Exemplar von jedem in der Schule eingeführten Lehr= und Lernbuche (dazu zweite Auflage von Haus= mann, „Turnen in der Volksschule"),

b) zwei schwarze Wandtafeln, eine mit Notenlinien, nebst Tafelschwamm und Kreide,

c) ein Globus,

d) Wandkarten von Palästina, von Thüringen, Deutschland, Europa,

e) eine Lesemaschine mit Alphabet,

f) Lineal und Zirkel zum Gebrauch an der Wandtafel,

g) eine Rechenmaschine oder ein Würfelapparat,

h) die erforderlichen Zeichenvorlagen und Modelle.

In evangelischen Schulen kommen noch hinzu:

i) eine Bibel und ein Gesangbuch.

Für mehrklassige Schulen sind diese Lehrmittel angemessen zu vermehren.

2) Unentbehrliche Lernmittel der Schüler in ein- oder zweiklassigen Volksschulen sind:

a) eine Lesefibel und ein Lesebuch,

b) ein Liederheft oder Liederbuch,

c) die für den Religionsunterricht eingeführten Bücher,

d) ein Heft für das Schönschreiben,

e) ein desgleichen für Rechtschreiben und Aufsätze,

f) ein Zeichenheft,

g) eine Schiefertafel mit Schwamm und Griffel,

h) Federn und für das Zeichnen Bleistifte.

Den Schülern mehrklassiger Volksschulen darf die Anschaffung kleiner Leitfäden für den Unterricht in den Realien und eines Handatlas zugemuthet werden. Ebenso können die Schüler angehalten werden, für die einzelnen Lehrgegenstände besondere Hefte zu führen.

3) Weder Lehrer noch untere Schulbehörden sind befugt, ohne Genehmigung der obersten Schulbehörde, die Zahl dieser Lehrmittel zu vermehren oder bestimmte Bücher einzuführen.

## VI. Unterrichtszeit und Unterrichtseinrichtungen.

### § 7.

1) In der einklassigen Schule (mit einem Lehrer) müssen, was die Stundenzahl anlangt, wenn die Zahl der Schüler 60 übersteigt, 32 Lehrstunden wöchentlich gehalten werden. Bei einer geringeren Schülerzahl reichen 30 Stunden aus.

In mehrklassigen Schulen kann diese Stundenzahl in der Unter- und Mittelklasse auch noch vermindert werden.

2) Wenn mehrere Jahrgänge von Schülern zu gemeinsamem oder gleichzeitigem Unterricht kombinirt werden, so darf die Anzahl der Stunden für mittelbaren Unterricht (stille Beschäftigung) die der Stunden für unmittelbaren Unterricht nicht übersteigen.

3) Jeder Volksschullehrer kann (nach § 19 des Volksschulgesetzes) bis zu 32 Lehrstunden wöchentlich verpflichtet werden. Rektoren größerer Schulen sollen dagegen in der Regel nur 20 Stunden wöchentlich ertheilen, damit sie zu ihren Direktorial-

Geschäften und Klassen-Revisionen die nöthige Zeit übrig behalten. Für die dadurch ausfallenden Stunden haben dann die andern Lehrer, deren Klassen weniger als 30 Stunden verlangen, einzutreten.

4) Was die Vertheilung der Schulzeit auf die verschiedenen Unterrichtsgegenstände betrifft, so soll das in der Anlage A gegebene Schema als Anhalt zu Grunde gelegt werden.

Zu bemerken ist hier noch, daß für den Fall einer nothwendig werdenden größeren Stundenzahl, bis auf 32, (bei einklassigen Schulen mit mehr als 60 Kindern) der Unterricht in der Religion und im Rechnen je von 4 auf 5 wöchentliche Stunden zu bringen ist.

Da, wo weibliche Handarbeit gelehrt wird, fallen die Stunden in die Zeit des Turnunterrichts oder auf die freien Nachmittage.

5) Was die Vertheilung des Unterrichts auf die Tageszeit anlangt, so soll der Unterricht auf den Vor- und Nachmittag fallen, so daß bei 32 wöchentlichen Stunden am Vormittage 4, am Nachmittage, mit Ausschluß des Mittwoch und Sonnabend (in israelitischen Schulen des Mittwoch und Sonntag) 2 Stunden Schule gehalten wird, es sei denn, daß der Unterricht in weiblicher Handarbeit auf diese freien Nachmittage verlegt wird. Zwischen dem Vor- und Nachmittagsunterricht muß mindestens eine Stunde frei sein. Der Nachmittagsunterricht fällt in der Regel auf die Zeit von 1 bis 3 Uhr, ausnahmsweise aber, mit Genehmigung des Schul-Inspektors, auf die Zeit von 12 bis 2 Uhr.

6) Wenn übrigens hie und da, mit Rücksicht auf eingeschulte Orte, Abweichungen von der allgemeinen Regel rathsam sein sollten, so hat der Schul-Inspektor unter Darlegung ausreichender Gründe bei der obersten Schulbehörde Genehmigung zu dem abweichenden Verfahren einzuholen.

7) Da die Volksschule vermöge ihrer ganzen Einrichtung darauf angewiesen ist, zur Einübung und Befestigung des Gelernten, täglich einige Zeit für die häuslichen Schularbeiten der Kinder, außer der Schulzeit in Anspruch zu nehmen und außerdem, wenn sie das ihr vorgesteckte Ziel erreichen soll, verlangen muß, daß die Kinder mit frischer Körper- und Geisteskraft, nicht erschöpft durch anstrengende Arbeit zur Schule kommen, so wird in dieser Beziehung Folgendes verordnet:

Schulkinder dürfen weder vor der Vormittagsschule, noch zwischen dieser und der Nachmittagsschule in Fabriken oder mit anstrengender Haus- oder Feldarbeit beschäftigt werden. Nach der Nachmittagsschule ist ihnen zur Erholung und zur Fertigung ihrer

Schularbeiten eine Zeit von mindestens 2 Stunden zu gestatten. In keinem Falle darf die Arbeitszeit von Schulkindern zwischen 12 und 14 Jahren in Fabriken oder für dieselben 2 Stunden täglich überschreiten.

8) Der Lehr= und Stundenplan wird genau befolgt; die Stunden werden pünktlich eingehalten. Einige Minuten vor Beginn des Unterrichts erscheint der Lehrer im Lehrzimmer und verläßt dasselbe am Schlusse des Vor= oder Nachmittagsunterrichts erst, wenn alle Schulkinder sich aus demselben entfernt haben. Der Unterricht wird mit einem passenden Gebete begonnen und beschlossen.

9) Nach den ersten 2 Vormittagsstunden tritt eine Pause von 10 Minuten ein, während welcher die Kinder, dafern nicht ungünstiges Wetter es verbietet, im Schulhofe oder auf einem freien Platze in der Nähe der Schule frische Luft schöpfen. Während des Unterrichts dürfen die Schulkinder nicht zu anderen Dingen, etwa in der Wirthschaft des Lehrers oder zu sonstigen Aufträgen, noch zu Nebenverrichtungen benutzt werden.

## VII. Allgemeine und besondere Pflichten der Lehrer

### § 8.

1) Die Lehrer sollen, um ihrer wichtigen Aufgabe zu genügen, durch eine tadellose sittliche Haltung, durch Fleiß, Eifer und Pünktlichkeit in ihrem Dienste und durch unausgesetzte Sorge für ihre Fortbildung die Zufriedenheit ihrer Vorgesetzten und die Achtung und das Vertrauen der Gemeinde, in welcher sie thätig sind, zu erwerben und sich zu erhalten unablässig bemüht sein.

2) Wie in allen Stücken ihrer Amtsverrichtungen die Lehrer die ihnen von den Schulbehörden ertheilten Weisungen pünktlich zu befolgen haben, so namentlich auch in der methodischen Behandlung des Unterrichts. Insoweit in letzterer Beziehung ausdrückliche Weisungen der Schulbehörden nicht gegeben sind, haben sie die auf den Seminarien gelehrten Grundsätze zu befolgen.

3) Wie den, das Verhältniß der Schule zur Kirche berührenden, Bestimmungen des Volksschulgesetzes die zwiefache Ueberzeugung zu Grunde liegt, daß der Lehrer, wenn er seine hohen Ziele als Erzieher der Jugend vollständig zu erreichen befähigt werden soll, auch im Besitze des Religions-Unterrichts in der Schule bleiben muß, und daß in christlichen Schulen der Lehrerstand, auch wenn die Diener und Vertreter der Kirche nicht mehr als solche die

Aufsicht über die Schule führen, die Sorge für eine christlich-
religiöse Erziehung des Volks nun umsomehr als eine Hauptaufgabe
seines eigenen Berufs betrachtet wird, so wird von demselben
erwartet, daß er dieser letzteren Voraussetzung nach Kräften zu
entsprechen und die angedeuteten Zwecke der Verwirklichung entgegen-
zuführen mit allem Eifer bemüht sein werde, unbeeinflußt und
unbeirrt von einseitigen und verkehrten Auffassungen Anderer und
von dem in unserer Zeit leider weit verbreiteten Indifferentismus.
In dieser Beziehung seien ihnen folgende Bemerkungen und Mah-
nungen ans Herz legt.

Der Religions-Unterricht soll kein bloßes Gedächtnißwerk, noch
auch bloße Verstandessache sein: er hat seinen höchsten Zweck in der
Herzens- und Willensbildung, er soll das ganze Seelenleben
mit der innigen Ueberzeugung von den Wahrheiten der Religion
durchdringen, die Gemüther zu Gott hinführen und eine feste Verbindung zwischen Gott und den Menschen begründen, damit das
heilige Bewußtsein derselben ein sicherer Grund der Sittlichkeit und
ein unversiegbarer Quell des Trostes und des Friedens für sie
werde. Dieser Zweck muß die ganze Behandlung des für den Religions-Unterricht gegebenen Stoffes bedingen. Der Lehrer wird
daher sein Streben nicht nur darauf zu richten haben, der Jugend
das erforderliche Wissen auch in diesem Unterrichtsgegenstande beizubringen, sondern er wird den Werth dieses Unterrichts nach dem
Einflusse beurtheilen müssen, den er damit auf die Herzen der Kinder gewonnen hat.

Der Lehrer soll Erzieher der Jugend sein; das Wissen, welches
er seinen Schülern beibringt, hat wohl für das äußere Leben schon
mannichfachen Werth; der hauptsächlichste Werth desselben aber liegt
in der Bildung und Erhebung des Geistes. Diese geistige
Erhebung ist aber nicht blos intellektuelle Ausbildung, sie schließt
zugleich die sittliche Veredlung in sich, und diese gedeiht um so
sicherer, je fester sie in tiefer Religiosität wurzelt. Die Erkenntniß
dieser Wahrheit soll dem Lehrer das lebendige Gefühl der hohen
Bedeutung seines Berufs einflößen, seine Thätigkeit über die einer
bloßen Unterrichtsertheilung hoch erheben, sie befreien von ihrer
Beschränkung auf den engen Kreis der Schule und auf die kurze
Zeit des Unterrichts und sie in der nimmer ruhenden Sorge für die
geistige Erhebung, für die Erziehung des ihm anvertrauten Geschlechts erst mit dem Geiste durchdringen, der lebendig macht.

Von solchem Standpunkte aus wird der Lehrer auch nicht unterlassen können, die ihm übergebene Jugend zum fleißigen und

würdigen Besuche der Stätte anzuhalten, wo insonderheit das religiöse Leben anferbaut werden soll. Ein Lehrer, der da meinte, das sei nicht seines Amtes, würde damit eine gänzliche Verkennung seiner Aufgabe, und wenn er sich für ohnmächtig zur Bestimmung der Kinder zum Kirchenbesuch erklärte, seine Unfähigkeit zur erziehenden Thätigkeit überhaupt bekennen.

4) Bei jeder Schule sind zu führen:

      a) ein Schülerbuch (Anlage B);

      b) eine Zensur-Tabelle (Anlage C);

      c) eine Schulversäumnißliste und

      d) ein Tagebuch.

In das Schülerbuch (sub a) sind auf Grund des vom Schulvorstande übergebenen Verzeichnisses Ostern jeden Jahres die neu aufgenommenen Schüler einzutragen und die weiteren Bemerkungen in die einzelnen Kolumnen der Anlage B hinzuzufügen. (Ausführungs-Verordnung vom 16. Dezember 1874 Artikel 3, Ziffer 2 und 12.) Dasselbe hat den Zweck, den Zugang zur Schule und den Abgang von derselben zu konstatiren.

Die Zensur-Tabelle (sub b) giebt in ihren einzelnen Kolumnen nach dem Muster der Anlage C von der fortschreitenden Haltung und Leistung jedes einzelnen Schülers fortlaufende Uebersicht.

Die Schulversäumnißliste (sub c) ist nach dem bisher üblichen Formulare zu führen und ist die Einzeichnung in dieselbe und die Abgabe der Versäumniß-Tabelle an den Schulvorstand nach den Bestimmungen der Ausführungs-Verordnung vom 16. Dezember 1874 Art. 5, 1—6, zu bewirken.

In das Tagebuch (sub d) hat jeder Lehrer täglich nach jeder Lehrstunde das Vorgenommene kurz zu notiren, auch die Ferien oder sonst ausgefallene Tage und Stunden, letztere mit der Veranlassung des Ausfalls, aufzuzeichnen (Ausführungs-Verordnung vom 16. Dezember 1874 Artikel 4, VI.)

Außerdem hat jeder Lehrer

      e) einen örtlichen Unterrichtsplan (Monats-Pensen) und

      f) ein Inventar-Verzeichniß (cf. Ausführungs-Verordnung vom 16. Dezember 1874 Artikel 10, 3.) bei seinen Schulakten aufzubewahren.

Die unter a, b, c und d bezeichneten Uebersichten und Listen sind vor jeder öffentlichen Prüfung dem Ortsschulaufseher nebst den stilistischen Arbeiten, Probeschriften, Zeichnungen und weiblichen Handarbeiten der Schulkinder vorzulegen.

5) Bei der Versetzung am Ende des Schuljahrs aus einer niederen Klasse oder Abtheilung in eine höhere, ist in erster Linie das erreichte Lehrziel entscheidend. Gleichwohl sollen Kinder, welche vor der regelmäßig dazu erforderlichen Zeit das Klassenziel erreichen, nur ausnahmsweise und aus besonders wichtigen Gründen versetzt, solche aber, die das ihrem Alter entsprechende Ziel nicht erreichten, nicht länger als ein Jahr über die ordnungsmäßige Zeit in der Klasse oder Abtheilung zurückgehalten werden.

Ueber die Versetzungen aus einer Klasse in die andere haben sich die Lehrer beider Klassen zu verständigen. Gelingt dies nicht, so hat der Ortsschulaufseher zu entscheiden. Von der Entscheidung desselben ist Berufung an den Schul-Inspektor möglich.

Die Zurückhaltung eines Kindes über die achtjährige Schulzeit hinaus kann nur mit Genehmigung des Schul-Inspektors erfolgen. (Volksschulgesetz § 5, letzter Absatz, Ausführungs-Verordnung vom 16. Dezember 1874 Artikel 3, Ziffer 11 und 12.)

6) Als zweckmäßiges Mittel zur Herstellung einer Verbindung zwischen Schule und Haus, welche der Lehrer mit Eifer anzustreben und mit Sorgfalt zu pflegen hat, sind Zensur-Bücher einzuführen, welche zweimal im Jahre, zu Michaelis und Ostern, über Leistungen und Betragen der Schulkinder den Eltern Nachricht geben. Bei Beurtheilung der Fortschritte und des Betragens sollen fünf Zensur-Grade in Anwendung kommen. Die durch Zahlen auszudrückenden Urtheile des Lehrers bedeuten für Leistungen sowohl als für Betragen:

1 = sehr gut,
2 = gut,
3 = befriedigend,
4 = ziemlich befriedigend,
5 = nicht befriedigend.

Die Zensur-Ertheilung ist mit dem Namen des Lehrers zu unterzeichnen und sind die Zensur-Bücher drei Tage nach Einhändigung an das Schulkind, aber vor Beginn der Oster- und Michaelisferien, von den Eltern oder Vormündern mit „Gelesen" unterzeichnet an den Lehrer zurückzugeben.

7) Schulstrafen können in der Volksschule nie ganz vermieden werden, wenn wir auch erwarten müssen, daß dieselben bei einem väterlichen Verhältniß des Lehrers zu den Schülern (cf. § 3 Absatz 1 des Volksschulgesetzes) bei Festigkeit und Wohlwollen desselben nur selten in Anwendung kommen. Der Lehrer hat sich bei Anordnung und Ausführung der Schulstrafen von Unbesonnenheit

und Leidenschaftlichkeit fern zu halten. Im Einzelnen aber sei Folgendes noch bemerkt:

a) Andere Ehrenstrafen, als ernster Tadel (wobei Schimpfworte nicht gestattet sind) und Heruntersetzen sollen nicht angewendet werden.

b) Andere Strafarbeiten, als Nachholen der fahrlässig versäumten oder leichtsinnig gefertigten oder schlecht gelernten Aufgaben sollen nicht vorkommen.

c) Nachsitzende Schüler müssen stets von einem Lehrer beaufsichtigt werden.

d) Die körperliche Züchtigung kann in der Volksschule nicht ganz entbehrt, soll aber nur in seltenen Fällen angewendet werden und zwar da, wo bei erheblichen Fehlern andere Strafen sich wiederholt als unwirksam erwiesen haben, oder bei einer durch andere Mittel nicht wohl zu bemeisternden boshaften Neigung und Widerspenstigkeit.

Selbstverständlich ist aber auch in diesen Fällen jedesmal die Individualität des Falles und des Kindes wohl zu berücksichtigen und nur da, wo aus ihr keine mildere Behandlung sich rechtfertigen würde, die körperliche Züchtigung anzuwenden.

Darnach wird es namentlich vorkommen können, daß im sonst geeigneten Falle die körperliche Züchtigung bei hartnäckiger, frecher Lüge, bei Widersetzlichkeit, muthwilliger Mißhandlung jüngerer schwacher Kinder, Thierquälerei, Baumfrevel in Wiederholungsfällen und bei Diebstahl ernsterer Art angewendet wird.

Da die körperliche Züchtigung auf die leibliche Schmerzempfindung nicht allein gerichtet ist, und der strafende Lehrer an des Vaters Stelle dem schuldigen Kinde gegenüber steht, so hat sich der Lehrer vor, während und nach der Strafe vor Gleichgiltigkeit oder kaltem Spott ebenso sehr, wie vor leidenschaftlicher Erregtheit oder nachtragendem Zürnen zu hüten.

In manchen Fällen wird es sich empfehlen, die Züchtigung auf das Ende der Lehrstunde oder des Unterrichts zu verschieben.

Als Züchtigungsinstrument ist nur ein dünnes, biegsames Stöckchen zulässig, welches auch während des Unterrichts im Schulschrank aufbewahrt und nur, wenn Körperstrafen nothwendig werden, hervorgeholt wird.

Schmerzerregende Strafen am Kopfe, auf dem Rücken oder den Händen sind zu vermeiden.

Bei Mädchen sollen überhaupt und bei Kindern in den ersten zwei Schuljahren körperliche Strafen nicht angewendet werden.

Im Uebrigen hoffen wir, daß die Lehrer des Landes beim Werke der Erziehung und des Unterrichts sich jederzeit von der Ueberzeugung leiten lassen, daß der rechte Erzieher das nöthige Uebergewicht über die Jugend durch äußere Zuchtmittel allein weder erlangt noch behauptet. Je treuer und gewissenhafter er in seinem Berufe, je mehr er seines Stoffes mächtig ist, je mehr er bei seiner Schulführung sich ebenso vom Geiste der Liebe, wie von dem der ernsten Pflicht leiten läßt, desto leichter wird er seine Schüler zur Ordnung und Treue gewöhnen, desto weniger wird er zu Körper= strafen zu schreiten nöthig haben.

8) Um unberechtigten Störungen im Schulzimmer vorzubeugen, soll ein Anschlag folgenden Inhalts an der Außen= seite der Thür des Lehrzimmers angeheftet werden: „Das Be= treten des Schulzimmers ohne Erlaubniß des Lehrers ist untersagt. Wer in dasselbe widerrechtlich eindringt oder wer, wenn er ohne Befugniß darin verweilt, auf die Aufforderung des Lehrers sich nicht entfernt, hat zu gewärtigen, daß er wegen Hausfriedensbruchs nach dem Strafgesetzbuche für das deutsche Reich bestraft wird." — Abdrücke dieses Anschlags sind von der Kanzlei der obersten Schul= behörde zu beziehen.

Die Lehrer sind angewiesen, begangene Hausfriedensbrüche, sowie mit Bezug auf ihren Beruf gegen sie verübte Beleidigungen zur Strafverfolgung anzuzeigen.

9) In Bezug auf das Verhalten der Schulkinder außerhalb der Schule ist Nachstehendes zu beachten:

a) Obgleich schon aus dem Begriffe der Volksschule im Allgemei- nen, welche nicht als eine Unterrichtsanstalt allein, sondern auch als eine Erziehungs= und Bildungsanstalt aufzufassen ist, die Berechtigung und Verpflichtung der Schule hervorgeht, das Verhalten der Schulkinder auch außer der Schule zu be= achten und, obgleich außerdem Lehrer und Schulvorstände früher schon auf diese Pflicht hingewiesen wurden, begegnet man immer noch Zweifeln und irrigen Ansichten über Rechte und Pflichten der Schule in der erwähnten Richtung. Es müssen daher Lehrer, Ortsschulaufseher und Schulvorstände auf ihre Obliegenheiten in gedachter Beziehung aufmerksam gemacht werden.

b) Zu diesem Zweck wird es sich empfehlen, daß jeder Lehrer alljährlich einmal die Kinder seiner Klasse aufs Eindringlichste ermahnt, was sie außerhalb der Schule, auf Straßen und Plätzen zu unterlassen haben, indem er denselben zugleich ankündigt, daß ihr Verhalten sorgfältig werde überwacht und daß jedes Vergehen von Schulkindern, als: störender Straßenunfug, gröbliche Beleidigung oder Schädigung Anderer, muthwillige Verletzung fremden Eigenthums oder öffentlicher Denkmale und Anlagen durch Verunreinigung, Beschädigung und dergleichen, Haus-, Feld- und Gartendiebstahl, Funddiebstahl und Aehnliches — von den Schulbehörden unnachsichtlich werde bestraft werden.

c) Den Lehrern und Ortsschulaufsehern aber wird zur Pflicht gemacht, alle eignen Wahrnehmungen oder Anzeigen der gedachten Art gegen Schulkinder sorgfältig zu untersuchen und nach Benachrichtigung der Eltern die Schuldigen zur Bestrafung zu bringen.

d) Von dieser Verordnung haben die Ortsschulaufseher den Ortspolizeibehörden Kenntniß zu geben und dieselben um ihre Mitwirkung bei Beaufsichtigung der Schuljugend in Bezug auf deren Verhalten außerhalb der Schule zu ersuchen.

e) Letzteres gilt insbesondere auch hinsichtlich der öffentlichen Tanzbelustigungen, von welchen nach Vorschrift des § 4 der Ministerial-Verordnung vom 17. Mai 1873, Kinder fern zu halten sind, — eine Vorschrift, zu deren Durchführung die Ortspolizei geeignete Maßregeln, unter Umständen mit Strafandrohung verbunden, zu treffen verpflichtet ist. (Das Verbot des Besuchs öffentlicher Tanzbelustigungen wird auch auf die Fortbildungsschüler erstreckt.)

10) Nach § 55 des deutschen Strafgesetzbuchs ist es nicht gestattet, gegen Kinder unter 12 Jahren strafrechtlich einzuschreiten. Hierbei wird vorausgesetzt, daß bei Kindern unter 12 Jahren die Erziehung oder Zucht noch das Erforderliche leisten werde. Das Eintreten strenger Schulzucht ist daher die nothwendige Ergänzung zu der oben gedachten Bestimmung des Strafgesetzbuchs und die Schule, die vom Staat geleitete Anstalt der öffentlichen Erziehung, hat durch die angemessene Einwirkung auf die sittliche Entwickelung der Jugend nicht minder als durch den von ihr ertheilten Unterricht den etwaigen Mangel an häuslicher Zucht zu ergänzen. Wenn daher Schulkinder unter 12 Jahren außerhalb

der Schule sich Verbrechen oder Vergehen zu Schulden kommen lassen, so haben die Schulvorstände unter Zuziehung der betreffenden Lehrer nach Feststellung des Thatbestandes zuvörderst zu ermitteln, ob die Eltern oder Vormünder im Stande und gewillt sind, wirksame Zucht zu üben. Hiernach ist zu entscheiden, ob und in welcher Weise die betreffenden Schulkinder auch noch einer nachhaltigen Schuldisziplin zu unterstellen sind. Selbstverständlich ist nicht anzunehmen, daß Strafen in solchen Fällen allein genügen. Es kommt darauf an, daß die Jugend in der Schule diejenigen sittlichen Motive in ihr Leben aufnehme, welche sie vor etwaigen Konflikten mit dem bürgerlichen Gesetz am sichersten bewahren können.

11) Was die kirchlichen Funktionen der evangelischen Lehrer betrifft (§ 24 des Volksschulgesetzes), so hat der Lehrer regelmäßig dem Gottesdienste beizuwohnen; da, wo demselben zugleich kirchliche Verrichtungen obliegen, hat er diese zu übernehmen, soweit die Verpflichtung dazu nicht gesetzlich aufgehoben ist. Im Einzelnen sei Folgendes noch bemerkt:

a) Vor dem Gottesdienste hat der Lehrer auf angemessene Weise dafür zu sorgen, daß ihm von dem Geistlichen die Lieder, welche gesungen werden sollen, bezüglich die Eintheilung derselben, mitgetheilt werden und sich auf Verlangen zur Besprechung über eine abweichende Einrichtung des Gottesdienstes, über Abkündigungen in der Kirche zc. zu dem Geistlichen zu begeben.

b) In der Kirche, wo derselbe übrigens in der hergebrachten Amtstracht (in schwarzem Anzug und, wo es herkömmlich ist, mit schwarzem Halbmantel) erscheinen soll, hat der Lehrer für das Anstecken bezüglich Anschreiben der Lieder in angemessener Weise zu sorgen;

c) den Kirchengesang unter Zuziehung der dazu geeigneten und vorher von ihm gehörig eingeübten Schulkinder zu leiten;

d) wo nicht ein besonderer Organist angestellt ist, dem alsdann diese Verrichtungen verbleiben, die Orgel, und zwar im kirchlichen Stile, zu spielen, auch dieselbe, soweit er dazu im Stande ist, in Ordnung und namentlich auch in Stimmung zu erhalten;

e) das Chor nach den bestehenden allgemeinen oder örtlichen Vorschriften in Beziehung auf Gesang und Instrumentalmusik auszubilden und zu leiten und nach vorausgegangenen Proben die von ihm vorher dem Geistlichen näher zu bezeichnende und vom letztern zu genehmigende Kirchenmusik aufzuführen, wobei

ihn der etwa neben ihm angestellte Organist mit der Orgel
überall zu unterstützen hat.

f) Die Schulkinder in der Kirche soll er während des Gottesdienstes angemessen beaufsichtigen. (Die Aufsicht kann da, wo
mehrere Lehrer an derselben Schule angestellt sind, unter denselben wechseln.)

g) Unter Umständen, z. B. wenn der Geistliche krank oder anderweit dienstlich beschäftigt ist, hat der Lehrer den ganzen
Gottesdienst nach Anordnung des Ortsgeistlichen zu leiten.

h) Er muß auf Reinlichkeit und Erhaltung der Kirche, auf
Reinhaltung und Verwahrung der kirchlichen Gefäße
und anderen Geräthschaften sehen.

i) Er soll für rechtzeitiges Oeffnen und Verschließen der
Kirche sorgen;

k) bei allen Kasualien, einschließlich der Privat-Kommunionen,
das ihm Obliegende in seinem Amtskleide gehörig vollziehen;

l) ebenso seinen Pflichten hinsichtlich der ihm etwa übertragenen
Führung der Kirchenbücher, sowie hinsichtlich der etwa
übernommenen Schreiberei und des Rechnungswesens bei
der Kirche pünktlich nachkommen.

m) Alles dieses nach Ortsherkommen und Gebrauch, soweit nicht
dritten Personen diese Verrichtungen besonders übertragen, oder
deshalb besondere Instruktionen von den vorgesetzten geistlichen
Behörden ertheilt sind.

## Zweiter Abschnitt.
### Die Fortbildungsschule.
#### (Zu § 68 des Volksschulgesetzes.)
#### § 9.

1) Das geringste Zeitmaß für den Fortbildungsunterricht ist:
an 2 Tagen wöchentlich je 2 Stunden, in den Wintermonaten vom
15. Oktober bis zum 15. März, wobei die Sonn- und Feiertage
ausgeschlossen bleiben sollen.

Es ist aber zu wünschen, daß dieser wohlthätige, die Volks-
schulbildung befestigende und ergänzende Unterricht im Sommer und
Winter der Jugend zu Gute kommt.

2) Der Fortbildungsunterricht soll die in der Volksschule
erworbenen Kenntnisse und Fertigkeiten in der Art und Richtung
befestigen und erweitern, daß dieselben dem Schüler zugleich in
ihrer unmittelbaren Beziehung auf die Bedürfnisse des Lebens er-

scheinen und er sich ihrer in seiner beruflichen Thätigkeit als Werk-
zeug bedienen lernt. In diesem Sinne soll sich der Unterricht einerseits auf Lesen, Schreiben, Uebungen im korrekten mündlichen
und schriftlichen Gebrauch der Muttersprache und Rechnen
mit Zahlen und Raumgrößen, besonders für das landwirthschaft-
liche und hauswirthschaftliche Gebiet, sowie auf das Zeichnen und
eventuell auf weibliche Handarbeiten beschränken, andrerseits von
diesen Mittelpunkten aus, je nach den örtlichen Bedürfnissen, die
übrigen in der Volksschule behandelten Wissensgebiete in seinen Bereich ziehen.

3) An die Uebungen im Schreiben, zur Befestigung einer
fließenden und gefälligen Handschrift, schließen sich im 1sten Jahre
leichte Geschäftsaufsätze, Briefe, Beschreibungen und einfache Darstellungen an; im 2ten Jahre kommen größere Geschäftsaufsätze als Verträge, Berichte, ferner Schilderungen und Beur-
theilungen, sowie eine Anleitung zur einfachen Buchführung
hinzu. — Das Rechnen geht wiederholend von den vier Grundrechnungsarten mit ganzen und gebrochenen Zahlen aus, bei Anwendung der Einheitsrechnung für Kopf- und schriftliches
Rechnen, stets Aufgaben aus dem täglichen Geschäftsleben benutzend.
Im 2ten Jahre kann die Anwendung der Proportions-Rech-
nung nebst der Raumrechnung, verbunden mit Messen und
Aufnehmen einfacher Pläne, hinzukommen. Hier ist dann auch
Gelegenheit, die Rechnung mit Dezimalbrüchen und die neuen
Maße und Gewichte einzuüben. Der Leseunterricht soll jedes
Jahr in Uebungen im deutlichen und tonrichtigen Lesen bestehen mit
angeknüpften Besprechungen über das Gelesene. Im 1sten Jahre
kommen mündliche und schriftliche Referate der Schüler über einzelne
Lesestücke und Auswendiglernen guter Muster in Poesie und
Prosa hinzu. Im 2ten Jahre sollen Lesestoffe aus der vaterländischen Geschichte und aus der Naturkunde vorzugsweise
gewählt werden. Hieran knüpft der Lehrer Belehrungen über die
gewöhnlichsten physikalischen Erscheinungen mit Zurückführung auf
die einfachsten Naturgesetze; eine Beschreibung der Ortsflur und
deren Bodenarten und Produktion, Belehrung über die daselbst
am häufigsten vorkommenden Minerale und Nutzpflanzen nebst
Erläuterungen über ihren Verbrauch und Vertrieb in Fabrikation
und Handel.

Im Zeichenunterricht werden die Uebungen der letzten
Jahre der Elementarschule fortgeführt. Daneben geometrische Pro-
jektion; als Vorübung hierzu: Aufnahme einfacher Körper.

4) An den Orten, wo Fortbildungsschulen für Mädchen errichtet werden, soll nach demselben Lehrplan verfahren werden, mit der Abänderung jedoch, daß an die Stelle der größeren Geschäftsaufsätze, der Raumrechnung mit Messen und Aufnahme einfacher Pläne und des technischen Zeichnens die Fortbildung in der weiblichen Handarbeit mit Nähen von Weißzeug und Kleidern zu treten hat und im Zeichenunterrichte das Koloriren der Flächenmuster und Blumen durch schwierigere Vorlagen zu steigern ist.

5) Da, wo mehrere Lehrer an einer Schule arbeiten, hat der Schul-Inspektor, auf Vorschlag des Ortsschulaufsehers, denjenigen oder diejenigen Lehrer zu bestimmen, welche den Fortbildungsunterricht zu übernehmen haben.

6) Den Lehrern und nächsten Aufsichtsbehörden ist zu empfehlen, daß sie die der Volksschule entwachsenen reiferen Knaben und Jünglinge sowohl in Bezug auf die Darbietung des Unterrichts als auch auf Erhaltung einer guten Disziplin auf die ihrem etwas reiferen Alter entsprechende Weise behandeln, indem von dem Verhältniß zwischen Lehrern und Schülern ein großer Theil des Erfolgs der Fortbildung abhängig ist. Körperliche Strafen sind in der Fortbildungsschule ausgeschlossen.

7) Wie den Fortbildungsschülern der Besuch öffentlcher Tanzbelustigungen verboten ist (§ 8, 9, e der gegenwärtigen Verordnung), so soll ihnen auch die Theilnahme an politischen Vereinen und Versammlungen verboten sein. Die Lehrer und nächsten Aufsichtsbehörden werden mit überwachen, daß diese Verbote, zu deren Durchführung die Orts-Polizeibehörden geeignete Maßregeln zu treffen verpflichtet sind, streng gehandhabt werden.

## Dritter Abschnitt.
### Ausbildung der Volksschullehrer für ihren Beruf.
## I. Bedingungen der Aufnahme in das Seminar.
(Zu § 15 des Volksschulgesetzes.)

### § 10.

1) Für die Prüfung zur Aufnahme in die Vorbildungsschule sowohl, als in das Seminar zu Weimar und Eisenach behält es in Bezug auf die bestehenden Vorschriften vorläufig sein Bewenden.

2) Darüber, welche Zeugnisse vor Zulassung zur Prüfung behufs der Aufnahme in das Seminar vorgelegt werden müssen, wird alljährlich das Nähere von den Seminar-Direktionen bekannt gemacht.

9 *

## II. Die Lehrgegenstände im Seminar.

### § 11.

### 1) Religion.

Ziel: Ein wohl angeregter und geweckter religiös=sittlicher Sinn der Zöglinge und Befähigung derselben, einen gedeihlichen Religions=Unterricht mit Beherrschung des nachstehenden Unterrichts= stoffes zu geben.

Stoff: Die Hauptstücke des Katechismus; Geographie von Palästina; Geschichte des Volkes Israel; Bibelerklärung mit Bibel= kunde; Archäologisches; Kirchengeschichte; Glaubens= und Sitten= lehre. — Kirchenlieder und Sprüche. (Katechetisches, vergl. Pädagogik.)

### 2) Deutsch.

Ziel: Sicherheit im Gebrauch der Muttersprache in Bezug auf das korrekte, dialektfreie Lesen und Sprechen und auf das Schreiben. Kenntniß der Entwickelung der deutschen Literatur. Bekanntschaft mit den wichtigsten poetischen Formen und mit den für die Bildungsaufgabe des Seminars geeignetsten Schriften der deutschen Klassiker. Kenntniß des grammatischen Systems der deutschen Sprache.

Stoff: Die deutsche Grammatik etwa in der Ausdehnung, wie sie Koch's Elementar=Grammatik bietet. Gesetze beim Lesen in Bezug auf die Lesezeichen und betonten Wörter; Uebungen im verständniß= und ausdrucksvollen Lesen. Behandlung von Lese= stücken nach Disposition und Gedankenzusammenhang. Belehrungen über Versarten und Dichtungsgattungen. Literaturgeschichte. Lektüre größerer klassischer Stücke. Uebungen im Vortrage poetischer und prosaischer Stücke. Freie Vorträge. Anleitung zur Anfertigung von Aufsätzen. Uebungen im Disponiren. Schriftliche Arbeiten.

### 3) Geschichte.

Ziel: Kenntniß der wichtigsten Begebenheiten der Welt= geschichte mit besonderer Rücksicht auf die kulturgeschichtliche Ent= wickelung. Genauere Kenntniß der deutschen Geschichte und des Wichtigsten aus der Geschichte des engeren Vaterlandes.

Stoff: Alte Geschichte unter besonderer Berücksichtigung der griechischen und römischen Geschichte. Deutsche Geschichte; Bilder aus der Geschichte der bedeutendsten neuern Kulturvölker. Näheres aus der vaterländischen Geschichte. Passende einschlagende Produkte der poetischen und prosaischen Literatur. Feier der wichtigsten vaterländischen Erinnerungstage.

### 4) Geographie.

Ziel: Allgemeine Kenntniß der physischen Beschaffenheit der Erde und der politischen Eintheilung der Länder. Die Stellung der Erde unter den Himmelskörpern.

Stoff: Allgemeine Geographie von Deutschland mit Betonung der Geographie von Thüringen. Geographie von Europa, sowie von den übrigen Erdtheilen, der Weltstellung derselben angemessen. Physikalische Geographie: die Luft, das Festland, das Wasser, die Pflanzen, die Thiere, der Mensch. Mathematische Geographie: Stellung der Erde im Weltenraume, Bewegung, Gestalt, Größe; Globus, Kalender. Das Wichtigste aus der Geschichte der Astronomie. Kartenzeichnen.

### 5) Naturkunde.

#### A. Naturgeschichte.

Ziel: Einsicht in die Mannichfaltigkeit, Gesetzmäßigkeit und Schönheit der Natur. Kenntniß der äußern Formen und Eigenschaften der wichtigsten, namentlich einheimischen Mineralien. Kenntniß der häufiger vorkommenden Thiere und Pflanzen, sowie der Eintheilungen.

Stoff: Einheimische und wichtige ausländische Pflanzen. Art, Gattung, Familie. Uebungen im Bestimmen. Elementar-Organe; Pflanzenleben; chemische Bestandtheile; Verbreitung, Systeme. Beschreibung von Wirbelthieren und niederen Thieren. Allgemeines über die Natur der Thiere und des Menschen. Belehrungen aus dem Mineralreiche und über den Bau der Erdrinde.

#### B. Naturlehre.

Ziel: Kenntniß der hauptsächlichsten physikalischen und chemischen Naturerscheinungen; Bekanntschaft mit den nöthigsten Versuchen; Fähigkeit, die einfachsten Apparate anzufertigen.

Stoff: Mechanische Erscheinungen fester, flüssiger und luftförmiger Körper. Magnetismus. Reibungs-Elektrizität; Berührungs-Elektrizität. Schall, Licht, Wärme. Aus der organischen und unorganischen Chemie.

### 6) Obstbaumzucht und Landwirthschaftliches.

Ziel: Kenntniß von der Einrichtung und dem rationellen Betrieb der Gemeindebaumschule; Kenntniß der wichtigsten Obstsorten; Geschick im Veredeln. Kenntniß des Wichtigsten für die Landwirthschaft über Bodenkunde, Pflanzenkunde, Viehzucht.

Stoff: Praktische Uebungen in der Obstbaumzucht. Theoretischer Unterricht über Lage, Boden, Düngung und Bewirthschaftung der Baumschule; Exkursionen. — Die nöthigen Belehrungen über Landwirthschaft, als Ausführung der gewonnenen naturkundlichen Kenntnisse und im Anschluß an den Unterricht aus dem Mineral-, Pflanzen- und Thierreiche.

### 7) Mathematik.

Ziel: Fertigkeit und Sicherheit in Lösung der Aufgaben aus den Rechnungsarten im bürgerlichen Leben bis einschließlich der Mischungs- und Gesellschaftsrechnung. Kenntniß der allgemeinen Gesetze der Zahlen und Raumgrößen im Umfange der niederen Mathematik.

Stoff: Bruchrechnung. Einfache und zusammengesetzte Regelde-tri. Procent-, Zins-, Rabatt-, Termin-, Gesellschafts- und Mischungsrechnung. Buchstabenrechnung. Gleichungen des ersten und zweiten Grades. Potenzen; Quadrat- und Kubik-Wurzel; Logarithmen. Die Lage gerader Linien, Winkel. Die Parallelen-Theorie; ebene Figuren, Diagonale und Winkel. Kongruenz und Inkongruenz der Dreiecke. Parallelogramme. Kreis und reguläre Figuren. Pythagoräischer Lehrsatz. Proportionalität der Linien und Aehnlichkeit der Figuren. Proportionalität der Linien im Kreise. Ausmessung des Kreises. Das Wichtigste aus der Stereometrie. Praktische Aufnahmen und Aufgaben. Einiges aus der ebenen Trigonometrie.

### 8) Pädagogik.

Ziel: Ein erlangtes lebendiges pädagogisches Interesse; ein gewonnener pädagogischer Maßstab zur Selbstbeurtheilung schulischer Thätigkeit; Geschick im Ertheilen des Unterrichtes.

Stoff: Fragebildung. Didaktik. Spezielle Methodik der Volksschulunterrichtsfächer unter Berücksichtigung der geschichtlichen Entwickelung einzelner Methoden. Probe-Lektionen. Mittheilungen über Vertheilung des Stoffes und über Disciplin in der Seminar-Schule. Unterricht in der Seminar-Schule. Hospitiren, Recension, Konferenzen, Protokolle, Charakteristik der Individuen. — Die wichtigsten Erscheinungen im Seelenleben und deren Gesetze. Das Hauptsächlichste aus der Logik. Geschichte der Pädagogik. Erziehungslehre und Schulkunde im engern Sinne. Die Gesetzgebung und die Einrichtungen des Volksschulwesens im Großherzogthum. Anleitung zur Unterrichtung der Taubstummen und Blinden.

## 9) Musik.

### Ziel:

Theorie und Orgelspiel. Bildung eines einfachen Vorspiels, Harmonirung eines Chorals oder Volksliedes und Erfindung einfacher Zwischenspiele; Verständniß der einfacheren Musikformen.

Ausführung eines größeren Vor- und Nachspiels oder einer leichten Fuge; sicheres Vomblattspielen aller Choräle.

Gesang. Fähigkeit, ein einfaches Lied, oder einen Choral vom Blatt zu singen und am mehrstimmigen Gesang Theil zu nehmen.

Geigenspiel. Ein gebildetes musikalisches Gehör und die nöthige Fertigkeit im Violinspiel, um den Gesang in der Schule mit Sicherheit zu leiten.

## 10) Schönschreiben.

Ziel: Eine feste, gefällige, fließende Handschrift. Fähigkeit, gut an der Wandtafel vorzuschreiben. Genaue Kenntniß der Methode des Schreibunterrichts, insonderheit der Entwickelungsgesetze der Buchstaben und ihrer Elemente.

## 11) Zeichnen.

Ziel: Gebildetes Urtheil über die Schönheit der Formen in Kunst- und Naturgegenständen und möglichste Befähigung, dieselben nach Vorlagen, nach plastischen Modellen oder nach der Natur darzustellen.

Kenntniß der Methode des elementaren Zeichenunterrichts und Befähigung, selbst Unterricht im Zeichnen in der Volksschule zu ertheilen; Befähigung zur Anfertigung erläuternder Zeichnungen an der Schultafel.

## 12) Turnen.

Ziel: Der Turnunterricht im Seminar hat den Zweck, nicht nur die eigene Haltung, Kraft und Gewandtheit der Zöglinge zu entwickeln und auszubilden, sondern zugleich auch sie zu befähigen, in der Volksschule einen guten Turnunterricht zu ertheilen, sowohl in den Frei- und Ordnungsübungen, als auch in den Uebungen an Geräthen.

### III. Der Revers der Seminaristen.
(Zu § 16 des Volksschulgesetzes.)

### § 12.

1) Jeder in das Großherzogliche Schullehrer-Seminar zu Weimar oder zu Eisenach eintretende, dem Großherzogthum angehörige Schüler ist verpflichtet, während der ersten 6 Jahre nach Absolvirung seiner Entlassungsprüfung vom Seminar sich innerhalb des Großherzogthums für den Dienst in der Volksschule

verwenden zu laſſen und das ihm von der Anſtellungsbehörde übertragene Schulamt — es ſei denn, daß derſelbe in dieſer Zeit den Lehrerberuf überhaupt gänzlich aufgiebt — zu übernehmen und zu verwalten.

2) Sollte ausnahmsweiſe die Verwendung eines in den letzten 2 Jahren des vierjährigen Seminar-Kurſus ſtehenden inländiſchen Schülers im inländiſchen Schuldienſte ſchon vor Abſolvirung ſeiner Abgangs- (Entlaſſungs-)Prüfung geboten erſcheinen, ſo hat derſelbe ſolcher Verwendung gleichfalls ſich zu unterziehen.

3) Jeder der vorgedachten Schüler oder Schulamts-Kandidaten, welcher innerhalb der letzten 2 Jahre des Seminar-Kurſus oder nach Abſolvirung der Abgangs- (Entlaſſungs-) Prüfung innerhalb der nachfolgenden 6 Jahre ſich dem inländiſchen öffentlichen Dienſte der Volksſchule entzieht, es ſei denn, daß er den Lehrerberuf überhaupt gänzlich aufgiebt, iſt verpflichtet, für den auf dem Schullehrer-Seminar genoſſenen Unterricht ein auf 20 Thaler für jedes Jahr ſeines Aufenthalts auf dem Seminar feſtzuſtellendes Averſum, unter Aufrechnung des etwa von ihm gezahlten Schulgeldes, zur Seminar-kaſſe zu entrichten und außerdem alle genoſſenen Benefizien, als Stipendien, Unterſtützungen aus Stiftungen, Freitiſche ꝛc. nach deren zu veranſchlagendem Geldwerthe an die betreffende Kaſſe zurückzuerſtatten.

4) Dieſe Beſtimmungen ſind jedem zur Aufnahme in das Seminar angemeldeten Schüler und dem Vater oder Vormunde deſſelben als Bedingung der Aufnahme zu eröffnen und iſt von denſelben beim Eintritt des Angemeldeten in das Seminar ein Revers über die Erfüllung obiger Verpflichtung auszuſtellen.

5) Verwilligungen von Benefizien jeder Art an Seminariſten ſollen an die Bedingung und Zuſicherung geknüpft ſein, daß die-ſelben bei etwaiger Weigerung des Benefiziaten, innerhalb der erſten ſechs Jahre in den inländiſchen Schuldienſt zu treten, zurück erſtattet werden müſſen.

6) Inländern, welche in eins der Großherzoglichen Seminare aufgenommen ſein wollen, reſp. deren Eltern oder Vormündern ſoll die Unterzeichnung des vorgeſchriebenen Reverſes auf ihren dies-fälligen beſondern Antrag erlaſſen werden, falls dieſelben ſich zur Entrichtung des für Ausländer beſtimmten Schulgeldes durch Ausſtellung einer ſchriftlichen Urkunde verpflichten. Auch iſt ſolchen-falls alsbald darauf aufmerkſam zu machen, daß eine Verleihung irgend welcher für Inländer beſtimmten Benefizien an Schüler des Seminars, welche, reſp. deren Eltern oder Vormünder den oben gedachten Revers nicht unterzeichnet haben, nicht ſtattfinden kann.

7) Das Schulgeld für Ausländer, welche eines der Großherzoglichen Seminare besuchen, und für Inländer, welche, resp.
deren Eltern oder Vormünder den vorgeschriebenen Revers nicht
unterzeichnet haben, beträgt jährlich 40 Thaler, Ausländer, deren
Eltern oder Vormünder den Revers den Inländern gleich unterzeichnet haben, bezahlen auch nur das ermäßigte Schulgeld der Inländer,
welche den Revers unterzeichnet haben.

## IV. Die Entlassungsprüfung der Seminaristen.
### (Zu §§ 14 und 16 des Volksschulgesetzes.)

### § 13.

Nach vollendetem Kursus werden die Seminaristen einer
Entlassungsprüfung unterworfen, auf Grund deren sie die Qualifikation zur provisorischen Verwaltung eines Schulamts erhalten.

1) Diese Entlassungsprüfung hat die Aufgabe, ein treues,
auch dem ferner Stehenden erkennbares Bild davon zu geben, wie
die Leistungen der zu Prüfenden der Gesammtheit der Anforderungen,
die an den Seminar-Abiturienten gestellt werden, entsprechen.

2) Die Prüfungs-Kommission besteht aus dem Regierungs-Kommissar als dem Vorsitzenden, aus einem geistlichen
Mitgliede des Großherzoglichen Kirchenraths, dem Direktor und
den sämmtlichen ordentlichen Lehrern des Seminars, unter Zuziehung der betreffenden Nebenlehrer.

Die Prüfung erstreckt sich auf das theoretische und praktische
Gebiet des Seminar-Lehrplans. Die theoretische Prüfung erfolgt
theils schriftlich, theils mündlich.

3) Die theoretische Prüfung.

#### a) Die schriftliche Prüfung.

Die Themata zur schriftlichen Prüfung werden auf Vorschlag
des Seminarlehrer-Kollegiums von dem Regierungs-Kommissar
bestimmt. Die schriftliche Prüfung muß sich erstrecken auf
das Gebiet des Religions-Unterrichts,
Pädagogik oder Methodik,
Geometrie,
Rechnen,
einen naturkundlichen Gegenstand,
den Generalbaß,
und besteht in einem Aufsatze über einen Gegenstand aus dem Gebiete der Pädagogik oder Methodik, und aus der schriftlichen Be-

antwortung von fünf Fragen aus den übrigen vorstehend bezeichneten Unterrichtsgebieten.

In den übrigen Unterrichtsgegenständen kann nach Befinden ebenfalls eine schriftliche Prüfung angeordnet werden.

Die schriftlichen Arbeiten werden unter Aufsicht eines Seminarlehrers gefertigt. Das Thema zu den Arbeiten wird unmittelbar vor Fertigung der Arbeiten gegeben. Während der Fertigung der Arbeit dürfen die Schüler sich nicht außerhalb des Schulgebäudes begeben.

Zur Fertigung der Arbeit über Pädagogik oder Methodik, die zugleich als Probe im deutschen Stil gilt, werden 5 Stunden, für die übrigen Arbeiten je 2 Stunden Zeit gegeben.

### b) Die mündliche Prüfung.

Die mündliche Prüfung muß sich wenigstens auf alle diejenigen theoretischen Disziplinen des Seminar-Lehrplans erstrecken, in welchen eine schriftliche Prüfung nicht stattfand.

Die Dauer der mündlichen Prüfung richtet sich nach der Zahl der Abiturienten; sie darf aber nicht unter 4 Stunden sein. Formale Forderung ist, daß der Examinand sich über die ihm vorgelegten Fragen in zusammenhängender Rede klar und bestimmt zu äußern vermöge. Auf Grund sehr guter schriftlicher Arbeiten kann die Kommission einen Examinanden von der mündlichen Prüfung in einzelnen Gegenständen oder überhaupt dispensiren.

4) Die praktische Prüfung.

Die praktische Prüfung besteht im Katechisiren, im Abhalten einer Probelektion, im Orgel- und Geigenspiel, im Vorführen einer Lektion im Schulturnen, ferner in einer Leistung in der Obstbaumkunde, im Gesang, Schreiben und Zeichnen.

Das Thema für die Katechese wird wenigstens 8 Tage, das zu der Probe-Lektion 1 Tag vor der Prüfung gegeben.

Für das Katechisiren sind dem Abiturienten mindestens 10 bis 15 Minuten, für die Probe-Lektion in der Regel 30 Minuten Zeit zu geben.

Rücksichtlich der Leistungen im Schreiben, Zeichnen und der Obstbaumkunde ist es gestattet, auf frühere Leistungen zu rekurriren.

5) Ueber die Ergebnisse der Prüfung in den einzelnen Gegenständen wird ein Protokoll geführt; die Leistungen jedes Kandidaten in den einzelnen Fächern werden nach den Prädikaten

sehr gut,

gut,

genügend,
nicht genügend

beurtheilt.

Nach dem Gesammt-Resultat der Prüfung in Verbindung mit den zuvor im Seminar an den Tag gelegten Kenntnissen und Leistungen der Examinanden ist zu entscheiden, ob dem Examinanden die Qualifikation zur provisorischen Verwaltung eines Schulamts zu ertheilen, oder zu versagen sei. Das Letztere geschieht, wenn er in Religion oder in Deutsch, oder in Rechnen oder in mehr als drei der anderen Gegenstände (Pädagogik, Geschichte, Geographie, Naturkunde, Geometrie, Zeichnen, Schreiben, Singen) nicht genügt hat.

6) Auf Grund der bestandenen Prüfung erhalten die Examinanden ein Zeugniß, welches die Namen, sowie die Personalien derselben, die Art ihrer Vorbildung, eine Angabe über Fleiß und Führung, die Urtheile über die schriftlichen Arbeiten in den einzelnen Lehrgegenständen, sowie über die abgelegte Lehrprobe enthält. Die Aufsichtsbehörde fügt dem Zeugniß die Bescheinigung der Qualifikation des Kandidaten für die provisorische Verwaltung eines Elementarschulamtes bei.

7) Da eine antizipirte Abgangsprüfung mit Seminaristen, welche im letzten Jahres-Kursus stehen, diesen aber noch nicht vollendet haben, nur ausnahmsweise zu dem Zweck erfolgt, um in der Lage zu sein, bei eintretendem Bedürfnisse die vorzeitig examinirten Kandidaten an vakanten einheimischen Schulstellen alsbald zur aushilfsweisen Verwendung zu bringen; so müssen die betreffenden Kandidaten, falls ihre Verwendung in einer solchen Schulstelle vor Vollendung des ganzen vorschriftsmäßigen Seminar-Kursus, nicht erforderlich wird, bis zum Schlusse desselben der Anstalt auch ferner noch als Schüler angehören und steht ihnen vor ihrer Verwendung im einheimischen Schuldienste, oder aber vor Vollendung des Seminar-Kursus ein Anspruch auf die Verabfolgung eines Abgangszeugnisses nicht zu.

## V. Prüfung der Lehrerinnen.
### (Zu § 44 des Volksschulgesetzes.)

### § 14.

1) Wenn Lehrerinnen sich zum Dienst für die Volksschule melden, so entscheidet die oberste Schulbehörde, ob deren Zeugnisse ausreichende Bürgschaft geben für eine wirksame Thätigkeit. Ist Letzteres nicht der Fall, so haben dieselben eine Prüfung zu bestehen

vor der nämlichen Kommission, welche für das Entlassungs-Examen
der Seminaristen besteht und in denselben Lehrfächern mit Ausnahme
des Orgel- und Violinspiels, des Generalbasses, der Geometrie und
der Obstbaumkunde.

2) Lehrerinnen werden in der Regel nur bei Kindern in den
3 ersten Schuljahren verwendet.

## VI. Anstellungsprüfung der Schulamtskandidaten.

(Zu § 17 des Volksschulgesetzes.)

### § 15.

1) In der Regel zwei Jahre nach der ersten Prüfung und
nach zweijährigem provisorischen Schuldienst im Inlande haben die
Lehrer an Volksschulen in einer zweiten Prüfung die Qualifikation
für die definitive Anstellung zu erwerben.

2) Die Prüfungs-Kommission soll bestehen aus einem Regierungs-Kommissar als Vorsitzendem, einem geistlichen Mitgliede
des Kirchenraths, dem Direktor eines der beiden Seminare und
zwei Lehrern, welche die oberste Schulbehörde aus der Zahl der
Seminar-Lehrer oder Volksschullehrer neben den Musiklehrern
erwählt.

3) Die vorgeladenen Schulamtskandidaten haben am Tage vor
der Prüfung sich bei dem Vorsitzenden zu melden und ein versiegeltes
Zeugniß ihrer Ortsschulaufseher über ihre schulischen Leistungen und
ihre Führung vorzulegen.

4) a. Die schriftliche Prüfung besteht in der Anfertigung
eines Aufsatzes über ein Thema aus der Schul-Praxis und je einer
Arbeit aus dem Gebiete des Religions-Unterrichtes und eines anderen Lehrgegenstandes in schulmäßiger Behandlung. Diese Arbeiten
sind in Klausur unter Inspektion eines Mitgliedes der Prüfungs-
Kommission anzufertigen.

b. Die mündliche Prüfung verbreitet sich über die Geschichte
des Unterrichts, die Unterrichtslehre, die Schul-Praxis und über
die Methodik der einzelnen Lehrgegenstände.

c. Die praktische Prüfung besteht in einer Lehrprobe über
einen Gegenstand des Volksschulunterrichts, zu welcher die Aufgabe
am Tage vorher bestimmt ist.

5) Die Leistungen der Examinanden in den einzelnen Lehrgegenständen werden nach den Prädikaten: sehr gut, gut, genügend, nicht genügend beurtheilt.

6) Einem Examinanden, dessen Lehrprobe nicht genügt, ist die Qualifikation unbedingt zu versagen; übrigens gelten für die Entscheidung über das Gesammt=Resultat dieselben Grundsätze, wie bei der ersten Prüfung.

7) Auf Grund der bestandenen Prüfung erhalten die Exami= nanden ein Zeugniß, aus welchem das Resultat der Prüfung in den einzelnen Fächern hervorgeht. Die Aufsichtsbehörde fügt dem= selben die Bescheinigung hinzu, daß der Examinand zur definitiven Anstellung befähigt ist.

### VII. Die Prüfung für das Rektorat einer gegliederten Volksschule.
(Zu § 17 des Volksschulgesetzes.)

#### § 16.

1) Zu dieser Prüfung können nicht nur Solche, welche das Stu= dium der Theologie oder Philologie absolvirt haben, sondern auch blos seminaristisch Gebildete zugelassen werden. Lehrer, welche sich durch ein besonders gutes Examen und eine längere ausgezeichnete Schulführung hervorgethan haben, können ausnahmsweise von dieser Prüfung entbunden werden.

2) Die Prüfungs=Kommission besteht aus einem Regierungs= Kommissar als Vorsitzendem, einem Seminar=Direktor, und zwei ordentlichen Seminarlehrern.

3) Jeder Examinand hat eine wissenschaftliche Arbeit über ein von der Prüfungs=Kommission ihm gegebenes Thema aus dem Gebiet der Unterrichts= und Erziehungslehre oder aus der Schul= Praxis binnen einer Frist von 8 Wochen mit der Versicherung einzu= reichen, daß er keine anderen, als die von ihm angegebenen Hilfsmittel benutzt habe. Diejenigen Examinanden, welche die Qualifikation als Lehrer noch nicht gewonnen haben, legen eine Lehrprobe über ein selbstgewähltes Thema aus dem Gebiete des Unterrichtes der Volks= schule ab.

4) Die mündliche Prüfung wird vor der ganzen Kommission gehalten. Sie verbreitet sich über die Geschichte der Pädagogik, über das ganze Gebiet der Erziehungs= und Unterrichtslehre in ihrem Zusammenhang mit der Psychologie, vorzüglich aber über spezielle Methodik, über Schul-Praxis, über Lehrmittel, Volks- und Jugendschriften, über die Volksschulgesetzgebung des Landes. Die Prüfung kann sich auch auf die positiven Kenntnisse innerhalb der durch den Lehrplan der Anstalt, zu deren Leitung der Examinand berufen ist, bestimmten Grenzen erstrecken.

# Vierter Abschnitt.

Aufsichtsbehörden für die inneren Schulangelegenheiten.

## A. Der Ortsschulaufseher.

(Zu §§ 54 und 59 des Volksschulgesetzes.)

### § 17.

Wie der Ortsschulaufseher die Möglichkeit hat, von Allem, was in und mit der Ortsschule vorgeht, aus nächster Nähe Kenntniß zu nehmen, so hat er auch die Aufgabe, die nächste Aufsicht über die Ortsschule zu führen.

Demgemäß hat er die einklassige Schule, oder wenn die Schule nicht mehr als 6 Klassen hat, jede Klasse mindestens viermal, in Schulen mit 7 bis 12 Klassen jede Klasse mindestens zweimal, in Schulen mit mehr als 12 Klassen jede Klasse mindestens einmal im Jahre zu besuchen, und dabei sich mit den Leistungen der Schule in den verschiedenen Unterrichtszweigen bekannt zu machen und von der Einhaltung des Lehr- und Stundenplans, von den Fortschritten der Schüler, der Schulzucht und der Führung der Versäumnißliste genaue Kenntniß zu nehmen. Wie er sich dadurch von dem Fortgange der Schule in fortgesetzter Kenntniß erhält, so hat er insbesondere unausgesetzt den oder die Lehrer in ihrer Wirksamkeit in der Schule, als Lehrer und als Erzieher, in allen Richtungen, die dabei in Frage kommen, nicht minder aber auch in ihrem häuslichen und bürgerlichen Leben, in ihrer Stellung zur Gemeinde und zu den Behörden derselben, und in ihren Nebenbeschäftigungen zu beobachten, letzteres von dem Standpunkte aus, ob sie ihre amtliche Thätigkeit oder ihre Stellung in der Gemeinde dadurch beeinträchtigen und bei dieser Aufmerksamkeit auf den Lehrer hat der Ortsschulaufseher stets im Auge zu behalten, daß ihm nicht blos die Ueberwachung, sondern nicht minder die wohlwollende Unterstützung und Förderung seines Wirkens mit Rath und That obliegt.

Weiter hat der Ortsschulaufseher auch dem Verhalten der Schulkinder außerhalb der Schule seine Aufmerksamkeit zuzuwenden, und wenn hierin die Zeichen von Zuchtlosigkeit sich ihm bemerklich machen sollten, die geeignete Einwirkung bei den Lehrern wie bei dem Schulvorstande eintreten zu lassen und durch letzteren insbesondere auch die Eltern zu erhöhter Pflichterfüllung, zu häuslicher Unterstützung der Schule anzuregen. Ueberhaupt hat der Ortsschulaufseher es sich eifrig angelegen sein zu lassen, mit allen ihm zu Gebote stehenden Mitteln das Interesse des Schulvorstands, der

Eltern und der ganzen Gemeinde an der Schule zu erwecken und lebendig zu erhalten, irrige Auffassungen zu berichtigen, Differenzen auszugleichen, damit die Schule allezeit von der Gemeinde in ihrer ganzen Bedeutung erkannt und mit Liebe erhalten werde. —

Im Einzelnen sei zur näheren Aufzählung der Pflichten und Kompetenzen des Ortsschulaufsehers Folgendes noch bemerkt, ohne damit den Kreis dieser Pflichten zu erschöpfen:

Der Ortsschulaufseher hat

1) die in die Schule neu eintretenden Kinder aufzunehmen (Ausführungs-Verordnung vom 16. Dezember 1874 Artikel 3, 2),

2) seine Genehmigung dazu zu ertheilen, wenn

a) Eltern oder Erzieher die Aufnahme gebrechlicher, kränklicher oder geistig unreifer Kinder in die Schule über das Eintritts-alter hinaus verschoben haben wollen, (Ausführungs-Verordnung Artikel 3, 8),

b) Kinder, die sich nach ihrem Eintritte als zu schwach erweisen, auf ein halbes oder ein ganzes Jahr von dem Schulbesuche zurückgewiesen werden sollen (Ausführungs-Verordnung Ar-tikel 3, 9),

c) wenn Schulkinder um Urlaub von 4 bis 14 Tage einkommen (Ausführungs-Verordnung Artikel 5, 3),

d) wenn die Schule wegen großer Hitze ausgesetzt werden soll (Ausführungs-Verordnung Artikel 4, V.),

e) wenn an den dazu nachgelassenen zwei Tagen im Jahre Aus-flüge ins Freie (Turnfahrten) mit den Kindern gemacht werden sollen (Ausführungs-Verordnung Artikel 4, IV.);

Er hat ferner

3) berichtliche Anzeige an den Schul-Inspektor zu machen, wenn

a) Schulkinder einen Urlaub von mehr als 14 Tagen erbitten (Ausführungs-Verordnung Artikel 5, 3),

b) wenn ein Kind aus irgendwelchen Gründen auf längere Zeit oder überhaupt aus der Schule ausgeschlossen werden soll (Ausführungs-Verordnung Artikel 6),

c) wenn der Lehrer sich eigenmächtige Schulversäumnisse zu Schul-den kommen läßt (Ausführungs-Verordnung Artikel 4, IX.) oder

d) wenn der Lehrer gar sich eigenmächtig entfernt (Ausführungs-Verordnung Artikel 12, 3), überhaupt

e) wenn Schul-Vakanzen eintreten (Ausführungs-Verordnung Ar-tikel 12, 1), in welchen Fällen er zugleich für Sicherstellung des Dienst-Inventars zu sorgen hat.

Dabei hat er

4) während der Stell=Vakanz die Liquidationen der stellver=
tretenden Lehrer zu attestiren und an den Schul=Inspektor zur Zahlbarmachung einzusenden (Ausführungs=Verordnung Artikel 12, 10),
und weiter

5) neu angestellte Lehrer einzuführen (Ausführungs=Verordnung
Artikel 10, 2),

6) die Uebergabe des Dienst=Inventars zu bewirken (Aus=
führungs=Verordnung Artikel 10, 3), und

7) die Besoldungsvergleiche zwischen dem abgehenden Lehrer
oder dessen Hinterbliebenen und dem neu eintretenden Lehrer nach
näherer Vorschrift der Ausführungs=Verordnung Artikel 10, 4 zum
Abschluß zu bringen, auch

8) dem Lehrer bis zu 3 Tagen Urlaub zu bewilligen und
wenn derselbe Urlaub für mehr als 3 Tage wünscht, darüber an
den Schul=Inspektor zu berichten (Ausführungs=Verordnung Ar=
tikel 4, IX).

9) Alljährlich, in der Regel kurz vor der Konfirmation, hat
der Ortsschulaufseher eine öffentliche Schulprüfung anzuordnen,
welche in einem ausreichend großen und sonst passenden Lokale abgehalten wird, so daß nicht allein die dazu einzuladenden Mitglieder
des Schulvorstands und (bezüglich des Religions=Unterrichts) des
Kirchgemeindevorstands, sondern auch Eltern der Schulkinder derselben beiwohnen können. Die Prüfung hat sich auf alle Klassen
und Abtheilungen und auf die wichtigsten Lehrfächer zu erstrecken.
Zugleich sind die Probeschriften und stilistischen Arbeiten, sowie auch
die Zeichnungen und weiblichen Handarbeiten, nicht minder das In-
ventar=Verzeichniß, das Schülerbuch, die Schulversäumnißliste, die
Zensur=Tabelle, das Tagebuch, die Monats=Pensen und der Stundenplan auszulegen zu Jedermanns Einsicht.

10) Ueber Alles, was der Ortsschulaufseher aus Anlaß seiner
Aufsichtsführung wahrgenommen hat, hat er kurze Notizen (zugleich
mit Angabe des Tags jedes seiner Schulbesuche) in ein Tagebuch
einzutragen. Aus diesen Notizen erstattet er alljährlich — spätestens
drei Wochen nach der öffentlichen Schulprüfung — seinen Jahresbericht an den Schul=Inspektor. Derselbe ist nach dem Formular D
einzurichten. Dieser Jahresbericht, der alle nöthigen Einzelheiten
und ein zusammenfassendes Urtheil über den Stand der Schule
enthält, ist dem Schulvorstande zu übergeben, um von diesem mit
begleitendem Berichte an den Schul=Inspektor eingesandt zu werden.

Die sonst noch aus einzelnen Anlässen vom Ortsschulaufseher

an den Schul=Inspektor oder das Schulamt zu erstattenden Berichte
und Anzeigen in inneren Angelegenheiten der Schule bedürfen solcher
Vermittelung durch den Schulvorstand nicht.

11) Die Aufsicht und die Berichtserstattung des Ortsschulauf=
sehers hat sich auf die Fortbildungsschule ebenso wie auf die
Elementarschule zu erstrecken.

### B. Der Schul-Inspektor.

### § 18.

Der Schul=Inspektor hat die Aufgabe:

I. dem Zustande jeder einzelnen öffentlichen Volksschule
seines Bezirks nach ihren inneren und äußeren Verhältnissen und
Bedürfnissen fortgesetzt die sorgfältigste Aufmerksamkeit zu widmen
und in dieser Beziehung nicht nur alle Weisungen, die ihm von der
obersten Schulbehörde gegeben werden, pünktlich und erschöpfend
auszuführen, sondern auch aus eigner Beurtheilung Alles, was ihm
geeignet erscheint, das Gedeihen dieser Schulen zu fördern und die
Hindernisse dieses Gedeihens zu beseitigen, innerhalb der Grenzen
seiner Kompetenz selbst anzuordnen, außerhalb dieser Grenzen aber
wenigstens anzuregen, sei es durch Mittheilung an das Schulamt
oder durch Berichtserstattung an die oberste Schulbehörde; —

II. den Privat=Unterricht, welcher die Stelle der
Volksschule vertreten soll, namentlich auch die Privat=
Unterrichtsanstalten seines Bezirks zu beaufsichtigen.

### I. Die Aufsicht über die Volksschulen.

### § 19.

Der Schul=Inspektor hat vor Allem darüber zu wachen, daß
daß die das Volksschulwesen betreffenden Gesetze, Verordnungen und
Verfügungen pünktlich ausgeführt werden; überhaupt aber hat er
fortgesetzt seine Aufmerksamkeit der inneren und äußeren Einrichtung
der Volksschule seines Bezirks in allen ihren Theilen und Beziehungen, der amtlichen Wirksamkeit, dem sonstigen Verhalten und
der Fortbildung der Lehrer, sowie der Pflichterfüllung der Orts=
schulaufsicht und des ganzen Schulvorstands zuzuwenden und überall
da, wo es zur Abhilfe von Mißständen nöthig ist, in der seiner
Kompetenz entsprechenden Weise einzugreifen.

Zur näheren Anleitung in der Erfüllung dieser allgemeinen
Aufgabe sind folgende Einzelheiten besonders hervorzuheben, ohne
damit den Gegenstand zu erschöpfen:

1) Die Frage, ob die einzelnen Klassen einer Schule nach Altersstufen oder nach dem Geschlechte zu sondern seien, hat der Schul-Inspektor nach Beschaffenheit des einzelnen Falls (cf. § 1, 7 der gegenwärtigen Verordnung) zu entscheiden.

2) Der Schul-Inspektor hat innerhalb des Rahmens des Normal-Lehrplans den besonderen Lehrplan (die Monats-Pensen) der einzelnen Schule, wo nöthig nach vorgängiger Besprechung mit dem Lehrer und dem Ortsschulaufseher, festzustellen, auch den hiernach festgestellten Stundenplan durch Unterschrift zu vollziehen. Falls sich Abweichungen vom Normal-Lehrplan nöthig machen, hat er darüber an die oberste Schulbehörde zu berichten. Demnächst aber hat der Schul-Inspektor darüber zu wachen, daß der festgestellte und genehmigte Lehrplan auch wirklich eingehalten werde.

3) Zu Verlegung des Nachmittagsunterrichts von 1 bis 3 Uhr auf 12 bis 2 Uhr genügt Genehmigung des Schul-Inspektors. Sollten sich sonstige Abweichungen, namentlich im Interesse von Einschulungen, nöthig machen, so hat er zu denselben die Genehmigung der obersten Schulbehörde einzuholen.

4) Der Schul-Inspektor hat darauf zu sehen, daß es an den nöthigen Unterrichtsmitteln nicht fehle und daß, falls die Gemeinde hierzu in Anspruch genommen werden muß, dies mit Erfolg geschehe.

5) Bei der Aufnahme der schulpflichtigen Kinder in die Ortsschule hat der Schul-Inspektor, falls die Aufnahme eines Kindes, welches das 6. Lebensjahr bis Ostern noch nicht vollendet hat oder bis Ende April nicht vollenden wird, beantragt wird, nach vorgängiger Erörterung zu entscheiden, ob die Aufnahme erfolgen soll oder nicht (Ausführungs-Verordnung vom 16. Dezember 1874 Artikel 3, 7). Es wird hierbei nicht die geistige und körperliche Reife allein, also die Frage, ob diese vorzeitige Heranziehung zur Schule der Entwickelung des Kindes keinen Schaden drohe, sondern auch die Frage ins Gewicht fallen, ob besonders dringliche Umstände für solch' eine Abweichung von der gesetzlichen Regel sprechen.

6) Bei der Entlassung der Kinder aus der Schule hat der Schul-Inspektor, wenn die Verlängerung des Schulbesuchs über das 14te Jahr hinaus (jedoch höchstens um ein weiteres Jahr) wegen Verspätung des Eintritts in die Schule, oder wegen längerer Unterbrechung des Schulbesuchs, oder überhaupt wegen ungenügender Reife des Kindes beantragt wird, zu untersuchen, ob „die Erfüllung des wesentlichen Schulzwecks dies erfordert," und darnach die Entscheidung zu treffen (Ausführungs-Verordnung vom 16. Dezember

1874 Artikel 3, 11). Für diese Entscheidung wird das Maß der erlangten Geistesbildung des Kindes bestimmend sein.

7) Die dem Schul-Inspektor obliegende Erörterung, ob und in welcher Weise für einen anderweiten Unterricht eines Kindes zu sorgen sein werde, das aus irgendwelchem Grunde auf längere Zeit oder überhaupt vom Besuche der Volksschule ausgeschlossen worden ist (Ausführungs-Verordnung vom 16. Dezember 1874 Artikel 6), wird nach der Beschaffenheit des Falles ihre Richtung zu nehmen haben. Da die mögliche Vielgestaltigkeit der Fälle keine spezielle Instruktion zuläßt, wird es genügen müssen, den Schul-Inspektor in jedem einzelnen Falle auf die Verhandlung mit den Eltern oder Vormündern, und auf den Beirath des Lehrers, des Ortsschulaufsehers, eventuell des ganzen Schulvorstands hinzuweisen, ohne ihn in seiner Entschließungsfreiheit zu beschränken.

8) Sobald die Schulkinderzahl eines Orts über die in § 12 des Volksschulgesetzes bezeichnete Normalzahl 80 hinaus zu wachsen droht, hat der Schul-Inspektor die Pflicht, das Schulamt zu einer gründlichen Erörterung der Frage zu veranlassen, ob die Errichtung einer neuen Schulklasse mit einem neuen Lehrer und einem neuen Lokale, bezüglich einer neuen Lehrerwohnung sich nöthig macht, oder ob es als zulässig erscheinen, ja sich empfehlen kann, zunächst noch hiermit Anstand zu nehmen. Wie der Schul-Inspektor als Mitglied des Schulamts bei diesen Erörterungen überhaupt mitzuwirken hat, so namentlich bei der Erörterung der Spezialfragen: ob der Lehrer zur genügenden Unterrichtung einer größeren Zahl von Kindern die nöthigen Eigenschaften besitze, und welche Extravergütung ihm dafür gebühre.

9) Der Schul-Inspektor hat bei mehrklassigen Schulen sein Augenmerk darauf zu richten, ob die Erhebung derselben zu geglie=derten Schulen sich empfiehlt und solchenfalls einen entsprechenden Antrag mit Hinzufügung der Gründe bei der obersten Schulbehörde zu stellen.

10) Auf die Lehrer des Bezirks hat der Schul-Inspektor fortgesetzt die eingehendste Aufmerksamkeit zu richten und zwar sowohl auf ihre Wirksamkeit in der Schule und für die Schule, als auch auf ihr ganzes Verhalten außerhalb der Schule, in ihrem Familien=leben und in ihrem sonstigen Leben. Zu diesem Zwecke hat sich der Schul-Inspektor nicht allein mit den Ortsschulaufsehern der einzelnen Orte in fortlaufendem Einvernehmen über die an denselben angestellten Lehrer zu halten, sondern auch durch eigene Kenntniß=nahme und Wahrnehmung fortgesetzt von dem Wirken und Ver=

10 *

halten der einzelnen Lehrer auf das Eingehendste, namentlich durch die Schul-Visitationen, von welchen weiter unten näher gehandelt werden wird, zu unterrichten. Dem Schul-Inspektor ist diese genaue Kenntniß der Persönlichkeiten der Lehrer seines Bezirks unerläßlich nöthig, sowohl zur Erstattung der gutachtlichen Vorschläge, welche er an die oberste Schulbehörde in Bezug auf die Verwendung und Behandlung der einzelnen Lehrer zu richten hat, als auch zu den Maßnahmen, die er selbst innerhalb seiner Kompetenz vorkommenden Falls zu beschließen in der Lage ist. In dieser Beziehung sind folgende Kompetenzen des Schul-Inspektors besonders hervorzuheben:

a) er hat über Urlaubsgesuche der Lehrer, die sich zwischen 3 und 14 Tagen halten, zu entscheiden und hierbei das Interesse der Schule, bei aller Billigkeit gegen den Lehrer, gewissenhaft zu wahren, namentlich in den Fällen, wo nicht ein ernster und unabweislicher Anlaß dem Urlaubsgesuche zu Grunde liegt;

b) er hat, wie die amtliche Thätigkeit, so auch die Nebenbeschäftigungen der Lehrer aufmerksam zu überwachen, über die Statthaftigkeit derselben ohne Beeinträchtigung des Lehrberufs nach den vom Gesetze gegebenen Fingerzeigen, namentlich auch darüber zu entscheiden, ob ein Lehrer mehr als 16 Stunden Privatunterricht ertheilen darf. Bei dieser Entscheidung hat sich der Schul-Inspektor von der Individualität des Lehrers, seiner körperlichen und geistigen Leistungsfähigkeit hauptsächlich leiten zu lassen (Artikel 11 der Ausführungs-Verordnung vom 16. Dezember 1874).

c) Er hat auf die Fortbildung der Lehrer fortgesetzt sein Augenmerk zu richten und namentlich den schwächeren, der Leitung am meisten bedürftigen, dieselbe zu Theil werden zu lassen. Von den besonderen Mitteln zur Förderung der Fortbildung der Lehrer, den Lehrer-Konferenzen und den Lesezirkeln, wird weiter unten näher gehandelt werden. Dieser Theil der Thätigkeit des Schul-Inspektors dient zugleich dazu, seine genauere Bekanntschaft mit der Individualität der einzelnen Lehrer zu fördern.

11) Der Schul-Inspektor hat für möglichst ungestörten Fortgang der Verwaltung jeder einzelnen Schule seines Bezirks Sorge zu tragen. Namentlich hat er, wenn der einem Lehrer ertheilte Urlaub 3 Tage überschreitet, für anderweiten Unterricht der Schulkinder das Nöthige anzuordnen (Ausführungs-Verordnung vom 16. Dezember 1874 Artikel 4, IX). Tritt eine Unterbrechung des

Unterrichts durch Versetzung, eigenmächtige Entfernung, Erkrankung oder Tod des Lehrers ein, so hat er sofort Anzeige davon an die oberste Schulbehörde zu machen, zugleich aber auch ein Vikariat nach näherer Bestimmung des Artikel 12 der Ausführungs-Verordnung vom 16. Dezember 1874 einzurichten und die Liquidationen über die den vikarirenden Lehrern gebührenden Vergütungen nach Beendigung der Vakanz festzustellen. Bei Einrichtung des Vikariats wird, bei allem Streben nach möglichst vollständiger Ausfüllung der Unterrichtslücke, immer doch zugleich darauf Rücksicht zu nehmen sein, daß die anderen Schulen oder Schulklassen, deren Lehrer zur Aushilfe herangezogen werden, auch ihrer Seits möglichst wenig geschädigt werden.

12) Handelt es sich um Wiederbesetzung einer erledigten Schulstelle, so hat derjenige Lehrer, welcher sich um dieselbe bewirbt, sein Bewerbungsschreiben durch den Schul-Inspektor seines Bezirks an die oberste Schulbehörde zu richten und dieser dasselbe mit einem Berichte zu begleiten, in welchem er sein Gutachten über den Lehrer auf Grund seiner näheren Kenntniß desselben und über die Wiederbesetzung überhaupt abgiebt.

13) Die Einführung eines neuernannten Rektors oder ersten Lehrers einer gegliederten Schule liegt dem Schul-Inspektor ob (cf. Artikel 12, 2 der Ausführungs-Verordnung vom 16. Dezember 1874).

14) Sind mehrere Lehrer an einer Schule angestellt, so bestimmt der Schul-Inspektor, welche von ihnen den Unterricht im Turnen, im Zeichnen und in der Obstbaumzucht zu ertheilen haben.

15) Der Schul-Inspektor hat in jeder Schulgemeinde seines Bezirks nach den im § 4, 2 dieser Verordnung gegebenen Gesichtspunkten zu erörtern, ob in ihr das Bedürfniß nach Unterricht in weiblicher Handarbeit durch eine vom wohlthätigen Institut des Frauenvereins errichtete Industrieschule befriedigt wird, sowohl was die Gegenstände und die Art als was das Maß des Unterrichts anbelangt. Ist dies nach seinem Urtheil der Fall, so hat er sich mit der betreffenden Frauenvereinsstelle darüber einzubenehmen, daß nunmehr der Unterricht in der Industrieschule in einen obligatorischen verwandelt und dafür die nöthige Räumlichkeit, wo nöthig im Schulhause zur Verfügung gestellt, auch seine Vermittelung dahin eintreten zu lassen, daß eine etwa nöthig werdende Beisteuer zur Deckung erhöhter Kosten aus Gemeindemitteln dargeboten werde, überhaupt nach Anleitung des § 4 die Interessen solcher, die Volksschule ersetzender Industrieschulen des Frauenvereins in jeder Be-

ziehung ebenso angelegentlich als mit taktvoller Beachtung der besonderen Stellung dieser Schulen zu fördern.

Fehlt es dagegen an einer Industrieschule des Frauenvereins in der Gemeinde, oder ist dieser Verein nicht gewillt, seine Schule nach den Anforderungen der Volksschule einzurichten, so hat der Schul=Inspektor im Einvernehmen mit dem oder den Lehrern und dem Schulvorstande die Frage zu erörtern, ob die Herstellung eines Unterrichts in weiblicher Handarbeit in der Volksschule selbst sich als thunlich erweist und, in welcher Weise die Einrichtung dieses Unterrichts ins Werk zu setzen ist, während die damit zusammen=hängenden finanziellen Fragen durch das Schulamt zu erörtern sind, die Entscheidung aber auf den vom Schulamt zu erstattenden gutachtlichen Bericht von der obersten Schulbehörde getroffen wird (Ausführungs=Verordnung vom 16. Dezember 1874, Artikel 1). Den eingerichteten Unterricht in weiblicher Handarbeit hat der Schul=Inspektor in seinem Fortgange ebenso zu überwachen, wie alle anderen Unterrichtszweige der Volksschule.

16) Die Aufsicht des Schul-Inspektors erstreckt sich nicht allein auf den Zustand und die Bedürfnisse der Schulen und das amtliche Wirken und außeramtliche Leben der Lehrer, sondern auch auf die Wirksamkeit des Schulvorstandes und des von letzterem speziell beanstragten Ortsschulaufsehers, auf die Art und Weise, in welcher dieselben die ihnen im Gesetze und in der Ausführungs=Verordnung vom 16. Dezember 1874 (siehe namentlich Artikel 30 1 und 2) überwiesenen Pflichten gegen die Schule erfüllen. Die in dieser Beziehung von dem Schul=Inspektor bemerkten Mängel hat er durch das Schulamt weiter zu verfolgen, um die Abstellung derselben herbeizuführen.

17) Ein wesentliches Mittel, den Schul-Inspektor mit dem Zustande der Schulen und den Persönlichkeiten der Lehrer und Ortsschulaufseher, sowie mit den Ortsschulvorständen seines Bezirts so bekannt zu machen, wie dies zur fruchtbringenden Wirksamkeit desselben erforderlich ist, bieten die von ihm vorzunehmenden Be=sichtigungen der einzelnen Schulen. Dieselben sind von ihm theils aus Anlaß besonderer Vorkommenheiten oder zur nöthigen Erörte=rung besonderer Fragen außerordentlicher Weise, theils ordent=licher Weise in Gestalt der regelmäßigen Schul-Visitationen vor=zunehmen, und haben namentlich die letzteren den Zweck, den Schul=Inspektor über alle einzelnen Verhältnisse der betreffenden Schule, deren Kenntniß ihm nach der ihm im Vorstehenden gestellten Auf=

gabe von Werth sein muß, durch eigene Wahrnehmung wahrheitsgetreu und eingehend zu unterrichten.

Ueber diese regelmäßigen Visitationen ist folgendes Einzelne zu bemerken:

a) Der Schul-Inspektor soll in der Regel jedes Jahr die sämmtlichen Schulen seines Bezirks besuchen und sich durch Anhören des Unterrichts und eigenes Examiniren über die Leistungen der Schulkinder und des Lehrers in allen Lehrgegenständen eine klare, bestimmte Ansicht verschaffen.

b) Ob der Schul-Inspektor die beabsichtigte Visitation einer Schule (Klasse) zuvor ankündigen soll oder nicht, bleibt je nach den Umständen seinem Ermessen überlassen. Unmittelbar vor der Schulprüfung jedoch hat er den Vorsitzenden des Schulvorstandes und den Ortsschulaufseher von seinem Vorhaben in Kenntniß zu setzen und beide einzuladen, der Visitation beizuwohnen. Ist der Ortsgeistliche nicht zugleich Ortsschulaufseher, so ist derselbe besonders einzuladen, bei der Visitation des Religions-Unterrichts gegenwärtig zu sein.

c) Vor Beginn der Visitation hat sich der Schul-Inspektor vom Lehrer vorlegen zu lassen: die Monats-Pensen, den Stundenplan, welche beide dem Schul-Inspektor zwei Monate vor Beginn des neuen Schuljahres zur Genehmigung zu unterbreiten waren, die Zensur-Tabelle, das Tagebuch, die Versäumnißliste, das Schülerbuch, das Inventar-Verzeichniß, sowie die Schönschreibhefte, Zeichenhefte und Aufsatzbücher der Schulkinder. Hierauf hat er den Gang der Visitation anzuordnen und in der Regel die in einem der letzten Monate vorgekommenen Theile des Unterrichtsstoffes vornehmen zu lassen. Glaubt er, in der Unterrichtsbehandlung einen wesentlichen Fehler des Lehrers wahrzunehmen, oder will er sich rascher, oder tiefer gehend, als die Prüfung des Lehrers ergeben würde, von dem Resultat des Unterrichts überzeugen, so hat er, um dem Lehrer eine bessere Unterrichtsweise zu zeigen, oder auf einem zweckmäßigeren Wege zum Ziele zu kommen, die Prüfung, so lang nöthig, selbst in die Hand zu nehmen.

d) Bei den Visitationen des Schul-Inspektors gilt es nicht blos, den Stand des Wissens und Könnens der ganzen Schulklasse (nicht der begabteren Schüler allein) kennen zu lernen, sondern auch über deren erziehliche Förderung, ihre Gewöhnung an Gehorsam, Ordnung und Reinlichkeit, Fleiß, Gewissenhaftigkeit und Pünktlichkeit in den Arbeiten eine bestimmte Ansicht zu gewinnen.

Zu dem Ende hat der Visitator auf die vorgelegten Schön=schreibhefte und Aufsatzbücher der Kinder, wie auch auf andere Hefte Einzelner, auf die Reinlichkeit des Schul=zimmers und der Schulkinder an Körper und Kleidung, auf die Schul-Möbel und Unterrichtsmittel seine Auf=merksamkeit zu richten.

e) Ferner hat sich der Visitator ein sicheres Urtheil zu bilden über Fleiß, Kenntnisse, Eifer und Lehrgeschick des Leh=rers, ebenso über das Verhältniß, welches zwischen Lehrer und Schülern besteht, um zu erkennen, welches der erziehliche Einfluß des erstern auf die Schulklasse und auf die Einzel=nen sei.

f) Nach Beendigung der Prüfung nimmt der Schul-Inspektor die Wohnräume, den Hof und die Wirthschaftsgebäude des Lehrers in Augenschein, um sich zu vergewissern, ob nicht Aenderungen, Reparaturen oder Neubauten nöthig sind.

g) Da die Schul-Visitationen nicht den einseitigen Zweck haben, Fehler und Unvollkommenheiten zu finden, sondern ein treues Bild der ganzen Schulzustände zu gewinnen, und auf Grund hiervon die Entwickelung des Schulwesens kräftig zu fördern, so soll der visitirende Beamte dem Lehrer die ent=deckten Mängel zwar mittheilen, aber auch das Gute und Löbliche, was er gefunden, gern anerkennen. Deßwegen soll derselbe zum Schluß der Visitation, nachdem er den Vorsitzen=den des Schulvorstandes und den Ortsschulaufseher, in Ab=wesenheit des Lehrers, über dessen Haltung und Führung, sein häusliches Leben, sein Verhältniß zur Gemeinde und deren Schulbehörden vernommen hat, dem Lehrer unter vier Augen das etwa Mangelhafte und Anstößige in seinem Verhalten und seiner Wirksamkeit und das Anerkennenwerthe in seinen Leistungen mittheilen, denselben auch mit vorgebrachten etwaigen Klagen und Beschwerden bekannt machen und schließlich die Wünsche des Lehrers in Bezug auf Lehrmittel, Schuleinrich=tung, Besoldungsverhältnisse, Baulichkeiten und dergleichen ent=gegen nehmen.

h) Können die gemachten Ausstellungen und Wünsche sofort erledigt werden, z. B. durch eine Weisung an den Lehrer, den Vorsitzenden des Schulvorstandes, oder den Ortsschul=aufseher, so bewendet es zunächst hierbei. In anderen Fällen beschließt er weitere Erörterung, oder Abgabe an das Schulamt, oder Bericht an die oberste Schulbehörde.

i) Was die Niederschreibungen des Schul-Inspektors über seine Schul-Visitationen betrifft, so sind dieselben nach Anlage E einzurichten.

k) Diesen Niederschreibungen über die Visitation eines Schulorts (Klasse) sind beizufügen:

aa) Der Name des Lehrers, sein Lebensalter, seine Dienstzeit, der Zensur-Grad seiner Leistungen. Sodann

bb) Bemerkungen über den Lehrer.

Hier ist der Lehrer kurz zu charakterisiren und sind hervortretende Eigenschaften in Bezug etwa auf Begabung, Kenntnisse, Eifer und Lehrgeschick hervorzuheben. Auch ist hier Gelegenheit zu kurzen Notizen über die Haltung und Führung des Lehrers, auch über etwa vorgekommene längere Krankheiten desselben.

cc) Bemerkungen über die Schule.

Hier ist, wenn möglich, der Grad der Gesammt-Zensur näher zu begründen. Geistige Entwickelung, Zucht, Ordnung und Reinlichkeit, auffallende Besonderheiten sind zu erwähnen. Ebenso ist über die größere oder geringere Zahl der erlaubten und unerlaubten Schulversäumnisse Notiz zu geben.

dd) Bemerkungen über die Ortsschulaufsicht (Name, Thätigkeit, Einfluß derselben).

ee) Bemerkungen über den Schulvorstand und seine Wirksamkeit.

ff) Bemerkungen über das Schulgebäude, als: Zustand des Schulzimmers, der Schulgeräthe und Lehrmittel. Etwa nöthige Anschaffungen, Zahl und Zustand der heizbaren Wohnräume und der Kammern, Wirthschaftsräume, Hof.

l) Die Zensuren für die Leistungen der Kinder — 1 (sehr gut), 2 (gut), 3 (befriedigend), 4 (wenig befriedigend), 5 (nicht befriedigend) — sind mit deutschen, die Gesammt-Zensur für die Schule und die Gesammt-Zensur des Lehrers sind in römischen Ziffern auszudrücken. Unter der Dienstzeit des Lehrers ist die von seiner definitiven Anstellung an verflossene Zeit zu verstehen.

18) a) Theils um die Lehrer nach ihren Kenntnissen und ihrem Geschick auf dem Gebiete der pädagogischen Besprechung kennen zu lernen, theils um ihre Fortbildung in ihren Berufs-

wissenschaften zu fördern, hat der Schul-Inspektor auch auf das Konferenz-Wesen seine Aufmerksamkeit zu richten.

b) Die bisher angeordnet gewesenen zwei jährlichen Konferenzen, eine im Frühling, eine im Herbst, bleiben bestehen, doch wird der Schul-Inspektor, wenn er in einem größeren Bezirk thätig ist, die Lehrer seines Aufsichtsbezirkes in mehrere einzelne Gruppen zu vertheilen haben, wobei die Entfernung der Orte vom Versammlungsort, die regelmäßig 3 Stunden nicht übersteigen soll, maßgebend ist. Den Vorsitz bei der Konferenz führt der Schul-Inspektor.

c) Den Inhalt der Besprechungen bilden wichtige oder interessante Fragen aus der Schul-Praxis oder neue oder sonst bedeutende Erscheinungen auf dem Gebiete der Schulwissenschaften. Der Form nach kann die Konferenz-Thätigkeit im Vorlesen einer Abhandlung, einem freien Vortrage, einem Referat, oder in aufgestellten Thesen bestehen, woran sich eine Besprechung anreiht. Ueber die Verhandlungen wird ein kurzes Protokoll zu den Akten gebracht. Die Wahl des Themas für die nächste Konferenz wird allemal auf der vorhergehenden bestimmt; wird die Aufstellung von Thesen beliebt, so wird ein Referent und ein Korreferent bestellt. Die Auswahl eines Themas unter den zur Vorlage gebrachten geschieht durch Abstimmung unter Vorbehalt der Genehmigung des Vorsitzenden. Die Bestimmung desjenigen Lehrers, welcher eine Konferenz-Arbeit zu übernehmen hat, steht dem Vorsitzenden zu, welcher indeß auf die freiwilligen Anerbietungen sowohl, als auf die möglichst gleiche Vertheilung der Arbeiten auf alle Konferenz-Mitglieder Rücksicht nehmen wird. Für die Besprechungen der Konferenz kann auch der Vorsitzende einen Stoff aufgeben und einzelne Lehrer mit der Bearbeitung desselben betrauen. Hierher gehören namentlich auch Referate über die in einzelnen Schulen des Bezirks besonders ausgezeichnete Behandlung irgend eines Lehrgegenstandes, welche der dazu bestellte Lehrer in der betreffenden Schule kennen zu lernen und in der Konferenz zur genauen Kenntniß der Versammlung zu bringen hat.

d) Es ist sehr wünschenswerth, daß neben den Haupt-Konferenzen noch Spezial-Konferenzen bestehen, in denen Lehrer, die einander näher wohnen, etwa alle 6 Wochen, zu pädagogischen Besprechungen zusammen treten und später die Themata ihrer Verhandlungen auf der Haupt-Konferenz zur Anzeige bringen. Sollen auch solche Konferenzen, die vielfach schon bestehen, zunächst nicht allgemein vorgeschrieben werden, so soll doch der Schul-Inspektor

ihr Entstehen und ihre Fortdauer begünstigen, da sie der Fortbil=
dung der Lehrer in hohem Grade nützlich werden können.

Eine Spezial=Konferenz, welche der Schul=Inspektor für be=
sonders wichtig erkannt und darum angeordnet hat, gilt als eine
geordnete und ist demnach obligatorisch für die Lehrer.

19) In gleicher Weise soll der Schul=Inspektor bemüht sein,
da, wo dies nicht schon geschehen, doch aber thunlich ist, Lehrer=
lesezirkel und Lehrer=Bibliotheken ins Leben zu rufen. Zur
Theilnahme an diesen Anstalten können alle Lehrer, provisorisch
und definitiv angestellte, angehalten werden. Die Aufstellung
einer Lehrer=Bibliothek ist in einer möglichst im Mittelpunkt der
Wohnorte der Mitglieder gelegenen Stadt zu bewirken. Ueber die
Anschaffung von Zeitschriften und Büchern würde ein Ausschuß,
an dessen Spitze der Schul=Inspektor steht, zu beschließen haben;
die Mittel sind aus Beiträgen der Mitglieder und aus freiwilli=
gen Beiträgen der Kirch= und Gemeindekassen, wie solche schon an
vielen Orten üblich sind, zu beschaffen.

20) Die Frage, ob in den einzelnen Orten seines ·Bezirks
die Bedingungen der gesetzlich vorgeschriebenen Errichtung einer
Fortbildungsschule etwa ausnahmsweise nicht gegeben seien und
in Folge davon fürerst wenigstens noch von der Errichtung einer
solchen Schule werde abgesehen werden müssen, ist vom Schul=
Inspektor nach vorgängigem Einbenehmen mit dem Ortsschulaufseher
und Schulvorstand, sowie mit dem oder den Lehrern, deren Rath
hierbei von Werth sein kann, nach allen Richtungen hin zu erörtern
und das Ergebniß der obersten Schulbehörde berichtlich vorzulegen.
Da, wo mit der Errichtung vorzuschreiten ist, wie dies in der
überwiegenden Mehrzahl der Orte der Fall sein wird, hat er dies
Vorschreiten anzuregen, zu leiten und über den Erfolg zu berichten.
Den errichteten Fortbildungsschulen seines Bezirks aber hat der
Schul=Inspektor dieselbe Aufsicht zuzuwenden und ebenso über ihren
Fortgang zu berichten, wie es seine Pflicht in Bezug auf die
Elementarschulen seines Bezirks ist.

21) Alljährlich hat der Schul=Inspektor an die oberste Schul=
behörde einen umfassenden Bericht über alle Volksschulen seines
Bezirks, die Elementar= wie die Fortbildungsschulen, zu erstatten
(§ 65 des Volksschulgesetzes). Derselbe ist nach der Formular=
Anlage F einzurichten. Dieser tabellarischen Uebersicht ist ein
Begleitbericht beizufügen, in welchem Nachricht zu geben ist:

l) im Einzelnen für jeden Ort, bezüglich jede Schulgemeinde,
etwa noch Näheres, als schon durch die Tabelle gegeben ist, über

den Lehrer, die Schule (Schulklasse), mit Einschluß der Fortbildungsschule, die Ortsschulaufsicht, den Schulvorstand,
das Schulgebäude, insoweit ein Bedürfniß hierzu vorliegt;

2) im Allgemeinen für den ganzen Schulbezirk aber
sind zusammenzufassen die Nachrichten über

a) Lehrerwechsel im verlaufenen Schuljahr,
b) über neu errichtete Schulstellen,
c) vorgekommene Todesfälle von Lehrern, wobei emeritirte und
   noch im Dienst befindlich gewesene zu scheiden sind,
d) über neu erbaute Schulhäuser, Schulsäle und umfängliche
   Reparaturen,
e) über den Zustand der Turnplätze,
f) stattgehabte größere Schulfeste,
g) den Stand des Unterrichts in der Obst=Kultur und dessen
   Erfolge,
h) das Konferenz=Wesen, die Lesezirkel, die Lehrer=Bib=
   liotheken und die Fortbildung der Lehrer überhaupt,
i) die Haltung und Führung der Lehrer im Allgemeinen, mit
   Aufzählung nothwendig gewesener Disziplinar=Maßregeln,
k) etwaige Aenderungen in der Schul=Organisation im Ganzen,
l) die Thätigkeit der Schulvorstände, soweit dieselbe zur
   Kenntnißnahme des Schul=Inspektors gehört und die der
   Ortsschulaufseher des Schulbezirks.
m) Der Jahresbericht des Schul=Inspektors hat außerdem die
   etwa vor die oberste Schulbehörde zu bringenden Vorschläge
   zur Abstellung von Mängeln und zur gedeihlichen Fort=
   entwickelung des Schulwesens zu enthalten.
n) Wenn der Schul=Inspektor über eine Schule berichtet, welche
   er im verlaufenen Schuljahr ausnahmsweise etwa nicht selbst
   gesehen hat, so ist dies in der Bemerkungsspalte des tabellari=
   schen Theils des Berichts ausdrücklich anzugeben und zugleich
   zu bemerken, ob das Urtheil des Berichterstatters über eine
   Schule und den Lehrer auf die Aeußerungen der Ortsschulaufsicht
   oder auf eine Schul=Visitation, welche der Schul=Inspektor im
   vorhergehenden Schuljahre vorgenommen hat, gegründet sei.

### II. Die Aufsicht über den Privat=Unterricht und die Privat=Unterrichtsanstalten.

### § 20.

Neben der öffentlichen Volksschule hat der Schul=Inspektor
auch dem Privat=Unterricht, der die Volksschule ersetzen

soll, und den, weiteren Kreisen geöffneten, Privat=Unterrichts=anstalten seines Bezirks seine Aufmerksamkeit zuzuwenden.

Zunächst hat der Schul=Inspektor auf Grund der ihm von den einzelnen Schulvorständen seines Bezirks einzuhändigenden Verzeichnisse derjenigen schulpflichtigen Kinder, welche die Volksschule nicht besuchen, nach Anleitung des Artikels 7 der Ausführungs=Verordnung vom 16. Dezember 1874 zu erörtern und sich ein Urtheil darüber zu bilden, ob der diesen Kindern zu Theil werdende anderweite Unterricht als ein die Volksschule ersetzender betrachtet werden kann, und darnach das Weitere in der Sache zu beschließen.

1) Insoweit hierbei häuslicher Unterricht oder Privat=Unterricht im engeren Sinne und die Schätzung seines Werthes in Frage kommt, hat der Schul=Inspektor von dem Gedanken sich leiten zu lassen, daß von der aufgestellten und wohlbegründeten allgemeinen Regel, daß alle bildungsfähigen Kinder im Staate eines bestimmten, in der Volksschule dargebotenen Maßes von Bildung theilhaftig werden müssen, der Staat grundsätzlich keine Ausnahme statuiren kann, daß aber bei allem Streben nach Durchführung dieses Grundsatzes doch thunlichst vermieden werden kann und vermieden werden soll, in das Innere des Hauses und der Familie ohne Noth inquisitorisch einzudringen und einzugreifen.

2) Der Schul=Inspektor hat denjenigen Privat=Unterrichtsanstalten seines Bezirks, welche weiteren Kreisen geöffnet sind, seine Aufmerksamkeit zuzuwenden, um sich eine nähere Kenntniß auch vom Stande dieser Schulen zu verschaffen. Zu diesem Zwecke hat der Schul=Inspektor entweder, soweit thunlich, den jährlichen Prüfungen in denselben beizuwohnen oder sonst von Zeit zu Zeit unangemeldet dem Unterrichte in denselben beizuwohnen, um ein sicheres Urtheil zu gewinnen nicht blos darüber, ob sie den an jede Jugendbildungsanstalt zu stellenden sittlichen Anforderungen genügen, sondern auch, ob sie das von ihnen zu erstrebende Lernziel auch wirklich erreichen. In dieser letzteren Beziehung ist nicht allein darauf zu sehen, ob die Anstalt geeignet ist, den Unterricht in der Volksschule zu ersetzen, sondern auch darauf, ob sie in Wirklichkeit den Unterricht und die Ausbildung gewährt, welche in dem veröffentlichten Programme der Anstalt angekündigt und versprochen worden sind.

Den Privat=Unterrichtsanstalten sind die, neben der Gemeindeschule unterhaltenen, Konfessions=Schulen zuzuzählen.

Handelt es sich um die Errichtung neuer Privat=Unterrichtsanstalten, so hat der Schul=Inspektor innerhalb seines Bezirks die nöthigen Erörterungen anzustellen und ihr Ergebniß der obersten Schulbehörde vorzulegen. (Ausführungs-Verordnung vom 16. Dezember 1874, Artikel 7, 4.)

3) Ueber den Stand der Privat-Unterrichtsanstalten seines Bezirks hat der Schul-Inspektor alljährlich besondern Bericht an die oberste Schulbehörde zu erstatten und darin auch desjenigen zu gedenken, was ihm in Bezug auf den, die Volksschule ersetzenden, Privat-Unterricht im engeren Sinne bemerkenswerth erscheint.

Weimar am 20. März 1875.

**Großherzoglich Sächsisches Staats-Ministerium,**
**Departement des Großherzoglichen Hauses und des Kultus.**
Stichling.

---

Anlage A.

# Unterrichtszeit.

## I. Für einklassige Schulen mit einem Lehrer.

|  | Unterstufe. | Mittelstufe. | Oberstufe. |
|---|---|---|---|
| Religion | 2 | 4 | 4 (5). |
| Deutsch | 12 | 8 | 8 |
| Rechnen (Raumlehre) | 4 | 4 | 4 (5). |
| Realien | — | 4 | 6. |
| Schreiben | — | 2 | 2. |
| Gesang (am Ende andrer Stunden) | — | 2 | 2. |
| Zeichnen | — | 2 | 2. |
| Turnen | — | 2 | 2. |
|  | 18 | 28 | 30 (32). |

## II. Für mehrklassige Schulen mit mehrern Lehrern.

|  | Unterstufe. | Mittelstufe. | Oberstufe. |
|---|---|---|---|
| Religion | 2 | 4 | 4 |
| Deutsch | 10 | 8 | 8. |
| Rechnen (Raumlehre) | 4 | 4 | 4. |
| Realien | — | 4 | 6. |
| Schreiben | 2 | 2 | 2. |
| Gesang | 2 | 2 | 2. |
| Zeichnen | — | 2 | 2. |
| Turnen | — | 2 | 2. |
|  | 20 | 28 | 30. |

# Schülerbuch

für

die Schule zu . . . . . . . . . .

———

. . **Verwaltungsbezirk.**

———◆———

NB. In die Rubrik Bemerkungen sind Wahrnehmungen einzutragen, über welche der Lehrer oder die Schulbehörde einmal später Auskunft zu geben haben könnten, als: körperliche Mängel, dauernde krankhafte Erscheinungen oder auch bestimmt und dauernd hervortretende bedenkliche Charakter-Anlagen der Schulkinder.

| Nr. | Namen der Schulkinder. | Namen der Eltern. | Wohnort der Eltern. | Stand der Eltern. | Religion. | Tag der Geburt des Kindes. | Ort der Geburt. | Tag der Impfung. | Tag der Aufnahme. | Tag der Entlassung. | Bemerkungen. |
|---|---|---|---|---|---|---|---|---|---|---|---|
| | | | | | | | | | | | |

Jahr 18 . .

# Zensur-Tabelle

für

die Schule zu . . . . . . . . . . . .

Klasse . . .

Name des Lehrers . . . . .

Lebensalter . . . .

Dienstzeit . . .

.

Schuljahr 18 . . auf 18 . .

`

| Nr. | Namen der Schulkinder. | Tag der Geburt. | Namen der Eltern. | Wohnort. | Fleiß und Fortschritte. | Betragen. | Lehrgegenstände. | | | | | | | | Versäumliche Schulversäumnisse. | | Bemerkungen. |
|---|---|---|---|---|---|---|---|---|---|---|---|---|---|---|---|---|---|
| | | | | | | | Religion. | Deutsch. | Rechnen. | Realien. | Schreiben. | Singen. | Turnen. | Zeichnen. | Mit Erlaubniß | Ohne Erlaubniß | |

## Bemerkungen zu dieser Tabelle.

Die Zahlen bedeuten:

1 sehr gut.
2 gut.
3 befriedigend,
4 ziemlich befriedigend,
5 nicht befriedigend.

Die Urtheile sind in Zahlen auszudrücken, dabei aber Bruchzahlen oder die Anwendung zweier Zahlen für ein Urtheil zu vermeiden.

# Jahresbericht

des

# Ortsschulaufsehers

über die Schule . . . . . . .

zu . . . . . .

Schuljahr von 18 . . auf 18 . .

| Nr. | Schulort. Schülerzahl. a) Volksschule (Klasse). b) Fortbildungsschule. | Zustand der Schule. | | | | | | | | | | Name des Lehrers. Alter. Dienstzeit. | Bemerkungen über die Schule. |
|---|---|---|---|---|---|---|---|---|---|---|---|---|---|
| | | Religion. | Lesen. | Stil. | Rechnen. | Realien. | Schreiben. | Gesang. | Zeichnen. | Turnen. | Gesammt-Zensur. | | |

# Visitation des Schul-Inspektors.

## Schulort . . . . . . . . . .

Schülerzahl: a) in der Volksschule (Klasse) . . .
      „      b) in der Fortbildungsschule . . .

### Leistungen der Schüler in:

| Religion. | Lesen. | Stil. | Rechnen. | Realien. | Schreiben. | Gesang. | Zeichnen. | Turnen. | Gesammt-Zensur. |
|---|---|---|---|---|---|---|---|---|---|
| | | | | | | | | | |

# Jahresbericht

des

# Schul-Inspektors

über die Schulen des ... Verwaltungsbezirks.

Schuljahr von 18 . . auf 18 . .

| Nr. | Schulort. Schülerzahl. a) Volksschule (Klasse). b) Fortbildungsschule. | Zustand der Schule. | | | | | | | | | | Name des Lehrers. Alter. Dienstzeit. Zensur-Grad. | Bemerkungen über | | |
|---|---|---|---|---|---|---|---|---|---|---|---|---|---|---|---|
| | | Religion. | Lesen. | Stil. | Rechnen. | Realien. | Schreiben. | Gesang. | Zeichnen. | Turnen. | Gesammt-Zensur. | | den Lehrer. | die Schule. | die Ortsschul-aufsicht. |

# Die

# Volksschulgesetzgebung

des

## Großherzogthums Sachsen.

Drittes Heft.

Weimar,

Hermann Böhlau.

1876.

# Inhalt.

# XI.

## Ministerial-Verordnung
### über das Schulbauwesen.

Mit Genehmigung Seiner Königlichen Hoheit, des Großherzogs, wird zur Ausführung des § 4 des Volksschulgesetzes vom 24. Juni 1874 Folgendes verordnet:

## I. Einrichtung der Schulhäuser.

### 1. Die Räume des Schulhauses im Allgemeinen.

#### § 1.

Das Schulhaus soll in der Regel nur solche Räume enthalten, welche zu Schulzwecken oder zu Wohnungen für Lehrer oder Schuldiener verwendet werden. Wenn die Absicht besteht, dasselbe auch zu anderen Zwecken, z. B. der Gemeindeverwaltung, zu benutzen, so sind beide Lokale thunlichst von einander abzuscheiden. Ob die Lehrerwohnung getrennt von den Schullokalitäten zu erbauen oder mit den letzteren in einem Hause einzurichten sei, ist nach Zweckmäßigkeitsgründen im einzelnen Falle zu entscheiden.

Sind an einem Orte mehrere Unterrichtszimmer erforderlich, so ist es im Interesse der Unterrichtsertheilung und Disziplin wünschenswerth, die sämmtlichen Klassen in einem Gebäude zu vereinigen.

Dagegen ist, wenn irgend thunlich, davon abzusehen, mehrere Lehrerwohnungen in einem Hause unterzubringen. Soll letzteres dennoch geschehen, so sind die einzelnen Wohnungen möglichst von einander getrennt einzurichten.

### 2. Lage des Schulhauses.

#### § 2.

Der Platz, auf dem das Schulhaus gebaut wird, soll möglichst in der Mitte des Wohnbezirks liegen, für den dasselbe bestimmt ist;

12*

er soll eben, frei, trocken und sonnig sein und nicht in der Nähe von stehenden Gewässern, sumpfigen Plätzen, Düngerstätten oder Gewerbebetriebsstätten sich befinden, welche ungesunde oder übel-riechende Ausdünstungen verbreiten oder wegen geräuschvollen Be-triebs den Unterricht stören und belästigen.

Zunächst am Schulhaus soll, wenn irgend thunlich, ein freier, trockener Platz für die in § 23 bezeichneten Zwecke sich befinden. Muß das Schulhaus in der Nähe einer Straße erbaut werden, so legt man diesen Platz am besten zwischen Straße und Schulhaus.

Die Wege zum Schulhaus müssen in gutem Stande erhalten werden.

### 3. Konstruktion der Mauern und Wände.

#### § 3.

Die Mauern und Wände eines Schulhauses müssen so kon=struirt sein, daß sie stets trocken sind. Dachrinnen nebst Abfallrohren dürfen am Gebäude nicht fehlen. Auch muß dem Abfallwasser mög-lichst rascher Abfluß verschafft werden.

Massivbau verdient im Allgemeinen den Vorzug vor Fachwerk=bau. Zur Ausfüllung der Gefache bei Fachwerkbau ist nur voll-ständig trockenes Material, womöglich gebrannter Backstein, zu verwenden.

### 4. Die Schulzimmer.

#### a) Eintheilung derselben.

#### § 4.

Die Schulzimmer werden am besten im Erdgeschoß des Schul-hauses eingerichtet; sind mehrere Stockwerke zur Unterbringung der Schullokale nöthig, so ist es angemessen, das Erdgeschoß für die jüngeren, die übrigen Stockwerke für die älteren Schüler zu bestimmen.

Die Hauptfensterfront der Schulzimmer — besondere Zeichen-säle ausgenommen — ist, wenn irgend thunlich, nach Süden oder Osten zu richten.

Wenn in einem Schulhause besondere Knaben- und Mädchen-klassen untergebracht werden, so sind die Schulzimmer für beide Geschlechter womöglich durch besondere Eingänge und Hausfluren von einander getrennt zu halten.

Auf die muthmaßlich zu erwartende Zunahme der Schülerzahl ist bei Neubauten entweder in der Weise Rücksicht zu nehmen, daß Reserveräume sofort mit hergestellt werden, oder es ist die Anlage des Gebäudes so zu gestalten, daß eine künftig nothwendig werdende Vergrößerung bequem durchführbar ist.

### b) Größe der Schulzimmer.

#### § 5.

Für die Größe der einzelnen Schulzimmer sind folgende Sätze maßgebend:

1) Was die Zimmerlänge betrifft, so soll dieselbe — ausgenommen bei Zeichensälen — in der Regel nicht mehr als höchstens 10 Meter betragen.

2) Die Zimmertiefe ist hauptsächlich von der Fensterhöhe abhängig. Auch diejenigen Sitzplätze, welche an der der Hauptfensterwand gegenüberliegenden Wand sich befinden, müssen noch genügend erhellt sein.

In der Regel soll die Tiefe von 7 Metern im Lichten nicht überschritten werden.

3) Das Minimum der Bodenfläche eines Schulzimmers bestimmt sich nach der Zahl der Schüler, welche dasselbe aufzunehmen hat, nach der Größe der für die Schüler zu verwendenden Subsellien und der für die weiteren Ausstattungsgegenstände, für den Ofen und für die Gänge im Zimmer erforderlichen Räume.

Auf ein Schulkind sind mindestens 0,64 ▢Meter Flächenraum zu rechnen, dergestalt jedoch, daß die nicht mit Subsellien besetzten Theile des Schulzimmers mit eingerechnet werden.

4) Die Form des Schulzimmers ist für den gewöhnlichen Unterricht bei kleineren Klassen bis zu 40 Schülern der quadratischen möglichst zu nähern. Sind mehr Kinder in dem Schulzimmer zu unterrichten, so hat sich die Tiefe zur Länge des Zimmers wie 3 : 4 oder wie 2 : 3 zu verhalten, so daß bei Einrichtung der Klasse zu 51,20 ▢Metern Flächengehalt für 80 Kinder, je nachdem das Verhältniß von 3 : 4 oder von 2 : 3 angenommen wird, dieselbe 6,20 Meter tief und 8,26 Meter lang, oder 5,84 Meter tief und 8,76 Meter lang sein würde. Eine allzu bedeutende Ausdehnung der Länge im Verhältniß zur Tiefe ist zu vermeiden.

5) Die Höhe des Schulzimmers ergiebt sich, unter Berücksichtigung der unter Ziffer 1—4 angegebenen Dimensionen, aus dem für das Zimmer erforderlichen hohlen Raum, welcher hinwiederum nach dem jedem Schüler zuzuweisenden Luftraum sich bestimmt. Wo keine besonderen Ventilationseinrichtungen (vergl. § 14) vorhanden sind, ist für jeden Schüler bis zu 14 Jahren ein Luftraum von mindestens 2,25 Kubikmetern, für ältere Schüler je nach dem Alter

ein solcher von mindestens 2,5 bis 3 Kubikmetern erforderlich, so daß z. B. eine Schulklasse von 51,20 ☐Metern Flächengehalt, in welcher 80 Kinder unter 14 Jahren unterrichtet werden sollen, einen Luftraum von 180 Kubikmetern, also eine Höhe von 3,515 Metern zu erhalten hat. Beim Vorhandensein genügender Ventilationseinrichtungen kann der Kubikinhalt um 15 Prozent niedriger wenigstens in dem Falle angenommen werden, wenn nicht auch bei künstlicher Beleuchtung Unterricht ertheilt werden soll.

Als Minimum der Zimmerhöhe für kleinere Schulklassen sind 3 Meter anzunehmen.

Wenn bei bereits vorhandenen Räumen eine geringere Höhe unabänderlich gegeben ist, muß doch auf Einhaltung des angegebenen Maßes von 2,25 beziehungsweise 2,5 bis 3 Kubikmetern Luftraum für den einzelnen Schüler Bedacht genommen werden.

6) Da nach § 12 des Volksschulgesetzes die Zahl der von einem Lehrer zu unterrichtenden Kinder in der Regel 80 nicht übersteigen darf, so sind — abgesehen von Zeichensälen — größere als auf 80 Kinder berechnete Schulzimmer in der Regel nicht einzurichten.

c) Fußboden, Wände, Decken und Thüren der Schulzimmer.

§ 6.

Der Fußboden eines Schulzimmers muß eben und dicht sein.

Im Erdgeschoß soll derselbe mindestens 0,5 Meter über dem äußeren Boden liegen. Eichene Fußböden sind den Fußböden von weichem Holze vorzuziehen. Namentlich die letzteren sollten von Zeit zu Zeit mit siedendem Leinöl getränkt werden.

§ 7.

Die Wände eines Schulzimmers dürfen nicht rauh sein, damit Staub sich weniger leicht ansetzen und leichter abgefehrt werden kann.

Der Anstrich der Wände muß einfarbig, licht, und zwar entweder von blaugrauer oder grünlichgrauer, giftfreier Farbe sein. Blendende Farben sind sorgfältig zu vermeiden.

Eine Tapezierung der Wände ist nicht räthlich; dagegen empfiehlt sich eine Vertäfelung der Wände bis auf mindestens 1 Meter Höhe vom Boden herauf, welche mit einem Oelfarbenanstrich in den genannten Farbentönen zu versehen ist.

Der Anstrich der Decke soll hell sein und kann ohne Anstand weiß genommen werden.

Starf hervorragende Unterzüge unter Decken sind thunlichst zu vermeiden.

Sind zur Unterstützung der Decke Pfeiler oder Säulen un= vermeidlich, so müssen dieselben, unbeschadet ihrer Tragfähigkeit, möglichst schlank und womöglich aus Gußeisen hergestellt werden.

### § 8.

Wenn ein Schulzimmer nur eine Thür hat, so wird dieselbe am besten in der der Hauptfensterwand (vergl. § 10) gegenüber= liegenden sogenannten Ofenwand (vergl. § 12) angebracht und zwar so, daß sie auf den zwischen der vordersten Subsellienreihe und der Katheberwand liegenden freien Raum führt. Wird, insbesondere mit Rücksicht auf ausgiebigere Lüftung, eine zweite Thüre nach außen nöthig, so sollte dieselbe womöglich an das andere Ende der Ofenwand oder in die der Katheberwand gegenüberliegende Wand zu stehen kommen.

Die lichte Weite der Thüren soll etwa 1 Meter, ihre lichte Höhe mindestens 2 Meter betragen.

### § 9.

Die Konstruktion der Gebälke und die Ausfüllung zwischen denselben ist so zu wählen, daß das Durchdringen des Schalls von einem Stockwerk in das andere möglichst erschwert wird.

Ebenso ist durch die Einrichtung der Wände und erforderlichen= falls durch doppelte Thüren dafür Sorge zu tragen, daß nicht der Schall aus einem Lehrzimmer in ein danebenliegendes dringen kann.

### d) Die Fenster der Schulzimmer.

### § 10.

Hinreichende und gut vertheilte Tageshelle ist für die Schul= lokale dringendes Bedürfniß. Demselben wird um so sicherer ent= sprochen, je höher das Licht von oben einfällt, und es sind deshalb die Fenster so hoch gegen die Decke des Zimmers hinauf zu führen, als es die Fensterkonstruktion irgend zuläßt.

Die Fenster eines Schulzimmers sind so anzubringen, daß das Licht den Schülern von der linken Seite und etwa auch noch vom Rücken her zufällt. Fenster in der Katheberwand sind durchaus verwerflich. Die Anlage von Fenstern in beiden Langseiten ist zu vermeiden. Die Gesammtfläche der lichten Fensteröffnungen eines Schulzimmers soll bei vollkommen freier Lage desselben mindestens ¹/₀ und, wenn die Helligkeit durch Nachbargebäude und dergl. be=

schränkt ist, bis zu ¼ der Fußbodenfläche betragen. Die Brüstungs=
höhe der Fenster soll nicht unter 1 Meter betragen, da das Licht,
welches unter Tischhöhe einfällt, unnütz ist und durch Blendung
schaden kann. Die Fensterpfeiler sind nicht breiter ·als 1,3 Meter
zu machen. Bei namhafter Mauerdicke ist die Leibung der Fenster=
pfeiler entsprechend abzuschrägen.

Die Fenster müssen so konstruirt sein, daß sie zum Zweck der
Ventilation jederzeit vollständig geöffnet werden können. Zum Fest=
stellen der geöffneten Fenster sind die geeigneten Vorrichtungen an=
zubringen.

Ueber die mit den Fenstern zu verbindenden Ventilationsein=
richtungen sind die Bestimmungen des § 13 zu vergleichen.

Die Fensterscheiben müssen hell und durchsichtig sein. Trübe
Fensterscheiben, welche durch Reinigen nicht mehr in Stand gebracht
werden können, sind durch neue zu ersetzen. Das Schwitzwasser der
Fenster ist in Rinnen aufzufangen und auf zweckmäßige Weise ab=
zuleiten.

Doppelfenster sind für Schulzimmer nur dann zu empfehlen,
wenn letztere mit guten Ventilationseinrichtungen versehen sind.

## § 11.

Direktes oder von gegenüberstehenden Gebäuden reflektirtes
Sonnenlicht darf während der Schulzeit nicht in das Schulzimmer
eindringen. Um dasselbe abzuhalten, sind an den Fenstern Vorhänge
von ungebleichter Leinwand anzubringen, welche mit Ringen an einer
eisernen, über dem Fenster befindlichen Stange befestigt und nach
Bedürfniß ganz oder theilweise vorgezogen werden.

### c) Einrichtungen zur Heizung der Schulzimmer.

## § 12.

Die Oefen zur Heizung der Schulzimmer werden am besten
an der der Hauptfensterwand (vergl. § 10) gegenüberliegenden Wand
aufgestellt.

Unter den gewöhnlichen Oefen, welche nicht zugleich für den
Zweck der Ventilation eingerichtet sind (vergl. § 14), sind Cirkulir=
öfen mit thönernem Aufsatze (sogen. Thüringer Oefen) den ganz
eisernen entschieden vorzuziehen, weil ihre Wärmestrahlung weniger
lästig ist und ihr Material auch nach dem Erlöschen des Feuers die
Wärme länger hält.

Da, wo gleichwohl gewöhnliche eiserne Oefen gesetzt sind, empfiehlt es sich, sie mit einem Mantel aus Blech oder gebranntem Thon zu umgeben, um die lästige Strahlung zu beseitigen.

Im Innern des Zimmers heizbare Oefen sind mit Rücksicht darauf, daß sie einigermaßen zur Ventilation mithelfen, den von außen heizbaren vorzuziehen. Es sind jedoch bei ihnen Ofenrohr= klappen nicht zuzulassen. Als besserer Ersatz für diese ist auf gute Zugregulirungsvorrichtungen an den Oeffnungen, durch welche die Luft dem Feuer zuströmt, Bedacht zu nehmen.

### f) Einrichtungen zur Ventilation der Schulzimmer.

### § 13.

Zur Lufterneuerung in den Schulzimmern dienen zunächst die Fenster und Thüren. Da das Oeffnen derselben innerhalb der Schulzeit nur mit wesentlichen Einschränkungen zulässig ist, so ist zum Zweck der Lufterneuerung während des Unterrichts die Ein= richtung zu treffen, daß einzelne Fensterscheiben, namentlich die oberen geöffnet und durch bewegliche Stellvorrichtungen mehr oder weniger aufgelassen werden können, oder daß Glasjalousien am oberen Theile der Fenster angebracht werden. Den Fenstern gegen= über, ungefähr in gleicher Höhe, sollen in der Thür oder in der Wand eine, nach Umständen mehrere durch Schieber oder Jalousien verschließbare Gegenöffnungen angebracht sein.

### § 14.

Von besonderer Wichtigkeit ist die Verwerthung der Ofenwärme zur Lufterneuerung in den Schulzimmern. Die Verbindung von Ventilationseinrichtungen mit den Zimmeröfen soll theils zur Weg= führung der verbrauchten Zimmerluft, theils zur Einführung und Erwärmung frischer Außenluft dienen.

Die Konstruktion der Ventilationsapparate im Einzelnen ist vom Urtheil des Technikers abhängig zu machen.

Die Wirksamkeit derselben wird dadurch, daß der Ofen von innen heizbar gemacht ist, gesteigert. Für sich allein bewirken je= doch von innen heizbare Oefen keine genügende Ventilation.

### g) Mobiliareinrichtung der Schulzimmer.

### § 15.

1) Den wichtigsten Ausstattungsgegenstand der Schulzimmer bilden die Subsellien. Sie müssen so konstruirt sein, daß sie dem Schüler eine gesundheitsgemäße Schreibstellung ohne Schwierig= keit gestatten, das Stehen zwischen Tisch und Bank zulassen und

bei dem Zurücklehnen des Sitzenden dem Rücken die geeigneten Stützpunkte gewähren.

Soweit es mit diesem Hauptzwecke verträglich ist, muß zugleich darauf Bedacht genommen werden, daß das Aus= und Eingehen der Schüler, die Unterbringung der Schulgeräthschaften der letzteren, endlich die Ueberwachung der Schüler und die Besichtigung ihrer Arbeit von Seiten des Lehrers möglichst erleichtert werde.

Von der Herstellung solcher Subsellien, welche in einzelnen Theilen beweglich oder bei denen Tisch und Bank von einander getrennt sind, ist abzusehen.

Als besonders zweckmäßig werden diejenigen Subsellien empfohlen, bei welchen die Bank mit dem vor derselben befindlichen Tische fest verbunden ist.

Tisch und Bank sind durch Querstollen (Unterlaghölzer) mit einander zu verbinden, deren jeder, in der Mitte ein Wenig ausgehöhlt, zwei Füße bildet.

Die Subsellien, welche in allen Theilen fest und dauerhaft hergestellt sein müssen, können in ihren Haupttheilen aus weichem Holze angefertigt werden. Nur die Querstollen der Subsellien und die Stützen der Banklehnen sind unter allen Umständen aus hartem Holze (Eiche, Birke, Rothbuche) herzustellen. Es empfiehlt sich, die Subsellien braun zu beizen und alle Kanten derselben angemessen abzurunden. Die Länge der einzelnen Subsellien richtet sich nach den Größenverhältnissen der einzelnen Schulklassen, in denen sie aufgestellt werden sollen. Im Einzelnen wird bezüglich der Subsellien noch Folgendes bestimmt:

a) Die Höhe des Sitzes für Kinder

von 6— 8 Jahren soll 33 Centimeter,
  " 8—10   "   " 36   "
  " 10—12   "   " 39   "
  " 12—14   "   " 42   "
  " 14—16   "   " 45   "

betragen, während die Tiefe desselben für Kinder

von 6— 8 Jahren 23 Centimeter
  " 8—10   " 25   "
  " 10—12   " 27   "
  " 12—14   " 29   "
  " 14—16   " 31   "

betragen muß.

Um das Vorwärtsrutschen der sitzenden Kinder zu verhüten,

ist es empfehlenswerth, dem Sitzbret gegen hinten eine leichte Ver-
tiefung bis zu etwa einem halben Centimeter zu geben.

b) Jede Sitzbank ist mit einer eigenen, fest an dieselbe an-
gefügten Rücklehne zu versehen, welche aus den an den Enden
der Bank, sowie zwischen je drei bis vier Sitzen befindlichen Lehnstützen und einem Lehnbret besteht. Dieses Lehnbret, welches zur
Stütze des sogenannten hohlen Rückens dient, muß je nach der
Größe der Kinder der verschiedenen Altersklassen in verschiedener
Entfernung über dem Sitzbrete sich befinden. Ferner muß dasselbe
auf der dem Kinde zugekehrten vorderen Seite mit einer entsprechenden, vor den Lehnstützen hervortretenden ovalen Ausladung versehen
sein. Diese Ausladung soll an der höchsten Stelle 1 Centimeter
nicht erheblich übersteigen. Die Entfernung der unteren Kante des
Lehnbretes von dem Sitze soll für Kinder

> von 6— 8 Jahren 16 Centimeter
> „ 8—10  „  18  „
> „ 10—12  „  20  „
> „ 12—14  „  22  „
> „ 14—16  „  23  „

betragen, während das Lehnbret selbst für Kinder

> von 6— 8 Jahren 7 Centimeter
> „ 8—10  „  7  „
> „ 10—12  „  8  „
> „ 12—14  „  8  „
> „ 14—16  „  9  „

hoch sein muß.

Das Lehnbret soll mit seiner oberen Kante die Höhe des hinter
der Bank stehenden Tisches nicht überragen.

Die Banklehne ist in einem stumpfen Winkel von 100 Graden
gegen die horizontale Fläche des Sitzbretes zurückzuneigen.

c) Die Tische, deren Platten pultartig ansteigen müssen, sollen
am höheren Tischrande für Kinder

> von 6— 8 Jahren 56 Centimeter
> „ 8—10  „  61  „
> „ 10—12  „  67  „
> „ 12—14  „  72  „
> „ 14—16  „  77  „

hoch sein.

Die Breite der Tischplatte soll mindestens 28 Centimeter betragen; für die größeren Schüler empfiehlt sich jedoch eine Breite bis zu 33 Centimetern.

Die Steigung des Pultes soll sich zur Breite der Tischplatte wie 1 : 6 verhalten.

Eine horizontale Fläche ist an der oberen Seite der Tisch= platte nicht anzubringen, jedoch empfiehlt es sich, nahe dem obern Rande der letzteren, da, wo die Tintenfässer eingelassen sind, eine etwa 5 Centimeter breite und in ihrer Mitte etwa 1 Centimeter tiefe Rinne zum Einlegen der Federn, Griffel u. s. w. herzustellen.

Unter den Tischplatten, und zwar 9 Centimeter unter dem niedrigen Tischrande, sind wagerechte Breter zur Aufbewahrung der Schulbücher u. s. w. anzubringen.

Diese Breter sollen 7 Centimeter schmaler als die Tisch= platten sein.

Für je zwei Kinder ist in der Nähe des höheren Randes der Tischplatte ein Tintenfaß einzulassen, und zwar so tief, daß es nicht über die Fläche der Tischplatte hervorragt.

Die Vertiefungen, in welche die Tintenfässer eingelassen sind, müssen an der untern, nach dem Bücherbret zugekehrten Seite ver= schlossen sein, um das Herausstoßen der Tintenfässer zu verhindern.

Fußbreter (Fußbänke) sind unter den Tischen nicht an= zubringen, weil dieselben zur Erzielung einer gesundheitgemäßen Sitzstellung der Schüler nicht erforderlich sind und das Reinigen der Schulstube wesentlich behindern.

d) Die lothrechte Entfernung der Vorderkante des Tisches von der Horizontalebene des Sitzes (die sogen. Differenz) soll für Kinder

von 6— 8 Jahren 17 Centimeter
,,  8—10   ,,    20   ,,
,, 10—12   ,,    22   ,,
,, 12—14   ,,    25   ,,
,, 14—16   ,,    26   ,,

betragen, während der horizontale Abstand der Vorderkante des Tisches von der durch die Kante der Sitzfläche gelegten Vertikal= ebene (die sogen. Distanz) für Kinder

von 6— 8 Jahren 8 Centimeter
,,  8—10   ,,     9   ,,
,, 10—12   ,,    11   ,,
,, 12—14   ,,    12   ,,
,, 14—16   ,,    14   ,,

betragen soll.

Diese Maße erfordern es, daß die Wangen (Stirnbreter) der Tische und Bänke möglichst weit ausgeschnitten werden.

e) Die auf jeden einzelnen Schüler zu rechnende Sitzbreite hat zu betragen bei Kindern

$$\begin{array}{llll}
\text{von } 6\text{—}\ 8 & \text{Jahren} & 47 & \text{Centimeter} \\
\text{„}\ \ 8\text{—}10 & \text{„} & 50 & \text{„} \\
\text{„}\ 10\text{—}12 & \text{„} & 54 & \text{„} \\
\text{„}\ 12\text{—}14 & \text{„} & 56 & \text{„} \\
\text{„}\ 14\text{—}16 & \text{„} & 60 & \text{„}
\end{array}$$

Eine Abbildung des Normalsubselliums und eine Zusammen= stellung der Maße finden sich in den Beilagen A und B.

f) Sämmtliche Subsellien einer Schulklasse sind so aufzustellen, daß die Hauptfensterwand sich zur linken Hand der Schüler befindet. Sind bei schon bestehenden Schulgebäuden in der den Schülern gegenüberstehenden Wand ebenfalls Fenster, so sind diese entweder zu verblenden oder während des Unterrichts durch dichte Vorhänge oder Vorsetzer zu verhüllen.

g) Zwischen der vordersten Subsellienreihe und der Wand, an welcher sich das Katheder befindet, ist ein Zwischenraum von minde= stens 2,5 Metern, an den drei übrigen Wänden ein Gang von etwa je 0,4 Meter frei zu lassen.

Die in der Nähe des Ofens befindlichen Subsellien sind um etwa 2 Plätze zu verkürzen, so daß die dem Ofen zunächst sitzenden Kinder von dem letzteren etwa 1 Meter entfernt sind.

Im Uebrigen sind die Subsellien so aufzustellen, daß es dem Lehrer möglichst erleichtert wird, zu jedem Kinde zu gelangen, und daß die Subsellien für die jüngeren Altersklassen dem Lehrersitz zunächst stehen.

2) Der Lehrersitz soll in der Regel aus einem auf einem Tritte stehenden Stuhle, vor welchem ein Tisch mit einem verschließ= baren Kasten sich befindet, bestehen. Der Tritt für den Lehrersitz wird eine Breite von 1,2 Meter, eine Länge von 1,2 Meter bis 2,5 Meter und eine Höhe von 0,17 bis 0,19 Meter zu erhalten haben.

Hinter und neben dem Lehrersitze sind die erforderlichen Vor= richtungen zum Aufhängen der Wandtafeln, der Karten und son= stiger Lehrmittel anzubringen.

3) In jedem Schulzimmer soll sich ein verschließbarer Schrank befinden, in welchem das Schülerbuch, die Zensurtabelle, die Schul-

verſäumnißliſte, das Tagebuch, die übrigen zum Inventar gehörigen Bücher, die kleineren Unterrichtsapparate und dergl., nach Befinden auch Bücher der Schulkinder, aufzubewahren ſind.

4) In jedem Schulzimmer ſoll ſich ein Thermometer be- finden, welches entfernt vom Ofen an einer Stelle der Stube 1,2 bis 1,5 Meter über dem Boden aufzuhängen iſt, und zwar an einer Stelle, wo die Temperatur als die mittlere des Zimmers angenom- men werden kann.

Während der Heizzeit ſoll die Temperatur 15 bis 16° R. betragen.

5) Wenn künſtliche Beleuchtung bei dem Schulunterrichte in Anwendung kommt, kann auch als Beleuchtungsmaterial Gas oder Erdöl, wenn auch nur mit großer Vorſicht, gebraucht werden. Bei Anwendung von Gaslicht ſind die Flammen von unten her durch Teller oder Kugeln von mattem oder Milchglaſe zu decken.

Die Petroleumlampen ſollen mit Cylinder und Lichtſchirm ver- ſehen ſein. Für angemeſſene Vertheilung der Flammen iſt Sorge zu tragen.

6) In jedem Schulzimmer ſoll ſich, ſofern der Ofen nicht mit einem Mantel aus Blech oder gebranntem Thon umgeben iſt (vergl. § 12), ein Ofenſchirm befinden, welcher am zweckmäßigſten aus Eiſenblech mit doppelten, in einem Abſtande von 3 Centimetern von einander befindlichen Wänden herzuſtellen iſt und eine Höhe von 1,25 Meter zu erhalten hat. Die Breite des Schirmes ſoll die vordere Ofenfront überragen.

Für das Brennmaterial iſt ein verſchließbarer Behälter im Schulzimmer aufzuſtellen.

### 5. Sonſtige Gelaſſe für Schulzwecke.

#### § 16.

Außer den Schulzimmern ſind für größere Lehranſtalten im Schulgebäude auch die nöthigen Lokale zu Sammlungen (Bibliothek, phyſikaliſches Kabinet u. ſ. w.) ſowie ein Zimmer zum Aufenthalt für die Lehrer zu beſchaffen. Auch empfiehlt es ſich, in größeren Schulgebäuden ein beſonderes Zimmer für den Rektor der Schule einzurichten. Ebenſo muß bei größeren Lehranſtalten für ältere Schüler ein Karzer ſich befinden. Derſelbe ſoll hell, von außen heizbar, mindeſtens 3 Meter hoch ſein und eine Bodenfläche von mindeſtens 5 Quadratmetern haben.

Der für größere Schulanstalten nothwendige Schuldiener erhält seine Wohnung am besten im Erdgeschoß, so daß er die Aus- und Eingänge des Schulhauses übersehen kann. Die Wohnung umfaßt wenigstens ein heizbares Wohnzimmer, ein heizbares Schlafzimmer, eine Kammer, Küche, Dachboden und Kellerraum.

## 6. Die Gänge und Treppen des Schulhauses.

### § 17.

Sämmtliche Gänge eines Schulhauses sollen hell und nicht zugig sein, aber doch nach Bedarf jederzeit rasch gelüftet werden können. Die Hauptgänge sollen nicht unter 1,7 Meter Breite erhalten.

Die Treppen sollen der Zahl der dieselben benutzenden Schüler entsprechend breit gemacht werden. Die geringste lichte Breite muß 1,4 Meter betragen. Steigung und Auftritt der einzelnen Stufen soll 0,47 Meter betragen und ist für erstere 0,15 bis 0,17 Meter am besten zu nehmen. Die von einem Stockwerk zum andern führenden Treppen dürfen nicht in einem Laufe angelegt und nicht gewunden sein; am besten werden sie in zwei oder drei Arme mit dazwischen liegenden Ruheplätzen (Podesten) gebrochen.

Ein solides Geländer mit Handgriff ist an der innern Seite der Treppe unentbehrlich, an der äußern (an die Wände des Treppenhauses anschließenden) Seite genügt ein Handgriff. Wird die Treppe von Schülern sehr verschiedener Altersstufen benutzt, so ist die Anbringung mehrerer Handgriffe in verschiedenen Höhen wünschenswerth. Der oberste Handgriff an der freien Seite des Treppenlaufes sollte stets so gestaltet sein, daß er von den Schülern nicht als Rutschbahn benutzt werden kann. Das Treppenhaus soll hell sein.

Die Treppen müssen sorgfältig unterhalten und gereinigt werden, insbesondere die Treppen vor dem Hause, an denen Schmutzeisen oder Besen anzubringen sind. Auch am Fuße jeder inneren Treppe und vor jeder Schulzimmerthüre sind Strohmatten oder Bürsten nothwendig.

Die Treppe vor dem Hause kann von drei Seiten her zugängig gemacht werden, wenn sie nicht mehr als 3 Stufen hat. Im anderen Falle ist dieselbe auf einer oder auf beiden Seiten der Hausthür entlang des Hauses hinabzuführen und an ihrer freien Seite mit einem soliden Geländer zu versehen.

Größere Schulhäuser sollen mehrere Eingänge, womöglich von verschiedenen Straßen aus, haben.

## 7. Die Aborte.

### § 18.

Besondere Sorgfalt ist auf die Anlage der Aborte zu verwenden.

Es ist zu empfehlen, daß die Schülerabtritte außerhalb des Schulhauses, und zwar womöglich nördlich von demselben angelegt und etwa durch einen bedeckten Gang mit dem Schulhaus in Verbindung gesetzt werden.

Bei der Wahl des Platzes für die Aborte ist darauf Rücksicht zu nehmen, daß die Ausdünstungen nicht durch den herrschenden Wind dem Schulhause zugeführt werden.

### § 19.

Unter den gewöhnlichen Aborteinrichtungen empfehlen sich besonders diejenigen, bei denen feste und flüssige Exkremente von einander getrennt werden, sei es durch entsprechende Einrichtung der Abtrittsgruben oder in passend eingerichteten transportabeln Tonnen.

Die gemauerten Gruben oder steinernen Tröge müssen durchaus wasserdicht gemacht und namentlich auch möglichst luftdicht bedeckt werden. Besser als gemauerte Gruben sind die transportabeln Tonnen, selbst in dem Fall, wenn sie eine Einrichtung zur Trennung der festen Exkremente von den flüssigen nicht haben.

Die Abtrittsröhren müssen bis in die Grube oder Tonne hinabreichen, frostfrei angelegt und innen glatt sein.

### § 20.

Jede Schulklasse, in der sich Kinder einerlei Geschlechts befinden, braucht einen verschließbaren Sitzraum, jede gemischte Schulklasse dagegen für jedes Geschlecht je einen verschließbaren Sitzraum. Für alle Knaben einer Schule ist außerdem ein besonderer Pißraum nothwendig.

Die Sitzräume für Knaben und Mädchen sind durch volle Wände von einander zu scheiden und die Eingänge zu diesen Hauptabtheilungen auf entgegengesetzten Seiten des Abtrittsgebäudes anzulegen.

Die Breite der einzelnen Sitzräume soll mindestens 0,75 Meter, ihre Länge mindestens 1,4 Meter betragen. Die Höhe der Sitze ist dem Alter der Schüler entsprechend zwischen 0,33 und 0,45 Meter zu nehmen.

Jede Sitzöffnung ist mit einem Deckel zu versehen. Der Pißraum erhält mindestens 1 Meter Breite. Wenn die Pißrinne nicht

etwa ganz in den Boden eingelassen und mit Gitter bedeckt, son=
dern einer Wand entlang angebracht werden soll, so darf der obere
Rand der Pißrinne am höchsten Punkt nicht über 0,65 Meter, und
am niedrigsten nicht über 0,50 Meter vom Boden abstehen.

Empfehlenswerth ist für den Pißraum die Anbringung von
Abtheilungswänden, aus Steinplatten oder aus Holz hergestellt, 0,55
bis 0,60 Meter von einander entfernt, 1,5 Meter vom Boden an
hoch und 0,33 Meter breit.

Die Scheidewände zwischen den einzelnen Sitzräumen der für
je ein Geschlecht bestimmten Aborte werden am besten bis zur Decke
hinaufgeführt. Wo dies nicht möglich sein sollte, müssen die Wände
mindestens 2,2 Meter hoch geführt und die Sitzräume oben auf
eine passende Weise, z. B. mittelst eines Drahtgeflechts, so ge=
schlossen werden, daß das Hinübersehen oder Hinüberwerfen in
andere Abtheilungen unmöglich ist.

Die Sitzräume sind von außen je mit verschiedenen Schlüsseln,
von innen mit Haken oder Riegeln verschließbar zu machen.

## § 21.

Alle Aborträume sollen sehr hell gemacht werden; die Ver=
glasung der Fenster geschieht am besten mit Rohglas.

Um das Bemalen und Beschreiben der Abtrittswände zu ver=
hindern, können dieselben bis auf 2 Meter Höhe vom Boden aus
entweder mit rauhem Bewurf versehen oder besser mit glasirten
Thonkacheln verkleidet und die Thüren rauh gesandelt werden.

Der Fußboden ist von Asphalt, Cement oder Steinplattung
zu fertigen und erhält in den Pißräumen gegen die Rinne zu ein
Gefälle. Die Wand längs der Rinne ist auf etwa 1,5 Meter Höhe
vom Boden aus mit Cement zu tünchen oder mit Stein= oder
Metallplatten zu bekleiden. Können die flüssigen Exkremente durch
ein Dohlensystem abgeleitet werden, so ist es zweckmäßig, wenn
man die Pißrinne und die Wand entlang derselben mit fließendem
Wasser überspült.

## 8. Wasserversorgung.

### § 22.

Eine gute Versorgung mit Wasser ist dringendes Bedürfniß
für ein Schulhaus, theils für mancherlei Zwecke der Schule selbst,
theils gegen Feuersgefahr. In letzterer Hinsicht empfiehlt sich auch
die Anschaffung einiger Feuereimer und Hand= oder Tragspritzen.

## 9. Turn= und Spielplatz.

### § 23.

1) Da das Turnen ein nothwendiger Gegenstand des Unter=
richts in der Volksschule ist (vergl. § 2 des Volksschulgesetzes), so
hat jede Schulgemeinde die Verpflichtung, einen passenden Turn=
platz für die Schule zu beschaffen. Der Turnplatz soll für die
gleichzeitig auf demselben beschäftigte Schülerzahl hinlänglich ge=
räumig sein und zwar dergestalt, daß an den Grenzen desselben die
nöthigen Turngeräthe aufgestellt und im Mittelfelde die Frei= und
Ordnungsübungen ausgeführt werden können.

Die Form des Platzes richtet sich nach den jeweilig gegebenen
örtlichen Verhältnissen, jedoch ist das Mittelfeld desselben als Rechteck
mit ebener und fester Bodenfläche herzurichten. Die Stellen zur
Uebung an den Geräthen sind mit lockerem Sande oder trockener
Lohe auszufüllen und nöthigenfalls durch Abzugsgräben trocken
zu halten.

Die Lage des Platzes soll hell, aber nicht sonnig; luftig, aber
nicht zugig sein.

Der Turnplatz ist zu umfriedigen und an der Grenze womög=
lich mit Baumpflanzungen zu umgeben.

Auf dem Platze sind die erforderlichen Turngeräthe anzubringen,
über deren Beschaffenheit das Hausmann'sche Buch: „Das Turnen
in der Volksschule", Weimar, H. Böhlau 1873, II. Auflage, zu
vergleichen ist.

An Turngeräthen müssen auch in kleineren Orten zum Min=
desten ein Reck und zwei Barren von verschiedener Größe vor=
handen sein.

Für größere Schulen ist die Erbauung einer Turnhalle an=
zustreben, welche gehörig überdeckt und heizbar sein muß. Die
Größenverhältnisse einer Turnhalle für 50—60 gleichzeitig beschäf=
tigte Schüler sind folgende: 20 Meter Länge, 8—9 Meter Breite
und 4—5 Meter Höhe. Der Fußboden ist zur Vermeidung von
Staub gut und stark zu dielen. Die Dielen sind nicht hohl zu legen.

2) Zur Ermöglichung einer angemessenen körperlichen Erholung
der Schüler während der Unterrichtspausen ist für Knaben und
Mädchen ein Spielplatz wünschenswerth (vergl. § 2).

Derselbe ist so anzulegen, daß er vom Schulhaus aus über=
sehen werden kann. Man umgiebt den Platz, welcher mit Kies zu
beschütten und so anzulegen ist, daß das Regenwasser leicht abfließt,
mit einem Zaun oder einer Hecke, bepflanzt die Grenze desselben

mit schattengebenden Bäumen und rüstet ihn noch mit einigen fest-
stehenden Bänken und Turngeräthen, sowie mit einem gutes Wasser
gebenden, laufenden oder Pumpbrunnen aus.

Wo in der unmittelbaren Nähe des Schulgebäudes besondere
Lokalitäten für den Turnunterricht (Turnplatz und Turnhalle) zur
Verfügung stehen, können nach Umständen diese für die Zwecke des
Spielplatzes verwendet werden.

## 10. Die Lehrerwohnungen.

### § 24.

1) Die einem Lehrer zu gewährende Dienstwohnung soll
zwar auf einfache und bescheidene Ansprüche berechnet, aber anständig
und so geräumig sein, daß sie selbst für eine größere Familie eine
angenehme Häuslichkeit bietet. In der Regel hat eine Lehrerwohnung zum Mindesten die nachfolgend bezeichneten Räume zu
enthalten:

a) eine Wohnstube von ca. 20—24 □ Meter Flächengehalt,
b) eine Nebenstube „ „ 16—20 „ „
c) eine Schlafkammer „ „ 12—16 „ „
d) eine dergleichen „ „ 10—12 „ „
e) eine Vorrathskammer „ „ 9—12 „ „
f) eine Küche „ „ 9—12 „ „
g) eine Speisekammer „ „ 5— 7 „ „
h) einen Keller „ „ 10—16 „ „
i) einen gedielten Dachboden,
k) einen im Innern des Hauses befindlichen, oder doch von
   dort aus unmittelbar zugänglichen Abort,
l) eine geräumige Holzremise.

Die Küche hat zugleich einen Waschkessel zu enthalten, wenn
ein besonderes Waschhaus nicht vorhanden ist.

Weiter ist zu gewähren:

m) ein Backofen, wenn in dem Orte weder ein Bäcker wohnt,
   noch ein Gemeindebackhaus vorhanden ist, und endlich, wenn
   irgend thunlich:
n) ein wenigstens 2 Ar großer Hausgarten, sowie
o) ein gehörig gepflasterter, oder doch mit gepflasterten Ueber-
   gängen versehener Hof.

Die Wohnungsräume des Lehrers sollen in der Regel 2,80
bis 3 Meter hoch sein.

13*

Die Wohnungsräume sind thunlichst nach Süden oder Osten, die Küche, Speisekammer und Vorrathskammer, sowie der Keller und die Abortanlage thunlichst nach Norden zu verlegen.

2) Ist mit einer Stelle Oekonomie verbunden, und sind deshalb nach § 31 des Volksschulgesetzes die entsprechenden Wirthschaftsräume zu gewähren, so entscheidet bei vorhandenen Irrungen über das Maß dieser Leistung zwischen dem Lehrer und dem Schulvorstande das Schulamt, und in letzter Instanz die oberste Schulbehörde darüber, welche Wirthschaftsräume im einzelnen Falle zu beschaffen sind.

## II. Verfahren bei dem Bau und der Beaufsichtigung der Schulhäuser.

### 11. Verfahren bei Schulbauten.

#### § 25.

1) Wird die Herstellung neuer Schulbaulichkeiten oder ein umfassender, die bisherigen Einrichtungen wesentlich verändernder Reparatur- oder Umbau von der Schulgemeinde selbst oder von einer Schulaufsichtsbehörde für nöthig erachtet, so hat der Schulvorstand einen tüchtigen Bautechniker mit der Anfertigung des Bauprojekts zu beauftragen.

2) Der Techniker hat für Herstellung eines Situationsplans und der erforderlichen Grund-, Auf- und Durchschnittsrisse des Schulgebäudes, bei nicht wagerechtem Bauplatze zugleich auch für Darstellung der Terrainprofile, und in allen Fällen für Aufstellung eines speziellen Kostenanschlags zu sorgen.

In die Situationszeichnung ist die Umgebung des Bauplatzes bis auf eine Entfernung von ca. 20 Metern mit aufzunehmen. Die Himmelsgegenden sind in der bei Karten üblichen Weise anzugeben, so daß das nördliche Ende des Terrains die obere, das südliche die untere Seite der Zeichnung einnimmt.

Die Zeichnungen sind, unter Zugrundelegung des Metermaßes, nach einem Maßstabe von ¹⁄₁₀₀ der wirklichen Länge, aufzutragen und die durchschnittenen Theile durch Farben charakterisirt zu bezeichnen.

Zu den Ansichten ist die Anwendung größerer, auf ¹⁄₇₅ bis ¹⁄₅₀ der wirklichen Länge ausgedehnter Maßstäbe zu empfehlen. Die Situationspläne sind nicht kleiner als nach einem Maßstabe

von ¹⁄₅₀₀ der wirklichen Länge aufzutragen (vergl. § 2 der Ministerial-Verordnung zur Ausführung des Gesetzes vom 11. Mai
1869, die polizeiliche Beaufsichtigung der Bauten betr., vom
4. September 1873).

In den Baurissen sollen die Maße genau eingezeichnet werden.

Bei Rissen für Umbauten und Erweiterungsbauten sind die
neu auszuführenden Bautheile von den beizubehaltenden durch Linien
von abweichender Farbe zu unterscheiden.

Kommen Bauten in Frage, bezüglich deren voraussichtlich verschiedene Ansichten über das Bauprogramm aufgestellt werden können,
so empfiehlt es sich, nicht alsbald zur Ausarbeitung der vollständigen
Bauzeichnungen zu schreiten, sondern zunächst nur eine mit ein-
geschriebenen Maßen versehene Bleistiftskizze, welche das Projekt
veranschaulicht, herstellen zu lassen.

3) Hat der Bautechniker die Bauvorlagen geliefert, so hat der
Schulvorstand dieselben zu prüfen, sowie in Gemäßheit der Mini-
sterial-Verordnung vom 4. September 1873 zur Ausführung des
Gesetzes vom 11. Mai 1869, die polizeiliche Beaufsichtigung der
Bauten betr., prüfen zu lassen und nach Beseitigung etwaiger An-
stände dieselben an das Schulamt einzusenden. Dabei ist eine ins
Einzelne gehende Bezeichnung der durch den Bau zu befriedigenden
Bedürfnisse erforderlich, sowie, wenn es sich um die Neuanlegung
oder Veränderung von Schulzimmern handelt, die Beibringung einer
Aufstellung über die Zahl der Kinder, welche in jedem der letzt-
vergangenen 10 Jahre schulpflichtig gewesen sind und in jedem
der nächsten 5 Jahre voraussichtlich schulpflichtig werden (vergl.
Art. 9 der Ausführungs-Verordnung vom 16. Dezember 1874 zum
Volksschulgesetz).

Wünscht die Gemeinde zu dem Bau eine Unterstützung aus
öffentlichen Mitteln zu erhalten, so ist das diesfallsige Gesuch mit
dem Einsendungsberichte zu verbinden und gehörig zu begründen
(vergl. Art. 35 der Ausführungs-Verordnung vom 16. Dezember
1874 zum Volksschulgesetz).

4) Das Schulamt prüft unter Zuziehung des dem Großherzoglichen Bezirksdirektor zugewiesenen Bauverständigen (Landbaumeister)
das Bauprojekt und stellt, dafern nöthig, an Ort und Stelle die
ihm erforderlich erscheinenden Ermittelungen über die Zweckmäßig-
keit des Bauprojekts an.

Bestehen irgend welche Zweifel in Bezug auf die gesunde Lage eines gewählten Bauplatzes, so hat das Schulamt das Gutachten des zuständigen Physikats einzuholen.

Hierauf sendet das Schulamt das Bauprojekt mit gutachtlichem Berichte an die oberste Schulbehörde ein, welche über Genehmigung des Projekts endgültig entscheidet.

Die genehmigten Baurisse werden abgestempelt und gehen an das Schulamt zur Weiterverfügung zurück.

5) Handelt es sich nur um Reparaturen oder solche Umbauten an Schulhäusern, welche die bestehenden Einrichtungen nicht wesentlich verändern, so hat der Schulvorstand zwar auch an das Schulamt zu berichten und zum Zweck der Genehmigung die nöthigen Vorlagen zu machen, allein die Berichtserstattung des Schulamts an die oberste Schulbehörde ist in solchen Fällen nur dann erforderlich, wenn dem Schulamte gegen das Projekt wesentliche, nicht auf anderem Wege zu beseitigende Bedenken beigehen. Von geringfügigen Reparaturen, welche lediglich die Instandhaltung der Gebäude bezwecken und in der Regel alljährlich an jedem Gebäude nöthig zu werden pflegen, braucht auch das Schulamt nicht in Kenntniß gesetzt zu werden.

6) Werden umfassendere Umbauten, Reparaturen oder Neubauten erforderlich, so haben die Schulvorstände und Schulämter darauf zu sehen, daß die gesammten Vorarbeiten womöglich im Spätherbst oder Winter beendigt werden, damit die Genehmigung zur Vornahme des Baues zu einer Zeit erfolgen kann, welche die alsbaldige Inangriffnahme des letzteren im Frühjahre ermöglicht.

7) a) Die nächste Aufsicht über Schulbaulichkeiten steht dem Schulvorstande zu und es hat dieser namentlich dafür zu sorgen, daß die Ausführung der Bauten in die Hände tüchtiger Baugewerken gelegt werde, daß die Baukontrakte gehörig zum Abschlusse gelangen und daß der Bau in meisterhafter Weise zur Ausführung gebracht werde.

b) Nächst dem Schulvorstande liegt es dem Schulamte ob, die Schulbaulichkeiten in ihrer Ausführung zu überwachen (vergl. § 66 Z. 3 des Volksschulgesetzes). Namentlich hat das Schulamt darauf zu sehen, daß die Bauerlaubniß der zuständigen Polizeibehörde gehörig nachgesucht werde, daß bei größeren Bauten die Baukontrakte in schlüssiger Form und für die baupflichtige Gemeinde möglichst günstig abgeschlossen werden, daß die Schulvorstände den Fortgang eines Baues gehörig fördern, und daß die Baugewerken, resp. Akkordanten, von ihren kontraktlichen Verpflichtungen nicht eher entbunden werden, bis durch die Abnahme des Baues dessen solide und kunstgerechte Ausführung festgestellt worden ist.

c) Die Abnahme aller derjenigen Bauten, zu deren Inangriffnahme die Genehmigung der obersten Schulbehörde erforderlich ist,
erfolgt durch das Schulamt unter Zuziehung des Bautechnikers des
Bezirksdirektors oder in dessen Behinderung eines anderen geeigneten
Bauverständigen.

Ueber das Resultat der Abnahme des Baues, deren Kosten die
baupflichtige Kasse trägt, ist an die oberste Schulbehörde zu berichten.

Ist der Großherzogliche Fiskus baupflichtig, so bewendet es
hinsichtlich der Abnahme des Baues bei den bisher bestandenen
Vorschriften, es ist jedoch das Schulamt von derselben vorher zu
benachrichtigen.

Solche Bauten, welche der Genehmigung des Schulamtes unterliegen, nimmt — wenn das Schulamt nicht ein Anderes bestimmt —,
der Schulvorstand ab. Ueber das Resultat der Abnahme berichtet
er an das Schulamt.

8) In der Regel darf ein neuerbautes Schulhaus sowie eine
Lehrerwohnung oder ein Schulzimmer in einem neuerbauten Stockwerke nicht vor Ablauf von 9 Monaten nach Vollendung des Roh-
baues bezogen werden. Wird eine frühere Benutzung beabsichtigt,
so ist die Erlaubniß der Ortspolizeibehörde sowie des Großherzoglichen Schulamts dazu nachzusuchen, welche nach Umständen die Frist
bis auf 4 Monate und bei neuerbauten Stockwerken auf 3 Monate
ermäßigen dürfen, wenn durch das Gutachten des zuständigen Physikats festgestellt ist, daß der Bau vollständig ausgetrocknet und ein gesund-
heitliches Bedenken gegen die Benutzung desselben nicht vorhanden ist.

9) Die Erlaubniß zur Einweihung eines neuen Schulhauses
ist von dem Schulvorstande bei dem Schulamte zu erbitten.

Von der bevorstehenden Einweihung größerer Schulhäuser für
gegliederte Schulen ist die oberste Schulbehörde durch das Schulamt in Kenntniß zu setzen.

## 12. Verfahren bei Beaufsichtigung der Schulhäuser.

### § 26.

1) Dem Schulvorstande liegt es ob, die Schulgebäude in
ihrem baulichen Zustande und in ihrer Benutzung zu beaufsichtigen.
Zu dem Zwecke hat derselbe halbjährlich dieselben zu besichtigen,
oder durch eine dazu aus seiner Mitte gewählte Kommission besichtigen zu lassen. Ergeben sich bauliche Mängel, so ist alsbald,
eventuell nach Gehör eines Technikers, für deren Abstellung im
geordneten Wege zu sorgen.

Diese Besichtigung hat sich auch auf die von den Lehrern bewohnten Räumlichkeiten zu erstrecken und es ist darauf zu sehen, daß auch diese stets in pfleglicher Weise benutzt und in jeder Beziehung sauber gehalten werden.

2) Auf die gehörige Instandhaltung der Schulhäuser haben namentlich auch die Ortsschulaufseher und Lehrer selbst fortgesetzt ihre Aufmerksamkeit zu richten, und es ist deren Pflicht, alle Umstände zur Kenntniß des Schulvorstandes zu bringen, welche auf die bauliche Beschaffenheit der Gebäude sich beziehen.

Hinsichtlich der Lüftung und Reinhaltung der Schullokale wird insbesondere noch Folgendes bestimmt:

a) Die Lüftung mittelst Oeffnung der Fenster und Thüren (vergl. § 13) muß, und zwar auch im Winter, sowohl in den Unterrichtspausen, als nach dem Schlusse der Schulstunden vorgenommen werden.

Das gleichzeitige Oeffnen ganzer Fenster und der Thüren ist in der Regel nur in den Pausen zulässig. Während der Unterrichtszeit soll daher, soweit erforderlich, vorzugsweise von den in § 13 erwähnten Einrichtungen zur Herstellung einer beschränkteren Luftzuströmung Gebrauch gemacht werden. Bei der in den Pausen vorzunehmenden ausgiebigeren Lüftung haben die Schüler, namentlich wegen der möglichen Nachtheile der künstlich erzeugten Zugluft, das Schulzimmer zu verlassen. Zu ihrem Aufenthalt während dieser Zeit dienen die in § 23 erwähnten Räumlichkeiten, nöthigenfalls auch die Gänge, welche während der Unterrichtszeit gehörig gelüftet werden müssen.

Der Lehrer soll alsbald für Abhülfe sorgen, wenn die Schüler sich über unreine Luft im Schulzimmer beklagen.

b) Wenn auch der Lehrer das Reinigen der Schullokalitäten nicht übernommen hat, so ist gleichwohl von ihm die Aufsicht darüber zu führen, daß die Reinigung in ordnungsmäßiger Weise bewirkt werde. Namentlich sollen Schulzimmer, Treppen und Gänge in der Regel täglich von Schmutz und Staub sorgfältig gereinigt und während des Jahres wenigstens viermal, nach Bedürfniß, und wo immer möglich auch öfter, gründlich gescheuert werden.

Durchgreifendere Reinigungen des ganzen Hauses, Anstreichen der Wände und dergleichen sollen in den Ferien so zeitig vorgenommen und so rasch gefördert werden, daß alles vor dem Wiederbeginn des Unterrichts gehörig trocknen kann. Die Subsellien sowie der Lehrersitz sind einige Zeit nach dem Auskehren des Schulzimmers abzuwischen, auch sind Wände, Oefen, Kästen, Gesimse, Schränke u. s. w. abzustäuben.

Die Fenster sind stets rein zu erhalten. Mit Wasser ange-laufene Fensterscheiben sind fleißig abzuwischen, ebenso die Fenster-brüstungen, resp. Fensterbreter, beim Aufthauen der gefrorenen Fensterscheiben (vergl. § 10).

Nasse und schmutzige Kleidungsstücke, Regenschirme und dergl. sollen womöglich außerhalb des Schulzimmers abgelegt werden können, zu welchem Zweck die erforderlichen Haken oder Rechen und Behälter zum Einstellen der nassen Regenschirme in einem beson-deren Gelasse anzubringen sind.

Daß die Schüler vor dem Eintritt ins Schulzimmer die Fuß-bekleidung gehörig reinigen und an den Gebrauch der hierzu vor-handenen Einrichtungen (vergl. § 17) sich gewöhnen, hat der Lehrer sorgfältig zu überwachen.

Besondere Beachtung erfordert die Reinhaltung der Schul-abtritte. Die Sitzbreter sollen täglich gereinigt, der Boden min-destens einmal in der Woche abgewaschen werden. Die rechtzeitige Leerung, regelmäßige Lüftung und zeitweilige Desinfektion durch Einschüttung einer Lösung von Eisenvitriol oder Karbolsäure in die Abtrittsröhren und Gruben ist dringend zu empfehlen.

3) Die Mitglieder der Schulämter sind verpflichtet, bei gelegentlicher Anwesenheit im Orte die Schulhäuser nebst Zubehör in Augenschein zu nehmen und die Abstellung etwaiger Mißstände in Bezug auf bauliche Verhältnisse und Benutzung der Schulhäuser zu veranlassen.

4) Das Dienstinventar, über welches die Lehrer genaue und vollständige Verzeichnisse in ihrem eigenen wie im dienstlichen Inter-esse zu führen haben (vergl. Art. 10 Z. 3 der Ausführungs-Ver-ordnung vom 16. Dezember 1874 zum Volksschulgesetz), ist in erster Linie der Obhut der Lehrer selbst anvertraut, es sind jedoch auch die Schulvorstände und die Schulinspektoren verpflichtet, öfter Revi-sionen desselben vorzunehmen und dafür zu sorgen, daß mangelhafte oder fehlende Stücke ergänzt und beschafft werden. Das Dienst-inventar soll von dem Schulvorstande alljährlich zum Mindesten einmal revidirt werden. Ueber den Befund der Revisionen ist eine vom Vorsitzenden des Schulvorstandes und vom Lehrer zu unterzeichnende Niederschrift zu den Schulvorstandsakten zu bringen.

Weimar am 10. November 1875.

**Großherzoglich-Sächsisches Staats-Ministerium,**
**Departement des Großherzoglichen Hauses und des Kultus.**
Stichling.

# A.

## Subsellium für Kinder von 12—14 Jahren.

### 1) Seitenansicht.

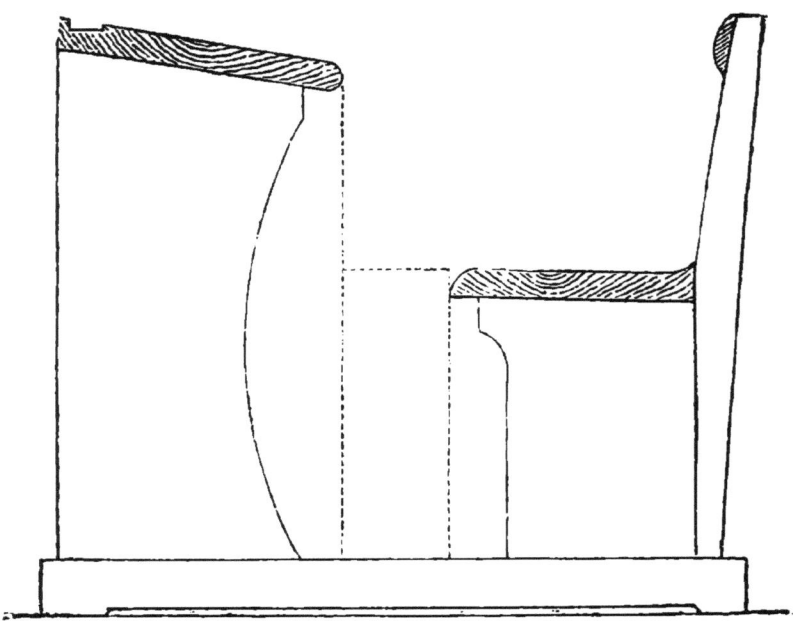

## 2) Durchschnitt.

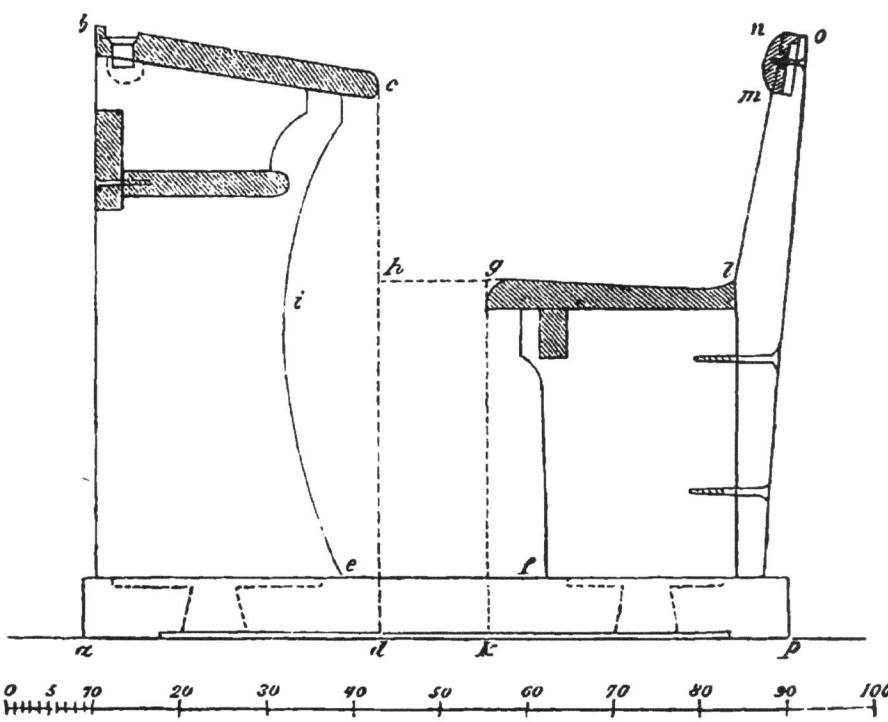

B.

In Centimetern ausgedrückte Maße des Normalsubselliums
für Kinder im Alter von

| Linie: | 6—8 Jahren. | 8—10 Jahren. | 10—12 Jahren. | 12—14 Jahren. | 14—16 Jahren. |
|---|---|---|---|---|---|
| a—b | 56 | 61 | 67 | 72 | 77 |
| b—c | 28 | 30 | 33 | 33 | 33 |
| c—d | 51 | 56 | 61 | 67 | 71 |
| c—h | 17 | 20 | 22 | 25 | 26 |
| e—f | 20 | 22 | 25 | 25 | 25 |
| g—h | 8 | 9 | 11 | 12 | 14 |
| h—i | 8 | 9 | 9 | 10 | 11 |
| g—k | 33 | 36 | 39 | 42 | 45 |
| g—l | 23 | 25 | 27 | 29 | 31 |
| l—m | 16 | 18 | 20 | 22 | 23 |
| m—n | 7 | 7 | 8 | 8 | 9 |
| o—p | 56 | 61 | 67 | 72 | 77 |
| a—p | 67 | 72 | 79 | 82 | 86 |

Die Sitzbreite beträgt für je ein Kind der vorstehend bezeich=
neten Altersstufen:

|  |  |  |  |  |
|---|---|---|---|---|
| 47 | 50 | 54 | 56 | 60 |

# XII.

Gesetz betreffend die Aufnahme der taubstummen und blinden Kinder in die Großherzogliche Taubstummen- und Blindenanstalt zu Weimar.

## Wir Carl Alexander,
### von Gottes Gnaden,
### Großherzog von Sachsen-Weimar-Eisenach,
Landgraf in Thüringen, Markgraf zu Meißen, gefürsteter Graf zu Henneberg, Herr zu Blankenhain, Neustadt und Tautenburg.

### 2c. 2c.

verordnen mit Zustimmung des getreuen Landtags, wie folgt:

### § 1.

Die Großherzogliche Taubstummen- und Blindenanstalt hat den Zweck, den taubstummen und blinden Kindern im Großherzogthum nach der durch ihren Sinnenmangel bedingten Möglichkeit Erziehung und Unterricht auf sittlich religiöser Grundlage zu gewähren und dieselben zu möglichst selbständigen und nützlichen Mitgliedern der menschlichen Gesellschaft heranzuziehen.

### § 2.

Der Regel nach soll jedes taubstumme und jedes blinde Kind, nach thunlichster Vorbereitung desselben in der Volksschule, während der in § 3 festgesetzten Zeit der Anstalt angehören, insoweit nicht

a) der geistige oder körperliche Zustand des Kindes dasselbe als für die Anstalt ungeeignet erscheinen läßt, oder

b) nachweislich für die besondere Erziehung und Ausbildung, deren das Kind wegen seines Sinnenmangels bedarf, anderweit genügend gesorgt ist.

### § 3.

Der Aufenthalt der taubstummen und blinden Kinder in der Anstalt dauert der Regel nach acht Jahre. Der Eintritt erfolgt zu Oftern, und zwar für diejenigen, welche das fiebente Lebensjahr bis dahin vollendet haben oder bis Ende April vollenden.

Ueber das vollendete fünfzehnte Lebensjahr hinaus findet der Aufenthalt des Pfleglings in der Anstalt in der Regel nicht ftatt.

Die über das fiebente Lebensjahr des Kindes in der Volks= schule zugebrachte Zeit wird in den achtjährigen Aufenthalt in der Anstalt eingerechnet.

### § 4.

Ueber die Aufnahme befindet nach Gehör der Eltern oder Vormünder und nach Vernehmung geeigneter Auskunftsperfonen und Sachverftändiger das Großherzogliche Staats=Ministerium als oberfte Schulbehörde.

Daffelbe verfügt die Entlaffung aus der Anftalt, wenn eine der in § 2 unter a und b bezeichneten Vorausfetzungen eintritt.

### § 5.

Wird ein taubftummes oder blindes Kind von feinen Eltern oder Erziehern ohne genügenden Grund der Anftalt vorenthalten, fo find diefelben auf den Antrag der oberften Schulbehörde mit Geldftrafe bis zu 150 Reichsmark oder mit Haftftrafe zu belegen.

Die beigezogenen Geldftrafen fallen der betreffenden Schulge= meinde zur Verwendung für Schulzwecke zu.

Im äußerften Fall kann auf Antrag der oberften Schulbehörde durch das Vormundschaftsgericht Verfügung dahin getroffen werden, daß das Kind auch wider den Willen der Eltern in die Anftalt verbracht werde. (Vergl. § 16 des Gefetzes über die elterliche Gewalt und das Vormundschaftswesen vom 27. März 1872.)

### § 6.

Die Eltern und in deren Ermangelung — infoweit nicht das Kind felbft ausreichende Mittel befitzt, — deffen fonftige alimenta= tionspflichtige Verwandte (§ 40 ff. des Gefetzes über die Hei= mathsverhältniffe vom 23. Februar 1850) find verpflichtet:

1) daffelbe mit Kleidern, Wäfche und dergleichen vorfchrifts= mäßig auszuftatten und während der Aufenthaltszeit diefe Ausftattung zu erhalten,

2) für den Unterhalt des Kindes in der Anftalt ein von dem Großherzoglichen Staats=Ministerium gleichmäßig für alle Pfleglinge zu beftimmendes Pflegegeld zu entrichten,

3) bei dem Eintritt des Kindes in die Anftalt für deffen Zu= führung und bei dem Auftritt deffelben für deffen Zurück= führung auf eigne Koften zu forgen.

§ 7.

Insoweit die in § 6 bezeichneten Leistungen von den zunächst Verpflichteten nicht aufgebracht zu werden vermögen, ist die betreffende Schulgemeinde dafür aufzukommen verbunden.

§. 8.

Erklären sich die zunächst verpflichteten Personen für unvermögend, die in § 6 bezeichneten Aufwände zu bestreiten, so hat der Direktor des betreffenden Verwaltungsbezirks mit denselben und mit der betheiligten Schulgemeinde Verhandlung zu pflegen.

Wenn in Folge dieser Verhandlung eine zweckentsprechende Einigung über das Maß der auf der einen und auf der anderen Seite zu übernehmenden Leistungen nicht zu Stande kommt, so entscheidet hierüber der Bezirksausschuß, gegen dessen Entscheidung Rekurs an das Großherzogliche Staats-Ministerium zusteht.

§ 9.

Wird die betroffene Gemeinde durch die ihr auferlegte Leistung überlastet, so ist ein angemessener Theil der letzteren oder nach Umständen die gesammte Leistung auf die Staatskasse zu übernehmen. Hierüber befindet nach Gehör des Bezirksausschusses das Großherzogliche Staats-Ministerium.

§ 10.

Tritt während des Aufenthalts des Kindes in der Anstalt eine wesentliche Aenderung in den einschlagenden Verhältnissen ein, so kann auf den Antrag der Betheiligten eine anderweite Vertheilung der Leistungen in dem geordneten Wege erfolgen.

§ 11.

Die den betheiligten Gemeinden und Privaten nach Maßgabe der vorstehenden Bestimmungen obliegenden Leistungen können von den Schuldnern durch das Gericht exekutivisch beigezogen werden.

§ 12.

Das Gesetz tritt mit dem 1. Januar 1875 in Kraft.

Hinsichtlich der finanziellen Leistungen für die zu dieser Zeit bereits in der Anstalt befindlichen Kinder bewendet es, insofern nicht bei der Aufnahmeverhandlung anderweite Regulirung vorbehalten wurde und vorbehältlich der in § 10 getroffenen Bestimmung, bei den von den Betheiligten übernommenen Verpflichtungen.

Urkundlich haben Wir dieses Gesetz höchsteigenhändig vollzogen und mit Unserm Großherzoglichen Staatsinsiegel bedrucken lassen.

So geschehen und gegeben Haag, am 28. Mai 1874.

(L. S.) **Carl Alexander.**

G. Thon. Stichling.

# XIII.

## Ministerial-Bekanntmachung
### über den Unterricht jugendlicher Strafgefangener.

In Gemäßheit des Vorbehalts unter Ziffer 7 der sämmtlichen Kreis- und Einzelgerichten des Großherzogthums zugefertigten allgemeinen Verfügung vom 28. Juni 1872, die Vollstreckung der Freiheitsstrafen betreffend (zu J. Nr. 692) und im Hinblick auf § 8 des mit dem 1. Januar 1875 in Kraft tretenden Gesetzes über das Volksschulwesen vom 24. Juni d. J. wird in Betreff der jugendlichen Gefangenen noch Nachstehendes angeordnet:

Die Gerichte haben dafür Sorge zu tragen, daß solchen in ihren Gefängnissen oder Haftlokalen detinirten jugendlichen Strafgefangenen, welche ihrem Lebensalter nach zum Besuche der Volksschule (oder Fortbildungsschule) verpflichtet sind, während der Strafzeit ein angemessener Schulunterricht zu Theil werde.

Hiervon kann nur in dem Falle abgesehen werden, wenn die Dauer der Freiheitsstrafe drei Tage nicht übersteigt.

Der Unterrichtsertheilung hat sich auf Antrag des betreffenden Gerichts der am Orte des Strafvollzugs angestellte Volksschullehrer und, wenn mehrere Lehrer an dem Orte angestellt sind, Einer derselben nach Bestimmung des Ortsschulaufsehers zu unterziehen. Unter Umständen kann jedoch nach Ermessen des Gerichts auch eine andere geeignete Lehrkraft benutzt werden.

Ueber die Zahl der zu ertheilenden Unterrichtsstunden wird sich der Vorstand des Gerichts mit dem Lehrer benehmen und verständigen. Der Regel nach soll jedoch dem schulpflichtigen Strafgefangenen wenigstens eine Stunde täglich mündlicher Unterricht ertheilt und ihm daneben Anleitung zu geistiger Beschäftigung durch geeignete Schulaufgaben (z. B. Rechnen-Exempel, schriftliche Arbeiten, Memoriren passender Lieder und Sprüche 2c.) gegeben werden. Insofern das Gefängniß nach seiner Beschaffenheit nicht als ein zur mündlichen Unterweisung des Gefangenen geeignetes Lokal sich darstellt, ist für letztere ein anderes passendes Lokal innerhalb des Gerichtsgebäudes zur Disposition zu stellen, z. B. ein Gerichtszimmer zu der Zeit, wo dasselbe nicht zur Erledigung gerichtlicher Geschäfte benutzt wird. Nur wo die Ertheilung bestimmter Unterrichtsstunden und eine mündliche Unterweisung des Gefangenen durch den Lehrer wegen des Mangels eines geeigneten Lokals oder aus anderen Gründen auf unüberwindliche Hindernisse stößt, darf sich der Unterricht auf Stellung geeigneter, im Gefängniß zu bearbeitender Schulaufgaben, sowie auf Abnahme, Prüfung und Korrektur dieser Arbeiten durch den Lehrer beschränken. Das Gericht hat diejenigen Einrichtungen im Gefängniß zu treffen, sowie diejenigen Geräthschaften und Utensilien anschaffen zu lassen, welche erfordert werden, damit der Gefangene die ihm vom Lehrer aufgegebenen Arbeiten liefern kann. Denselben ist, namentlich während der kurzen Tage, auch Beschäftigung Abends und bei Licht zu gestatten. Den vorsichtigen Gebrauch des Lichts und dessen rechtzeitiges Auslöschen hat der Gefängnißwärter zu überwachen.

Dem Lehrer ist für seine Mühwaltung ein entsprechendes Honorar zu gewähren. Dasselbe soll je nach den örtlichen Verhältnissen fünfzig Pfennige bis eine Mark für die Unterrichtsstunde betragen und wird, falls eine Verständigung über den Betrag zwischen dem Gericht und dem Lehrer nicht stattfinden sollte, auf Antrag des Gerichts von dem Schul=Inspektor des Bezirks innerhalb jener Grenzen bestimmt und als Verlag aus dem gerichtlichen Verwaltungs=Fonds bezahlt, vorbehältlich der Wiederbeiziehung von der verpflichteten Privatperson oder Schulgemeinde. (Vergl. § 48 Ziff. 6 des Gesetzes über das Volksschulwesen vom 24. Juni d. J.)

Vorstehende Bestimmungen finden analoge Anwendung, wenn schul= (oder fortbildungsschul=) pflichtige Personen in länger dauernder Untersuchungshaft sich befinden, soweit nicht etwa im einzelnen Falle zu besorgen steht, daß dadurch dem Untersuchungszweck Eintrag geschehen könne.

Nicht weniger empfiehlt es sich und wird hiermit gestattet, in einzelnen geeigneten Fällen auch solchen jugendlichen Gefangenen, welche ihrem Lebensalter nach nicht mehr zum Besuche der Volksschule oder Fortbildungsschule verpflichtet sind, gleichwohl Schulunterricht ertheilen zu lassen, um denselben eine anregende, die sittliche Hebung befördernde geistige Beschäftigung zu gewähren. Solchenfalls ist das Honorar für den Lehrer definitiv aus dem Verwaltungs=Fonds zu bestreiten.

Uebrigens bedarf es keiner besonderen Hervorhebung, daß, wie allen Gefangenen, so insbesondere den im jugendlichen Alter stehenden, während der Gefangenschaft, soweit irgend thunlich, eine angemessene Beschäftigung zuzuweisen, bezüglich, wenn die Freiheitsstrafe nur in Haft besteht, wenigstens Gelegenheit zu solcher zu bieten, ferner geeigneten Falls seelsorgerischen Zuspruch zu gewähren und zu letzterem Behufe die Wirksamkeit des Anstaltsgeistlichen oder, wo ein solcher fehlt, des Ortsgeistlichen in Anspruch zu nehmen ist.

Weimar, den 10. Dezember 1874.

### Großherzoglich Sächsisches Staats = Ministerium,
### Departement des Großherzoglichen Hauses und des Kultus
### und Departement der Justiz.

Stichling.

# XIV.

## Ministerial-Bekanntmachung,
### die Erhebung der Abgaben von freudigen häuslichen Ereignissen betreffend.

In der Erwägung, daß die durch das Patent vom 28. Februar 1817 geordneten und durch das Volksschulgesetz vom 24. Juni 1874 (§ 79) aufrecht erhaltenen Abgaben von freudigen häuslichen Ereignissen (Geburten und Eheschließungen) in Folge des mit Anfang dieses Jahres eingeführten Reichsgesetzes über die Beurkundung des Personenstandes und die Eheschließung vom 6. Februar 1875 nicht mehr in der bisherigen Weise durch die Geistlichen bei Erhebung der Stolgebühren mit zu erheben sind, treffen wir mit höchster Genehmigung Seiner Königlichen Hoheit des Großherzogs über die fernerweite Erhebung dieser Abgaben folgende Bestimmungen:

### 1.

Es bewendet dabei, daß die Erhebung nach den bisher geordneten vier Klassen der Abgabepflichtigen zu erfolgen hat.

Die erste Klasse bilden diejenigen, welche noch nicht den Personen der zweiten Klasse beizuzählen sind, z. B. Tagelöhner, Gesellen u. s. w. mit einer Abgabe von

13 ₰. bei einem Geburtsfall,
50 „ bei einer Eheschließung.

Die zweite Klasse bilden die ein selbständiges Gewerbe treibenden Einwohner in Stadt und Land, einschließlich der Anspänner, mit einer Abgabe von

— M. 25 ₰. bei einem Geburtsfall,
1 „ — „ bei einer Eheschließung.

Die dritte Klasse bilden diejenigen, welche nicht mehr der zweiten, noch auch der vierten Klasse beizuzählen sind, z. B. alle titulirten Personen, Beamte, Geistliche, Schullehrer, Kaufleute, Besitzer größerer Güter u. s. w., mit einer Abgabe von

1 M. — ₰. bei einem Geburtsfall,
3 „ — „ bei einer Eheschließung;

14 *

Die vierte Klasse bilden diejenigen, welche mindestens den Rang eines wirklichen Raths haben, z. B. die Vorstände der Einzelgerichte, Superintendenten, Schulinspektoren, die Mitglieder der Kollegialgerichte, die Bezirksdirektoren, Kirchenräthe, Ministerialräthe u. s. w. mit einer Abgabe von

2 ℳ. — ₰. bei einem Geburtsfall,
6 „ — „ bei einer Eheschließung.

### 2

Bei Zwillingsgeburten ist nur der einfache Betrag, bei unehelichen Geburten nichts zu erheben.

### 3.

Für die Berechnung und Erhebung der Abgabe hat jedes Orts der Schulvorstand Sorge zu tragen. Er bedient sich dazu des Gemeinderechnungsführers als Verwalters der Schulkasse.

Der Schulvorstand wird die nöthigen Vorkehrungen treffen, um sich von den vorkommenden Fällen die zeitige und vollständige Kenntniß zu sichern, und hat sich zu diesem Behufe namentlich mit dem Standesbeamten im Einvernehmen zu erhalten.

### 4.

Wenn die geforderte Abgabe von den Pflichtigen nicht pünktlich entrichtet wird, so hat der Gemeinderechnungsführer bei dem zuständigen Einzelgerichte die gerichtliche Beitreibung zu beantragen.

### 5.

Die Abgewährung der erhobenen Abgaben geschieht halbjährig, am 1. April und 1. Oktober jedes Jahres, mittelst eines vom Schulvorstand nach dem beiliegenden Schema ausgestellten Lieferscheins an das Schulamt, welches die eingehenden Gelder und Lieferscheine sammelt und längstens bis 1. Mai und 1. November jedes Jahres an die Verwaltung der Volksschulkasse einsendet.

Hinsichtlich der auf den Lieferscheinen mit zu verzeichnenden Reste ist zugleich zu bemerken, daß wegen deren Beiziehung bei dem Einzelgerichte die nöthigen Anträge gestellt sind (Ziffer 4), widrigenfalls die betreffenden Posten nicht als Reste passiren.

Sind Geburten und Eheschließungen an einem Ort innerhalb des halben Jahres nicht vorgekommen, so ist statt des Lieferscheins ein von dem Schulvorstand auszustellender Vakatschein an das Schulamt zur bestimmten Zeit einzureichen.

### 6.

Die Schulämter haben ihre Aufmerksamkeit darauf zu richten, daß nicht nur die Abgewährung der erhobenen Abgaben Seitens der Schulvorstände pünktlich geschieht, sondern auch die Abgaben von denselben richtig erhoben werden.

### 7.

Die von den Geistlichen nach den bisherigen Bestimmungen bei den Taufen und Trauungen erhobenen, aber noch nicht zur Volksschulkasse abgewährten Abgaben sind von ihnen unter Beifügung von Lieferscheinen unverweilt an die Schulvorstände abzugeben, welche sie an die Schulämter zur Einsendung an die Volksschulkasse abliefern. Soweit aber die Abgaben bei den bisher vorgekommenen Geburtsfällen und Eheschließungen von den Geistlichen noch nicht erhoben sind, liegt nachträglich die Erhebung den Schulvorständen ob.

Weimar am 12. April 1876.

**Großherzoglich Sächsisches Staats-Ministerium,**
**Departement des Großherzoglichen Hauses und des Kultus.**

Stichling.

Schema.

## Lieferschein.

über die Abgaben zur Volksschulkasse von freudigen häuslichen
Ereignissen in der Schulgemeinde

N. N.

auf das halbe Jahr von . . . . . . . bis . . . . . . . .

| ℳ. | ₰. | |
|---|---|---|
| | | **I. von Geburtsfällen:** |
| — | 13 | von Johann Christian Ulrich, Tagelöhner, hier. |
| 1 | — | von Moritz Gottschalg, Amtsassessor, hier. |
| — | 25 | von Adam Götze, Maurermeister, in N. N. |
| | | **II. von Eheschließungen:** |
| 1 | — | von Andreas Trautmann, Anspänner, hier. |
| — | 50 | von Albert Keßler, Schuhmachergesell, hier. |
| 3 | — | von Christian Koch, Gutsbesitzer, in N. N. |
| Sa. 5 | 88 | welche hiermit baar eingeliefert werden. |

In Rest geblieben sind:

    25 ₰. von dem Geburtsfall bei August Günzel, Tischlermeister, hier.

    50 „ von der Eheschließung des Webergesellen Petzold zu N. N.

Sa. 75 ₰.

Wegen Beiziehung dieser Reste sind bei dem Großherzoglichen Justizamte zu N. N. die nöthigen Anträge gestellt.

N. N. (1. April oder 1. Oktober) 18 . . .

### Der Schulvorstand.

    N. N. (Name des Vorsitzenden.)

# Register.

## H.

## J.

## M.

## N.

## R.

## S.

## T.

## U.

## V.